U0921831

范旭东

中国民族化工业奠基人

莫　玉◎著

中国财政经济出版社

图书在版编目（CIP）数据

范旭东：中国民族化工业奠基人／莫玉著．—北京：中国财政经济出版社，2013.11

（中国梦系列）

ISBN 978-7-5095-4915-5

Ⅰ.①范…　Ⅱ.①莫…　Ⅲ.①范旭东（1884～1945）-传记　Ⅳ.①K826.13

中国版本图书馆 CIP 数据核字（2013）第 261806 号

责任编辑：郭爱春　　　　文字编辑：魏　超

责任校对：新　言　　　　装帧设计：张子航

中国财政经济出版社 出版

URL：http://www.cfeph.cn

E-mail：cfeph@cfeph.cn

社址：北京市海淀区阜成路甲 28 号　邮政编码：100142

营销中心电话：010－88190406　北京财经书店电话：010－64033436

河北飞鸿印刷有限公司印刷　各地新华书店经销

710×1000 毫米　16 开　17 印张　181 千字

2014 年 1 月第 1 版　2024 年 1 月北京第 2 次印刷

定价：58.00 元

ISBN 978-7-5095-4915-5/K·0018

（图书出现印装问题，本社负责调换）

本社质量投诉电话：010－88190744

反盗版举报热线：88190492　88190446

前　言

建国初年，毛泽东曾对黄炎培说，在中国近代历史上，有四个人是我们万万不可忘记的，他们是：搞重工业的张之洞；搞纺织工业的张謇；搞交通运输业的卢作孚；搞化学工业的范旭东……

在这四人当中，张之洞和张謇早已是历史教科书中的知名人物，家喻户晓。卢作孚在其故乡也是无人不知，无人不晓。他创办的民生公司虽然不复存在，但是其子以“民生”之名再度创业。唯有范旭东，生于湖南，湖南却鲜有他的踪迹；创业于天津，天津人也只知他创办的工厂。然而，他绝对是一个不能被华夏历史遗忘的人。

范旭东年幼丧父，但范母不为家境所困，依然支持儿子读书；后迫于清政府政治迫害而旅居日本十余载，最终在日本学成并于民国初年归国创业。他制精盐，改变了中国人千百年来吃有害粗盐的局面；他制纯碱，打破了西方列强对碱业的垄断，赢得世界的尊重；他办酸厂，为中国化学工业开辟了新天地；他力主抗战，为国仇耗尽心血；他心系国家，为战后重建奔走于世界；他如此功绩，却一生清贫，离世后不曾给家人留下半点资产，却为国家留下了宝贵财富。

范公离世后，给国家留下了一座至今仍在运作的天津碱厂；范公麾下的众多工程师成为建设新中国的骨干力量：侯德榜任化学工业部副部长，李烛尘任轻工业部部长，孙学悟任中国科学院工业化学研究所所长……他派遣赴美求学的年轻工程师学成后全部归国报效祖国，无一滞留不归。

范旭东，他是当之无愧的“中国民族化学工业之父”。

作　者

目　录

引 子

他的离世，惊动了毛泽东和蒋介石

1945 年 10 月初，重庆以及全国各地的民众还沉浸在抗战胜利的喜悦中，大街小巷随处可见飘扬的红色条幅，男女老幼无论是衣衫褴褛还是衣着光鲜，无不喜笑颜开。

然而 10 月 4 日这天，一个人的离世让全城乃至举国失声。期间，正在重庆进行战后和平谈判的国共两党领袖——蒋介石和毛泽东，一致决定暂停谈判，并亲往吊唁。时任国民政府主席的蒋介石题词：力行至用。中共领袖毛泽东题词：工业先导，功在中华。

在 10 月 21 日的追悼会上，前来吊唁的各界人士达五百余人，周恩来代表中共领袖毛泽东亲赴现场吊唁。朱德、彭德怀手书挽联：民族工业悲痛丧失老斗士；经济战线仿佛犹闻海洋歌。《新华日报》的挽联赞其“绩业早惊环宇内；壮怀时在化工中”。

在他离世后，经济学家许涤新发文称他的离世“不仅是工业界的损失，也是国家民族的损失”。追悼会后，重庆各界余哀未息，由二十二个团体再次联合发起组织追悼会。工业、文化界数百名人士再次参加追悼会。郭沫若、章乃器、陶行知等人均前往吊唁。

这是一个什么样的人，他的离世居然惊动全国?

此人不是政治领袖，也不是超级富豪，他只是一个一生与化工为伴的实业家。

他创办企业生产食盐，彻底改变了国人千百年来用盐的习惯，让一个“食土的民族”吃上了纯净的盐。他制的盐不仅畅销全国，还远销海外。他创办企业生产纯碱，打破欧洲大国长久的垄断，成为东亚第一家纯碱企业。其纯碱获得美国金奖，海内外供不应求。他创办硫酸工厂，成为西方垄断企业强有力的竞争者……

就是这样一位企业家，他有庞大的产业，却是身无分文。为了子女的学业，他不得不省吃俭用节省开支，以便给子女提供学费；在他离世后，妻子只能靠自家企业的补助度日。

他就是范旭东，民国时期中国最伟大的实业家之一，真正的中国脊梁。

1 意外的流亡——让他奋发图强

范旭东人生的前三十年，大多数时候是在困苦中度过的。他幼年丧父，往往要靠救济度日；后又流亡日本，旅日十余载。尽管艰辛，但是也并非总是不幸。幼年虽然丧父，但是范母勤劳贤良，通情达理，在极其困难的情况下依然省吃俭用供儿子读书；心中对儿子虽有百般不舍，却依旧支持儿子远赴日本求学。其兄范源濂是中国近代知名教育家，对自己的幼弟给予极大帮助。

范氏孤儿

1883 年 10 月 24 日（光绪九年，癸未，九月二十四日），范旭东在湖南长沙东乡诞生。出生时取名源让，字明俊，后改名为锐，字旭东。

对于弱者而言，这是一个最坏的时代。入主中原已有两百余年的大清国，此时已是风雨飘摇岌岌可危。洋人的坚船利炮屡次轰开大清的国门，昔日不可一世的天朝大国，不得不和来自西方的列强，甚至是近在咫尺的日本，签下割地赔款、丧权辱国的条约，就连被誉为“万园之园”的皇家园林圆明园也被人付之一炬。面对满清的昏庸，洪秀全毅然举起了反清大旗，战火燃至十余个省，大清动用各路大军连续十余年的剿杀才予以平定。

在这样一个年代，普通人不但需要承担不断增长的税赋，随时还要面临可能降临的死亡，这是一个民不聊生的时代。

范旭东降生时，范家原是小康之家。范旭东的祖父曾经在直隶省大兴县任县令，此大兴县即今天的北京市大兴区，此地紧邻京师，元明清三代为“天下首邑”。范氏祖父任职大兴县期间，大清国已开始由盛而衰，此时贪污腐败盛行，三年清知府，十万雪花银。但是范氏祖父却坚持出淤泥而不染，遵纪守法、廉洁奉公，始终与民秋毫无犯。而正是这样一个清廉的官员，在贪腐成风的时代，毫无疑问就成了官场的异类。在上级眼中，官不爱财，就没有能够约束他的手段，不能约束他，那么他就随时可能将自己置于危险的境地。于是对于这样一个不贪的官员，上级处处提防，时时留心，没有任何升迁的机会。范氏祖父自然也看透了官场的污秽，晚年便辞官归隐，在青山绿水中安度余生。

范旭东的父亲名范琛，以教书为业。范父天生体弱，却并没有因为体质差而忽略在学问上的修为。范父好学不倦，在教书授业的同时不断求取新知。范旭东年幼时范父便对其进行启蒙教育，教授《三字经》、《百家姓》、《神童诗》等。

范家育有三子，范旭东最幼。在范旭东之上还有一兄一姊。范旭东的哥哥范源濂，长范旭东 8 岁。范旭东降生时，范源濂在其父的教导下，学业已经完成启蒙，进了私塾开始进一步学习，13 岁就考中了秀才。在范旭东年幼时，范源濂给予了他极大的帮助。范旭东的姐姐极为不幸，未婚而卒。

范母谢氏贤良淑德，继承了中国妇女勤俭持家的优良传统，不仅善于持家，思想也较为开明，支持自己的子女多读书。为了孩子的学业，甚至不惜让两个儿子漂泊海外。

这本是一个幸福的家庭，三代同堂、衣食无忧。然而，在那样一个动荡的年代，幸福无疑是一种短暂的奢侈。

1889 年，范旭东七岁。这一年光绪皇帝“亲政”，把持朝政数十载的慈禧老佛爷不再垂帘听政，要把权力还给皇帝。然而，皇帝亲政却没有给范家以及天下苍生带来任何惊喜，反而带来了一连串沉重的打击。

就在皇帝亲政的这一年，湖南大旱。范家所在的长沙一带江河湖泊干涸，土地龟裂，禾苗枯死，全年几乎颗粒无收。面对如此大旱，官员为了讨好刚刚亲政的皇帝居然隐瞒不报，各地奏折纷纷粉饰太平，吹嘘丰产。可怜千千万万的灾民，生活本已难以为继，还要继续承担繁重的税赋。下乡收粮的官吏丝毫不顾百姓死活，依旧大肆搜刮。转瞬间断粮者不计其数，即使如范家这般小康之家也无力应对这样的天灾人祸，断了口粮。

很快，旱灾所及之地饿殍遍野，范氏祖父、父亲在饥荒中撒手人寰。范家一夜间一落千丈，一贫如洗。面对如此沉重的打击，范母谢氏在既无遗产继承又无亲友可依的情况下，顽强地养育着自己的几个孩子。然而，在那样的年代，一个女人能做的终究是有限，不得已范母带着自己的孩子投靠了长沙城里的慈善机构——保节堂。保节堂是封建时代专门用来收留贫苦贞洁妇女的。那时社会上要求女人三从四德，好女不嫁二夫，饿死事小，失节事大。在这种极其苛刻的道德观的束缚下，许多丧夫后无依靠的妇女选择投奔保节堂。

在保节堂的日子也并不轻松，范旭东一家依旧食不果腹。为了养育自己的孩子，范母拼命劳作，每天从早到晚都在替别人做针线活，没有一丝闲暇。尽管如此艰辛，收入依然微薄。此时范旭东的兄长范源濂已经十五六岁，有了一些劳动的能力，也能外出打些零工帮助母亲补贴家用。

范母带着两个孩子虽然过得异常艰辛，但是她始终没有让自己的孩子放弃学业。白天范母让范旭东的哥哥范源濂跟随舅舅读书，到了晚上又把范源濂叫到跟前亲自督促他学习。范旭东则跟着姑姑读书认字。

在范母的严格要求下，原本就聪慧机敏的范氏二子学业进步神速。范源濂不到二十岁就学有所成，为了减轻母亲的压力，他很早便外出授课，补贴家用。兄长范源濂有了稳定的收入以后，范家的经济状况开始好转。在姑母的帮助下，范旭东拜师学作八股文。这八股专讲形式、没有内容，文章的每个段落死守在固定的格式里面，连字数都有一定的限制，人们只是按照题目的字义敷衍成文，毫无新意。

对这种八股文范旭东极为反感，他强烈的好奇心和求知欲根本无法从八股文中得到满足。在当时科举尚未废除，以八股文考取功名，是无数读书学子们的梦想，但是范旭东小小年纪便有了反抗八股的思想。他认为，八股文纯粹是替古代圣贤说话，根本就不能表达自己的想法和见解，他不愿意成为一个替别人发声的皮囊，他要自立，他要有主见，他要发挥自己的能力，他要做真正的自己。十九世纪末期，湖南长沙人文荟萃，当地有名的岳麓、城南、求忠三书院的执教者，注重做人。范旭东虽出身寒门，却深受当地风气所熏陶。

生活虽然艰苦，却在很大程度了磨练了范旭东的毅力，培养了他坚强的品格。正是这样的品格，在范旭东日后的人生中起到了重要的作用，当他面对各种艰难困苦时，他依然坚持不懈，顽强拼搏。

戊戌变法

1894 年，范旭东十二岁，这一年中日甲午战争爆发，中华民族遭遇空前严重的民族危机。

这一次，大清皇帝天朝上国的美梦终于被惊醒，邻邦日本——区区弹丸之地居然把大清国打得落花流水。一纸《马关条约》不仅丢了属国朝鲜，还被日本占去了宝岛台湾。

战争期间，湖南巡抚吴大澄奉命率兵收复海城。吴大澄是清末爱国将领，曾在与沙俄的领土争端中有力地维护了国家领土完整。然而，衰朽贫弱的清军根本无力对抗日军的进攻，在牛庄一战中湘军大败，随后吴大澄也因兵败被革职。

回到湖南后，兵败的吴大澄痛定思痛，深刻反思战败的原因。他要求湖南的学子卧薪尝胆，发愤图强，一雪前耻。在被革职离任前，他还召集湖南的有识之士，商讨在湖南实行自强的新政。经众人商议，一致认为自强的首要任务是培养人才，奖励学术。

基于此，吴大澄将省内的招贤馆改为求贤书馆，馆内既教授传统中国学科，又兼顾西洋新式学科。其中，中学以宋、元、明理学为主，史、地、盐、槽、兵、刑、水利为辅；西学以英文、算学为主，声、光、电、化学为辅。

这些新学措施让少年范旭东深深痴迷。他常常到求贤书馆阅读新式书刊，接触全新的知识。在求贤书馆，范旭东还十分热衷听众人探讨时政，他十几岁的年纪居然听得津津有味。

吴大澄被革职后，接任的陈宝箴也是一位热心改革的地方实权派人物，他到任之后，继续在湖南施行变法自强的新政策。少年范旭东才能有机会继续接触全新的知识。

正当范旭东在湖南家中苦读时，京师发生了一件轰动全国的大事。1895 年 4 月，日本逼迫中国在日本马关签定《马关条约》的消息传到北京，康有为发动在北京应试的一千三名举人联名上书光绪皇帝，叙述严峻的形势，同时提出变法的主张，史称“公车上书”。这次上书轰动了全国，也成为维新变法的序幕。

此后，全国各地开始宣传变法维新。1895 年 8 月，康有为、梁启超等人在北京出版《万国公报》（后改名为《中外纪闻》），宣扬变法，组织强学会。随后在上海创刊《时务报》，成为维新派宣传变法的舆论中心。到了 1897 年冬天，严复创建《国闻报》，成为在北方与《时务报》齐名的宣传变法的重要阵地。到 1897 年底，各地已有三十三个以变法自强为宗旨的学会建立，出版报刊十九种，成立新式学堂十七所。到1898年，学会、学堂和报馆达三百多个。

在湖南巡抚陈宝箴的支持下，湖南的维新宣传最为激烈。1896年2月，唐才常等人在湖南成立了强学会，创办了《湘报》，宣扬维新变法，湖南的有识之士纷纷响应。1898年陈宝箴创立“南学会”，兴办“时务学堂”，鼓吹变法维新。他还聘熊希龄为督学，梁启超为总教习，湖南的进步青年纷纷请求拜入梁启超门下。当时范旭东的哥哥范源濂也放弃了在书馆的教书工作，拜梁启超为师，学习新学。当时梁启超的弟子中还有蔡锷，日后成为民国初年杰出的军事领袖。在梁启超众多弟子中，范源濂和蔡锷二人这一文一武成就最大。

经过连续数年的酝酿宣传，变法维新的时机逐步成熟。随着1897年11月，德国强占胶州湾，法国强租广州湾，英国强租新界和威海卫等一系列侵略事件的发生，全国民心激愤，维新运动从理论宣传转到政治实践。12月，康有为第5次上书，陈述列强瓜分中国，形势迫在眉睫。1898年1月康有为再次上书光绪帝，4月，同梁启超在北京发起成立保国会。在维新人士和帝党官员的积极推动下，1898年6月11日，光绪皇帝颁布“明定国是诏”诏书，宣布变法。

在湖南，范源濂作为梁启超的得意门生，也积极参与到湖南的变法运动中。范旭东也追随兄长经历了一些变法事件。

后来他在回忆这段历史中写道：记得辛亥革命前十几年，满清政府曾一度试行新政，他们知道非废八股、设学堂、振兴工商业不能立国。所以，在戊戌维新前后100中，一切施政措施颇为有声有色，应有尽有。清廷严令各省奉行，尽管有些人反对，但也有些是奉行的，在各省中以湖南为最起劲。他们的新政措施，短期间样样都做了一点，开了一个时务学堂，出版了《湘报》和《湘学报》。和民众接触的就是那规模空前的南学会，实行通俗演讲……那时年纪很小，住在乡下读书，只听到过一回，现在回想，与其说是听过，不如说是看过更为恰当。那天，湖南各界名流到的不少，都是坐在台上，演讲的时候也不站起来，声音很小，又是文言，我一点不懂。记得只看见他们坐着摇扇子，仿佛还有一位抽着水烟，这一晃将近50年过去了，诸位听了，不要笑他们腐旧，要知道那时候，凡是官府出门就要鸣锣清道，排场十足，他们这样不同流俗，降格相从和民众接近，的确是下了最大决心。如果不是真正读通了书，而且有为国为民的心，绝做不到。

皇帝虽然颁布了新政，然而除了湖南巡抚陈宝箴彻底执行之外，全国各地守旧官僚无一真正执行。慈禧太后在光绪皇帝宣布变法的第5天，就迫使光绪连下3谕，控制了人事任免和京津地区的军政大权，准备发动政变。

“百日维新”开始后，清政府中的守旧派不能容忍维新运动的发展。有人上书慈禧太后，要求杀了康有为、梁启超；奕劻、李莲英跪请太后“垂帘听政”；御史杨崇伊多次到天津与荣禄密谋；甚至宫廷内外传言将废除光绪，另立皇帝。9月中，光绪皇帝几次密诏维新派商议对策，但维新派既无实权，又束手无策，只得向光绪皇帝建议重用袁世凯，以对付荣禄。16、17日，光绪皇帝两次召见袁世凯，授予侍郎；18日夜，谭嗣同密访袁世凯，劝袁世凯杀荣禄，举兵救驾。事后，被袁世凯出卖。

1898年9月21日凌晨，慈禧太后突然从颐和园赶回紫禁城，直入光绪皇帝寝宫，将光绪皇帝囚禁于中南海瀛台；然后发布训政诏书，再次临朝“训政”，“戊戌政变”成功。戊戌政变后，慈禧太后下令捕杀在逃的康有为、梁启超；逮捕谭嗣同、杨深秀、林旭、杨锐、刘光第、康广仁、徐致靖、张荫桓等人。9 月 28 日，在北京菜市口将谭嗣同、杨锐、刘光第、林旭、杨深秀、康广仁 6 人杀害；徐致靖处以永远监禁；张荫桓被发配新疆。所有新政措施，除 7 月开办的京师大学堂（今北京大学）外，全部都被废止。从 6 月 11 日至 9 月 21 日，进行了 103 天的变法维新，以戊戌政变宣告失败。

当北京开始捕杀维新派人物时，湖南也陷入危机。湖南的守旧派开始将矛头指向支持变法的湖南巡抚陈宝箴。湖南守旧派官僚上书慈禧太后，称陈宝箴身为封疆大吏，不但不奉太后懿旨查处维新派，反而包庇他们。要求将陈宝箴即行革职，永不续用。而戊戌政变遇难的“六君子”中，刘光第、杨锐都是陈宝箴所保荐，谭嗣同也积极倡导湖南新政，梁启超则是湖南时务学堂的总教习。

这就让清廷有了充足的理由罢免陈宝箴。1898 年冬天，陈宝箴被罢免，接替陈宝箴的是湖广总督张之洞。张之洞虽热衷于洋务，但是他却反对变法，他的目标是在不改变中国政治结构的前提下，通过学习西方先进的技术，实现富国强兵。主政湖南之后，张之洞立即按照慈禧的旨意废除新政。维新变法期间湖南的维新派机关全部被查封，关于维新变法的书刊言论一律被禁止。同时发出逮捕令，全省缉拿维新派成员。

一时间湖南上下人心惶惶，抓人的捕快遍布大街小巷，维新派成员危在旦夕。范旭东的哥哥范源濂是梁启超的弟子，也是湖南维新运动的参与者，他也成了被通缉的要犯之一。迫于形势，范源濂只能选择流亡他乡。带着借来的盘缠，他和一批维新派成员一道赴上海避难。在上海，范源濂等人收到梁启超从日本发来的信函，邀他们去日本求学。当时日本经过“明治维新”已跻身世界强国之列，东渡日本寻求救国之道，成为许多有志之士的选择。于是范源濂等人便启程赴日，开始了流亡海外的生活。

范源濂出走之后，清廷鹰爪并不甘心，他们不断到范家骚扰范母和年少的范旭东，甚至威胁如果不供出她大儿子的去处，就要拿小儿子抵罪。清廷的威胁让范母意识到自己的小儿子也处在了危险之中，一旦清廷狗急跳墙，就很有可能加害范旭东。为了小儿子的安全，范母把范旭东送到了一处书馆攻读古文，学雕刻和绘画，希望以此为掩护，减少清廷对范旭东的威胁。

范旭东在书馆有惊无险地度过了 1 年的时光，转眼间已是 1900 年，这一年范旭东 18 岁，也正是这一年改变了他的命运。

旅日十二载

戊戌政变之后，维新派的和平改良之路被堵死，梁启超等流亡日本的维新派人士，决议在长江沿岸联络各省会党和防军，起兵勤王，再次改革政治。唐才常、林圭、蔡锷、范源濂等肩负着这项重大使命，秘密潜身回国，并成立自立会。

1900 年唐才常在汉口组织自立军，时务学堂的学生均踊跃参加。各路自立军原定 8 月 9 日同时举事。由于康有为的汇款未能如期到达，起义经费不足，只得延期。但是有部分自立军没有及时收到延期起义的通知，依旧如期起义，结果力量分散的自立军很快便被湖广总督张之洞镇压，起义失败。随后张之洞勾结英国领事，将设在汉口英租界的自立军机关侦获。张之洞先发制人，封锁沿江各码头，搜抄设在英租界的自立军机关，先后逮捕唐才常等 20 余人，当夜便将唐才常等 11 人秘密杀害。张之洞大开杀戒，湖北维新派人士被害者达百余人。

汉口自立军失败时，范源濂等人正在洞庭湖舟中与湖南时务学堂师友秘密联络准备起事，他们一行人直到到达长沙才知道汉口起义失败的消息。而当时张之洞已经密令湖南抓捕维新派。形势危急，范源濂等人一旦被抓获，极有可能会被处死，不得已范源濂等人只好放弃起义计划，准备再次东渡日本。

此时的范源濂已经成为清廷的眼中钉、肉中刺，范旭东也很有可能被牵连。为了弟弟的安全，在赴日之前，范源濂冒险找到范旭东，决定带他一起前往日本。对一个母亲而言，仅有的两个儿子都要离开自己，这将是多么痛苦的分离！但是范母分得清轻重缓急，为了自己的儿子，她愿意忍受孤独和思念。在万分不舍中，范母目送自己的两个儿子远去。在友人的帮助下，范旭东跟随兄长躲在船舱底部，从长沙到汉口再到上海，一路避开无数捕快的搜查，最终登上开往日本的轮船。

初到日本的范旭东语言不通，便进入一家华侨资助的学校学习日语，同时兼修政治、哲学和数理化等知识，开始接触系统的西式教育。在国内长期的贫苦生活让范旭东的身体极为虚弱，为了锻炼身体，他还利用空闲时间学习柔道、击剑、射击、马术等。范旭东特别喜好骑马，每日清晨在田野纵横驰骋，无论盛夏隆冬，从不间断。

这一时期，在日本流亡的梁启超于1902年在横滨创办《新民丛报》，发表“新民说”，积极介绍西方资产阶级政治学说，抨击封建顽固派，言论激烈。范旭东常往请教，梁启超循循，启迪良多。

一次，在《新民丛报》报社，范旭东看到了日本自由党在1881年发表的一篇宣言，宣言称其目标是：组织自由政党，发挥协同一致的精神，扩大天赋自由，抑制人为权势，上以改良政治，下以推进自治。这一宣言对范旭东触动颇深，当中国还在高呼皇帝万岁的时候，日本就已经开始限制个人权力；中国以八股文来限制读书人的思想，而日本则鼓励自治来发挥个人的才智。中国虽大，但是四万万人却被一个皇帝束缚着手脚，物不能尽其用，人不能尽其才；日本虽小，却是有能者居之，个人的能力得到了充分的发挥。日本以举国之力而战胜中国一个寡头皇帝，如今看来也是合情合理的。

在梁启超等人的影响下，范旭东也积极从事爱国宣传，编译爱国小说如“经国美谈”、“佳人奇遇”等篇，载于梁启超主编的《新民丛报》上。范旭东因积极响应梁启超提出的废除八股、改革科举制度，准许自由办报、奖励科学发明，开矿山、办工厂等主张而深得梁启超的喜爱，生活上也给予其热情照顾，对此范旭东一直感念不忘，他曾说：“梁先生以写稿所得润资，来接济我学费。因为单靠老兄接济的，有时遇有预算外的必要用项，还是不够。”

除了不断接受新思想，从事爱国宣传外，范旭东还积极考察日本社会，研究日本富强的原因，寻找救国的良策。在刚到日本的三四年中，范旭东先后考察了大阪、熊本、神户、横滨、东京、西冈、冈山等地。

在考察中，范旭东广泛接触日本人民，看到日本民族振兴之势，无论城市乡村，工农业一派勃勃生机，人民丰衣足食，精力旺盛，显露出民族的尊严与自豪，深切体会到他们那种自强不息、艰苦奋斗、团结进取的精神。这种精神的养成和三十多年前的明治维新有极大的关系。

1868 年前，日本的幕府统治时代，封建统治枷锁束缚日本的经济、政治发展，美、英、荷、俄、法等国入侵，不平等条约重重叠叠，压得日本人民喘不过气来。国内阶级矛盾、民族矛盾尖锐化，封建统治危机加深。农民起义、市民暴动此起彼伏，反对幕府统治，反对外国侵略的“尊王倒幕”运动迅速展开。

1868 年倒幕派的政变，彻底摧毁了德川庆喜的政权。新政府推行了资产阶级性质的改革，实施新政促进了日本资本主义的发展，使日本摆脱了沦为殖民地的危机，建立了近代化的民族国家，走上了资本主义道路。

当日本通过变法一步步走向强盛时，中国却是另一番景象：自鸦片战争以来，由于政治黑暗、政府腐败、外敌入侵、经济衰退，人民处于水深火热之中，太平天国起义失败，维新运动破灭，甲午战争惨败，八国联军入侵，丧权辱国的《辛丑和约》签订……

面对工业革命的大好时机，同样处于被列强侵扰的困境，变法后的日本励精图治，经过 30 多年的努力建设，现今已成为雄踞东方的强国了。而大清国却始终固步自封，顽固保守，错失大好时机，现如今沦为列强鱼肉的对象，难道我中华民族从此就要受尽磨难永无宁日了吗？中国的出路在哪里？

旅居日本期间，范旭东对国家的现状了解越发清晰，对这个腐败无能的清政府几乎绝望。一度他曾想依靠暴力手段推翻清政府。为此他还学习制造炸药，希望通过炸死几个满清官员来实现救国救民的理想。不过，这一计划毕竟太过肤浅幼稚，终究没有付诸实施。但是在学习制造炸药的过程中，范旭东开始接触化学研究，并产生了浓厚的兴趣，他开始决心研究化学。

1905 年，范旭东完成了中学学业考入冈山第六高等学校。就在这一年，日本和俄国为了争夺在中国东北的利益，在中国的领土上爆发了一场大战。对于发生在自己领土上的战争，腐败无能的清政府宣布“中立”，并为交战双方划出了交战区。这场战争给东北地区造成了极大的伤害。最终战争以日本的胜利宣告结束，日俄双方签订条约，在东北划分了势力范围。

这一消息传至日本，日本人无不欢呼雀跃。当范旭东得知此事时，他感到了无比的耻辱，这是一个什么样的国家?！经过这件事，范旭东爱国热情高涨，特意照相立下誓言：我愿从今以后，寡言力行，摄像做立誓之证。又加旁注：时方中原不靖，安危一发，有感而记之，男儿男儿，其勿忘之。此后他为了振兴中华一心埋头读书，不参加各种社交活动和舞会，同学们都很敬畏他，称他为“怪人”。

1908 在冈山高等学校，由于学习刻苦努力，深得校长酒井佐保器重。临近毕业，范旭东向酒井佐保征求意见，提出自己将来想从事军工专业，以坚舰利炮来拯救中国。不料酒井对范旭东哈哈一笑，轻蔑地说：俟君学成，中国早亡矣！范旭东听后义愤填膺，从中进一步洞察到日本人处心积虑图谋中国的野心，报国之志益坚，遂放弃造兵救国之念，坚决以化学为出发点，走工业救国之途。

1908 年，他考入京都帝国大学，专攻应用化学，享受官费待遇。大学期间，范旭东师从近重真澄。近重真澄对古代金属的研究造诣很深，范旭东也认真搜集我国汉、唐以来的钱币和金属器皿进行研究，尤其对“中国冶金术探源”的研究很有创见，颇得近重真澄好评。学习期间，近重真澄以渊博的知识，平易近人的态度，奖掖后进的高风亮节，受到范旭东的尊敬。1910 年毕业时，近重真澄又力荐范旭东留校任专科助教。

就在范旭东毕业这一年，经兄长范源濂介绍，他与小自己 1 岁的许馥女士相识。许馥也是湖南人，早年受到梁启超变法维新风气的影响，冲破封建礼教的束缚，接受新思想，成为湖南进步女青年。1905 年到日本官费留学，立志报国。

两人相识后，很快陷入热恋，并喜结连理。漂泊异乡的愁思，忧国忧民的情怀，让二人相见恨晚。对范旭东远大的志向，许馥非常理解和支持。作为一个新时代的女性，她所追求的不是守着丈夫孩子安度余生，而是甘心做丈夫背后那个默默无闻的伟大女人。在许馥这位贤妻的照料下，范旭东得以摆脱生活琐事，全身心投入到自己的事业中。在此后数十年的生活中，两人相互依靠相互鼓励，感情日益深厚。当范旭东由一个无名青年成长为实业大亨时，他们依旧相亲相爱，任何诱惑和艰难困苦都动摇不了两人的真情。

正当范旭东和许馥沉浸于爱情的甜蜜时，国内的政局发生了翻天覆地的变化。1911 年 10 月 10 日，革命党在武昌发动起义。起义部队迅速占领武昌城，很快就控制了武汉三镇。全国各地闻风而动，南方诸省先后宣布“独立”，脱离清政府。1912 年元旦，孙中山在南京宣誓就任临时大总统，宣告中华民国正式成立。

面对国内这一惊天动地的变化，范旭东欣喜异常，他当即决定回国。当时范旭东在京都帝国大学任职，待遇相当优厚，如果他选择继续留在日本，完全可以享受到更好的物质条件。如果回国，他所要面对的是一个满目疮痍的国家，一切都要重新开始。但物质条件根本就挡不住范旭东强烈的爱国之心。对于他回国这一决定，妻子也十分赞同，这就更坚定了他回国报效的决心。

当范旭东向京都帝国大学的负责人递交辞呈时，学校方面却拒绝了范旭东辞职的请求。学校方面的理由是：范旭东当时正在授课，如果准许他辞职，那么他所教授的课程将无人接替。对于自己的学生，范旭东的人格要求自己必须负责到底，不得已他只好继续留校，直到学期结束。当学期结束范旭东再次提出辞职时，校方再也找不到借口留下这位优秀人才。很快，范旭东便带着妻子，乘船回国了。三十多年后他曾著文回忆当时的情景说：辛亥革命，激动了年轻人的感情，不由得不热血沸腾，当时我在日本京都帝大做研究工作，早去晚归，生活比较安适，国内还在激变，一天一个说法，实在叫人难受，趁冬假得闲，赶回中国……

2

学成归来——何处能报国？

1912年春，范旭东终于如愿踏上了归国的旅程。此时范旭东的哥哥范源濂在袁世凯的北洋政府担任教育部次长，已经将年迈的母亲接到北京生活。在北京的一间四合院里，范母终于见到了阔别十二载的小儿子，当初的青涩少年如今已经成家。范母看着两个儿子，两个媳妇，今日得以团圆，再享天伦之乐，喜极而泣，老泪纵横。

此刻在华夏大地共和政体初立，这是东亚最早的共和政体，一个全新的国家、全新的事业都在等待着归来的范旭东。

初试制盐

范旭东归国后，他在日本所学一时无用武之地，兄长范源濂便替范旭东在财政部谋得一个闲职。范源濂心里很清楚：他这弟弟刚刚归国，在日本生活 12 年，纵然满腹才华，却也难以在短时间内适应国内的复杂情况。给他谋个闲职，让他慢慢适应国内的环境，等待时机成熟时再委以重任，发挥其所长。

果然，在任这个闲职期间，范旭东逐渐了解了当时国内的情况，他发现事情并非如他想象的那样简单，尤其是官场所依赖的不是能力，而是资历、背景、手段等等。以袁大总统为例，他这个满清遗臣后来成为民国大总统，并非是因为他有多么热衷共和，而是因为他逼退了清帝，他掌控着北洋大军，他在皇帝、革命党、洋人三者中进退自如。于是一个不懂共和的前朝忠臣，成了民国总统。他的兄长范源濂若不是梁启超的得意门生，或许也难以担任教育部次长，而他范旭东若不是兄长提携，又去哪里觅得这个闲职呢？

对于这样的现状，范旭东无能为力。此刻他所能想到的就是继续深造自己，寻找时机做些实际的工作。他想去德国学习，然而出国求学需要一大笔花销，范家虽然有个教育部次长，但是一来教育部是“冷衙门”，二来这教育部次长太过清廉，除了薪资根本就没有别的收入来源，根本无力支付出国的费用。

不过天无绝人之路，正当范旭东为留学经费而大伤脑筋时，一个意外消息让他看到了希望。范旭东所任职的财政部决定派一批懂技术的人，到欧洲考察盐专卖法和盐厂的制盐设备。作为化学专业的高材生，范旭东技术一流，而且他有旅日经历，更能适应西方社会。最后，经过几次交涉，范旭东成为此次考察团 4 名成员之一，而且他还获准在考察结束后可以继续在国外学习。

范旭东能够获得这次出国考察的机会，看似意外，实则却是权力斗争的结果。

1912 年，清帝退位后，按照事先约定，袁世凯接替孙中山成为中华民国临时大总统。袁世凯的北洋军虽然装备精良、训练有素，但是没有绝对优势，此时南方革命党人也控制着数十万军队，稍有不慎就可能再次爆发内战。为了增强北洋政府的实力，形成对全国的绝对控制，袁世凯开始寻求西方势力的支持。

他以办理“善后”为名，向英、法、德、俄、日五国银团借款。未经国会同意，派赵秉钧、陆微祥、周学熙等于 1913 年 4 月 26 日与五国银团代表在北京非法签订“善后借款合同”，借款 2500 万英镑，八四实交，年息 5 厘，以盐税、海关税为抵押；47 年偿还本息。

合同附书中有成立制造业、改良盐质条款，指定借款中用 700 万英镑做改良盐务费用。合同中还规定中国须聘请外国人士“协助管理”盐税征收事务，以保证盐税收入偿还借款本息。

这次“善后借款”，公然指定盐税做第一担保，由此，中国盐政主权落入帝国主义手中。由于这项借款未经国会通过，所以，借款之事遭到国会严责，坚不承认，社会舆论和人民群众也强烈反对。袁世凯为了平息众怒，假惺惺地提出改革盐政，改良盐质，并派人员赴欧洲各国考察盐政，以资实施。范旭东的出国机会由此而来。

范旭东一行四人在欧洲各产盐国考察将近一年。期间，他们考察了西方的海盐生产、矿盐生产，还考察了西方盐业的管理。在考察中，他们充分认识到了西方产盐国生产条件的先进，此时西方已经开始大规模机器生产制盐，效率高、品质好。而中国制盐还处在手工作坊阶段，生产效率低下，产出的盐还含有大量杂质，根本无法与西方工业化生产的盐相比。

不仅在盐的生产上差距巨大，就连管理上也迥然不同。在中国，食盐是政府垄断产业，未经官方许可擅自买卖食盐，最高可判处死刑。食盐是日常生活必不可少的调味品，政府垄断食盐，自然也就增加了政府的收入，甚至能够成为压迫民众的手段。西方国家看到这点后，也利用这一政策从中国牟利。在西方却不同，由于食盐是生活必需品，各国政府严令不得垄断食盐交易，食盐可以自由买卖，同时对食盐收取极少的税收。此外，还出台严格的法令，规定食盐中氯化钠的含量不能低于95%，即使喂养牲畜的盐，其氯化钠含量也不能低于85%。这一系列的政策都是为了确保本国公民能够有安全、可靠、稳定的食盐供应。

范旭东在考察中还发现，西方国家产盐用于食用的只是其中的一部分，还有大量盐用作化工原料，他们通过盐来制造纯碱、盐酸、烧碱，并形成了一个庞大的产业链。他们把工厂直接建在了产盐地，就地取盐生产纯碱等化工产品，获利颇丰。西方政府对工业用盐则给予更大的优惠，直接免税使用。政府的鼓励、先进技术带来的可观效益极大地促进了西方化工产业的发展。

在对西方盐业进行一番详尽的考察之后，范旭东又把目光转向了以盐为基础的制碱行业。欧洲当时制碱有两种方法：一为路布兰法，以食盐和硫酸为原料；一为索尔维法，以食盐和石灰石为原料。索尔维法的产品纯度高，受用户欢迎，畅销全世界，故在技术上被垄断。范旭东曾向法、德、比国的几家索尔维公司提出参观请求，均遭拒绝。

虽然屡次遭拒，但是范旭东并不气馁。在英国，他几经交涉，终于被允许参观卜内门公司的制碱工厂。得到被允许参观的通知后，范旭东开始还想要赞美英国人的绅士风度，可是当参观开始后，他却是又气又恼。一进工厂，卜内门公司的负责人就把范旭东等人直接带到了庞大的锅炉房，一行人对着高耸的锅炉根本就看不到制碱的过程。看过这些锅炉，英国人就把他们从后门引出厂外，从始至终都没有看到一丝制碱的工艺，更不知道索尔维法制碱为何物。这一次参观再次触动了范旭东的内心。英国人出于技术保密的需要，采用这种几乎欺骗的手段应付他们，使范旭东认识到是不能依赖这些洋人发展中国自己的化学工业，中国人必须自力更生，依靠自己的力量制出纯碱。此后，范旭东奋发图强的创业思想变得更坚定了。

考察工作结束后，范旭东对西方的盐业进行了系统的总结，写成一份详尽的调查报告，同时还根据中国的情况提出盐政改革的建议，并请求改良中国盐业生产条件，提高食盐品质。完成这些任务后，范旭东才开始着手准备自己在德国留学的事。可是正当他在复习功课准备入学考试的时候，财政部突然给他发来电报，说政府准备改良食盐品质，急于建造一个新式盐厂，需要他即刻回国负责筹办此事。

这份电报彻底打乱了范旭东的计划，他在德国继续深造是不可能了，必须奉命回国。不过从现在来看，对范旭东而言，这份电报也恰恰是他人生的另一个转折。虽然他无法为成为一个伟大的化学家而继续深造，但是却让他有机会成为一个伟大的爱国实业家。在范旭东看来，在德国深造最终目的还是为国尽忠，现在政府要求自己立即回国从事改良盐质的工作，也是一件利国利民的益事，既然现在就有机会报效祖国，为什么不回去呢?

打定主意，范旭东便第一时间订了船票启程回国。由于时间急迫，范旭东连在德国准备资料的时间都没有，只好在回国的途中利用乘船的时间整理资料。当其他乘客在轮船甲板上欣赏大洋的美景时，范旭东却躲在狭小的船舱里不停地研究制盐方案。轮船经过新加坡时，范旭东得知在爪哇（今印度尼西亚）一带有压制盐砖的技术，为了进一步丰富自己的知识，他特意下船从新加坡绕道爪哇，考察制盐砖的技术。

1913 年秋，范旭东乘船到达上海，准备从上海转道到北京。到上海后范旭东才得知，此刻政局又有变动，他的兄长范源濂已经辞去教育部的职位，正旅居上海；他自己所任职的财政部也有人事变动。母亲和妻子已随兄长南下，在杭州安家。有公务在身的范旭东不敢有丝毫怠慢，和家人小聚之后随即北上。

到达北京后，范旭东第一时间向财政部汇报工作，递交自己的考察报告和盐务改革方案。然而，此时的财政部人事已有较大变动，原先的上司同事多数都已不在其位，他所面对的是一张张陌生的脸孔。前任所制定的财政部工作计划多数都已废止，现在所施行的是新部长的工作计划。范旭东的盐务考察和改良计划是前任制定，现如今也已废止。他所提交的考察报告和改革方案如同废纸一般被丢弃在角落。范旭东一次又一次询问创办新式盐厂的计划，但是每次得到的答复都是“等等再说。”就这样，在日复一日的等待中，范旭东改革盐务的满腔热情逐渐被耗尽。

为官两月

财政部虽然一直没有消息，但是对于盐务改革，范旭东并没有绝望，他认为既然政府允诺再等等，那么就一定会有结果。在他看来，一个政府机构怎么会言而无信呢？所以他一直留在北京，静候财政部盐务改革的消息。

在范旭东留京期间，梁启超出任币制局总裁，打算改革币制，把晚清广泛使用的各式银元统一为民国的标准银元（袁大头）。

银元最早是16世纪时，西班牙殖民者在美洲铸造的，明代万历年间（1573年—1620年）开始少量流入中国。到19世纪40年代以后，随着西方列强在中国打开通商口岸，银元开始大量流入中国。19世纪中叶以前，以西班牙银元占主要地位，1842年清政府被迫同英国侵略者签订了中国近代史上第一个不平等条约——《中英南京条约》，清政府向英国赔款2100万银元。因当时国内流通银两成色不佳，这2100万银元采用了广泛流通的西班牙银元来支付。墨西哥1821年独立后，于1824年开始铸造墨西哥银元，到了19世纪后期，墨西哥银元开始代替西班牙银元在中国的地位。到了1910年，上海一地几乎以墨西哥银元为主币。此外，晚清流入中国的外国银元还有英国银币和日本银币。

1890年，广东出现清朝官铸银元，但是均是地方自行铸造，没有统一标准。到1910年9月，清政府度支部奏定，发布“币制则例”，规定了以银元（含银七钱二分）为国币，开始铸造全国统一标准的银元。但是仅仅一年之后，辛亥革命就终结了大清国的历史，全国流通的银元始终没有形成统一的标准。民国建立之后，统一全国货币成为一项重要的工作，在袁世凯的支持下，梁启超开始了统一全国银元标准的币制改革。

为此，梁启超派人组织了一个币制考察团，调查全国各地的制币厂，为铸造新的银元做准备。范旭东在日本留学期间曾在铸币方面有过深入的研究，是当之无愧的专家，因而范旭东就在第一时间被邀请加入考察团，负责检验银元的质量。

此次考察团从北京出发，一路南下，考察了国内多个地区的铸币厂，每到一地范旭东就按照标准对各铸币厂的银元进行认真检验。根据政府颁布的银元铸造标准，每枚银元的重量是七钱二分，所含纯银为96%。然而一路走来，范旭东检查过的所有银元无一合格。这是什么原因造成的？难道是工艺问题？

经过一番调查，范旭东发现了其中的“奥秘”，银元不合格，根本与工艺无关，完全是人为因素所致！原来各个铸币厂上下串通，在铸造银元时偷工减料，擅自降低银的含量，从中牟利。这些内幕让范旭东大为震惊，铸造银元事关全国百姓，连这样重大的事情都有人敢徇私舞弊，这官场要黑暗到何种程度？

调查结束之后，范旭东针对调查中的问题提出了对铸币厂进行整改的方案，计划建设新的铸币厂，改进管理方式。这一计划一提出就遭到了多方的反对，理由多种多样。但是究其根本，主要是因为范旭东的改革方案彻底断绝了他们徇私舞弊的机会。在旧体制下，铸币系统众多人员通过各种制度漏洞大获其利。整个体系内，下至基层员工，上到管理领导，无一不从其中得到好处，而受损的只能是全国四万万同胞，四万万同胞的血汗换来的却是不足成色的银元。

面对既得利益集团的强烈反对，范旭东的改革计划根本无法实施。对此范旭东感慨不已：“本来‘币’‘弊’有何不同，无须太认真，仅为多事，又多受了一番教训。”这两个月的官场生活让范旭东对做官彻底失去了兴趣，官场的腐朽令范旭东难以忍受。无法融入官场，范旭东只得另辟蹊径，开创属于自己的天地。

范旭东考察铸币厂的遭遇很快就被在北京的朋友知晓。朋友们先是对范旭东的遭遇鸣不平，一个个痛斥官场的黑暗，随后话锋一转，说道，这就是中国千百年来一贯的传统，官场从来都是如此，劝范旭东不要太过认真，让他安安心心领着俸禄混日子，行事只要不太过分，就不会出什么意外，即便换了大总统，也还得需要他们这些人办事。每个月三百银元，这可是难得的美差。

对于朋友的好意，范旭东自然不好回绝，只能当面称受教。朋友们的想法他并非不能理解，在这不太平的世道，能有稳定的收入，过上富足的生活，这应该是许多人的梦想，只是他范旭东并不是只要过安稳日子的人，若是贪图生活的安逸，他为何不留在日本继续在大学任教?

对范旭东一番劝解之后，有朋友向范旭东吐露了一系列内情："善后大借款"中指定的700万元用作盐务改革的款子，已移作他用，不要对政府筹办新型盐场的事再存妄想，要办工业，自己招股，自己动手干。银元成色不足，除了铸币厂偷工减料之外，更重要的是能用有限的银料，铸造更多的银元，对政府而言无形中就增加了财政收入。

这样的现实让范旭东对政府彻底失去了信心，于是范旭东毅然辞去了每个月可以领取三百银元的政府职位，走上了自己的道路。范旭东感叹道：大时代不容苟安，我等有负起担子的必要，力所能及，不可放松，要争气就靠这个时候，办工业振兴我们的民族。

离开官场后，范旭东开始谋划自己的事业。他把注意力转向了盐业。针对中国盐业资源丰富、而制盐工艺又相对粗糙的特点，范旭东决定从研制精盐入手，首先改变中国食盐质量差的现状。当时，西方发达国家已明确规定，氯化钠含量不足85%的盐不许用来喂养牲畜；可中国许多地方仍用氯化钠含量不足50%的盐供人食用，结果被西方国家讥笑，说中国人是“食土民族”！这样严酷的现实，让范旭东痛心疾首。

民国初期，盐业的落后受到有识之士的重视，就连北洋政府也做出要改善盐务的姿态，只是北洋政府靠“善后大借款”的资金进行盐务改革却像一场儿戏。当时热心改革盐务的民间人士发动舆论，宣传改革盐务，与旧势力作斗争。盐务改革派与守旧派发起了激烈的论战，他们筹办各自的刊物，发表文章为己方辩护。

盐务改革派创办《盐政杂志》，宣讲盐务改革的重要性，批评守旧派的迂腐。守旧派则创办了《谈盐丛刊》，坚决反对盐务改革，维护其既得利益。《盐政杂志》认为，在当时被称为“引岸”的盐务政策应当被废止。“引岸”制度是一种区域垄断的盐务政策，盐务部门指定区域制定盐商销售，给食盐行业带来诸多不便。《盐政杂志》主笔景韬白以犀利的文笔痛斥这一制度的弊病，指出这一制度祸国殃民，而“引岸”制度下的盐商也不是合格的商人，只是官方用来征收盐税的代理人而已。通过对“引岸”制度的批判，《盐政杂志》为精盐的推广创造了有力的舆论环境。支持“引岸”制度的《谈盐丛刊》在景韬白的强势进攻下理屈词穷，黯然无光，十分狼狈。

对于《盐政杂志》的观点，范旭东十分赞成，同时竖起“打倒脏盐”给人民吃盐自由的大旗参与战斗。

范旭东调查报告中提到“取消专商，废除引岸，改良盐质，统一税率，特别奖励工业用盐，工业用盐免税……”的主张，引起《盐政杂志》主笔景韬白的重视，得到其支持，他曾邀请范旭东长谈，询问实现方案的计划，两人很快引为知己。当时财政总长张弧对范旭东的建议很感兴趣，曾问范旭东：咱们自己办一个精盐工厂如何？范旭东当即回答：我们能够办到。现在范旭东已辞去财政部公职，决心自办新型盐场，得到范源濂、梁启超、景韬白等一大批知名人士的支持，他毅然走上创办私人企业这条坎坷而曲折的道路。

3

自办精盐厂——让国人不再吃掺土的盐

中国人制盐已有数千年历史，从中国人发现制盐的方法之后，数千年来制盐的工艺始终没有突破性的改进，一直在使用效率低下的煮盐法。煮盐是盐工用形似大锅的大型容器煮沸取自海边滩涂下或盐井里的卤水并加凝固物来结晶成盐。煮盐生产落后，产量少，劳动生产率低，成本高。特别是消耗木柴量大，煮成 1 担盐约耗木柴 400 斤左右。

煮盐的盐工也受尽折磨，生活异常艰辛，盐工每天在太阳出来前就要忍着饥饿出工，清理泥沙汲取海水，佝偻着背，身体如猪狗一般。每当到了夏日，酷暑难耐，海水也被晒得滚烫，即便如此盐工还是得在烈日下工作。

虽然煮盐耗费巨大，但是得到盐的质量却并不高，许多盐的氯化钠含量不足 50% 。

考察塘沽

1914 年初，范旭东只身来到天津塘沽考察当地的食盐生产条件。在塘沽火车站，范旭东一下火车，看到车站墙壁上竟然满是外国货的广告标语，车站商店销售的货物里也不见中国货的影子，只有看到一些土特产，才知道这是中国。出了火车站，往西不远就是各国在天津的兵营，各色国旗在寒风中迎风招展一派生气。

1860 年，英国首先在天津设立租界，此后又有法国、美国、德国、意大利、俄国、日本、奥匈帝国和比利时等国，通过签订不平等条约和协议，在天津老城东南部区域，相继设立的拥有行政自治权和治外法权的租借地，最高峰时有 9 个国家在天津设立租界。各国为了保护各自的租界利益，还在天津设置兵营，派驻军队。在天津街头，侵略者一个个趾高气扬，如同主人一般，而中国人却是低眉顺首，如活脱脱的奴隶。

1900 年，八国联军借口打击义和团，攻陷天津后从天津出兵攻打北京城。八国联军一路烧杀抢掠，作为重要战场和联军进军基地的天津更是在战火中遭受重创。八国联军所到之处一片萧条，许多村庄被夷为平地。大沽口到处是盐田，不长树木，也无花草，只有几个破落的渔村，绝少行人，一片凄凉景状，使人惊然。此时距离八国联军侵华过后不过十几年，这里房舍大都被侵略者捣毁，砖瓦埋在土里，荒凉得和未开垦过的土地一样。

这一幕幕凄惨的景象让范旭东心如刀绞，偌大一个国家竟然沦落到如此地步！唯一让范旭东稍稍宽心的就是当地确实适合产盐。

塘沽产盐的条件极为优越。这里生产盐的历史源远流长，远在汉、唐时代，人们就已在这里用简陋的锅灶熬盐。到明代后期，已发展到开沟引海水，利用日光进行盐田晒制了。清朝同治年间，有盐商看到南方稻田里用风车引水，回到盐场极力效仿，利用这里经年不息的海风，使用布帆八面，中设大柱，下置铁碗，制成了风车，借助风力转动，使海水进入盐田，曝晒制盐，极为方便。沿用至今，致使这里盐田年年丰产，一码码席盖泥封的盐坨延绵成山。

此外，塘沽有海口可吞吐世界商货，又有京奉铁路经过，可贯通全国，交通之便利，全国盐场无出其右者，且附近有开滦的煤焦，唐山的石料，各种资源丰富。地方风俗淳朴，村邻交往都有礼貌，重然诺，人事上也很相安，确是兴办新型盐场不可多得的好地方。范旭东认真考察后，下定要在这里开辟中国化工基地的决心。

范旭东看到一眼望不到边的盐田有的波光粼粼，有的盐花翻滚，处处灰白的布篷随着经久不息的海风缓缓转动，海水汩汩流进沟里，进入盐田，川流不息，确有一番别致的风味。他不禁感慨地说：一个化学家，看到这样丰富的资源，如果还不能树立发展祖国化学工业的雄心，那就太没有志气了！

确定塘沽可设盐厂之后，范旭东又着手在塘沽试验精盐生产。他在塘沽一带的渔村租下房舍，安装设备开始试制精盐。范旭东试制精盐的设备让当地使用传统手段制盐的盐工极为好奇。在他们看来，制盐无非就是把海水晒干，哪里用得到这些瓶瓶罐罐？对于他们的质疑，范旭东并不在意，他要用实际行动证明给这些老盐工看，真正的盐应该是什么样的。

范旭东在这渤海边的小渔村里夜以继日，废寝忘食地进行着精盐生产的试验。终于，经过不懈的努力，原本粗黑的海盐变成了雪白的精盐。当盐工们看到范旭东手中的精盐时，一个个惊叹不已，原来盐可以变成这样好的成色！经过检验，范旭东试制出来的精盐氯化钠的含量达到了90%，完全达到了当时的标准。至此，范旭东建设盐厂所需要的地点和技术等问题都已经得到解决，接下来就是获得北洋政府的盐务许可了。

范旭东要制盐，首先他要到北洋政府去申请许可。在中国，从春秋战国时期，齐国开始，食盐便成为官方专卖品，严禁任何个人从事食盐的生产贩卖，违者可处以极刑。政府通过食盐专卖，获取大量财政收入，有些朝代盐税的收入甚至可以占到其财政收入的一半。如此巨额的利润，北洋政府自然也不会放弃对盐的管制，若是得不到北洋政府的批准，即使生产出高品质的精盐，也是非法产品。所以范旭东必须先取得生产食盐的许可。

当时主管盐务的是北京盐务署。这个部门在当时可谓是油水丰厚，各地的盐商都要通过他们的授权才能取得合法的售盐资格。按照相关法规，他们授权盐商售盐的依据应当是盐商的生产水平、盐的质量等因素。但是在那个年代，权力根本受不到制约，法规得不到执行，所谓的授权依据变成了谁给的贿赂多，谁就能获得授权。盐商们自然是争相孝敬盐务署的老爷们，至于那些不向他们行贿的人，根本无法得到授权。

当两手空空的范旭东找到盐务署申请批准其生产销售食盐时，盐务署的官老爷们当即拿出了公事公办的“认真劲儿”。他们要求范旭东出示各种证明文件，只要有一个不符合他们所谓的要求，就立即驳回要求重新办理。就这样，范旭东来来回回往盐务署跑了不知道多少次，各种文件也按照要求出示，但是始终得不到盐务署的批准，因为盐务署认真的老爷们始终能找到范旭东的“问题”。

盐务署这般态度，范旭东心里也清楚是为了要好处，只是范旭东秉直的个性实在容不得这些贪官污吏的违法行为。他办盐务，是为国为民，可是这帮官僚，仗着手中的权力，不仅不为国为民尽忠，反而巧取豪夺，中饱私囊。

生产食盐的许可始终无法批复，范旭东的盐厂也难以开工建设。就在这时，梁启超、范源濂等政界高层得知了范旭东的困境，对范旭东办盐厂他们是十分支持的。了解了范旭东无法获得许可后，他们便利用自己的关系，给盐务署施加了不小的压力。当盐务署得知范旭东居然有这么硬的后台后，很快就给范旭东办理了许可。许可授予的权限很大，直接授予了范旭东20年的生产期限，同时还规定范旭东盐厂周围百里之内不得有其他盐厂。

对于此事，范旭东可谓是喜忧参半。喜的是许可终于批复了，而且可以享受相当大的优惠；忧的是这样的政治环境对办实业实在是太过危险。这次他能够获得许可，完全是因为他在政界的关系，如果没有梁启超、范源濂这样的政界人物出手相助，他何时才能拿到许可？或者那些没有政界人物支持的人士，想要办实业又该如何是好？再或者一旦政局有变，他现在获得的这个许可是否还能继续有效？政局的不稳定，以及政府的独断专行对于实业界而言，是最大的危险。没有一个稳定而开明的政府，实业界将是如履薄冰。

范旭东在日本生活学习12年，又在欧洲考察1年，这10余年的海外生活让他对列强强盛的原因有着深刻的认识。他很清楚，不论是日本还是欧洲各国，当地政府都是积极保护工业发展的，他们对工业发展都给予极大的便利。在日本，明治维新后政府出资创办了大量企业，而后政府又以相当优惠的价格把这些企业出售给了有实力的企业家，并给予他们相当大的税收等优惠政策；在欧洲，各国政府也纷纷鼓励个人创办企业，从税收、资金等方面给予支持。

可是在中国却不同，清朝末期，洋务派虽然创办了一批近代企业，但是这些企业最终都沦为官府的私产，根本无法形成有效的生产力。对于一些民间人士兴办的近代企业，清政府往往要征收重税，各级官僚又争相勒索，企业生存极为艰难。辛亥革命虽然建立了有资产阶级性质的民国，但是民国所沿袭的依旧是清朝的思维方式，只有在需要税收的时候才会注意到民营企业。民营企业生存环境虽然极为艰难，但是范旭东依旧以极大的热情投入到了实业当中，毕竟这是使国家强盛的有效方式。

得到许可后，范旭东的事业开始进入实施阶段，接下来他就需要募集股金建设厂房了。

筹集股金

范旭东在天津塘沽开设精盐厂的计划得到了众多友人的支持，他们一致认为精盐厂利国利民，中国人必须有自已的现代化精盐厂。于是范旭东、景韬白、胡浚泰、李积芳、胡森林、方积林、黄孟曦等人成为最初的发起人，并确定公司的名称为“久大精盐公司”。

这些人虽然是久大的发起人，但是他们几乎都是清贫的文人，根本就拿不出开办盐厂所需要的资金。当时对他们而言，要想筹集办厂资金，最好的方法就是通过社会渠道募集资金。1914年11月底，范旭东等召开了久大的第一次筹备会。在筹备会上，久大的众发起人商议决定，筹集5万元作为精盐厂的启动资金。这5万元由各位发起人分别筹集，范旭东负责筹集2万5千元。

这5万元资金对于范旭东等人而言，可谓是一笔巨款。在当时，范旭东在财政部任职时，每月俸禄也不过300元，5万元则是他10余年的薪水。不过，对于一些有产人士而言，这5万元却是九牛一毛，如果这些有产者能够出资赞助，资金问题则迎刃而解。但是，想要这些有产者赞助新兴的近代工业却并不容易。

传统的中国有产阶级其理财方式往往是置地。他们会把大量资金用于购买土地，然后从事农业生产。传统中国的农业生产效率低下，而且往往受到自然因素的影响，但是土地作为不可再生的资源，是可以保值甚至是增值的，可以说购买土地基本不会出现亏损。投资工业就不同了，工业生产受到市场的制约，一旦市场有变就会出现大的起伏，很有可能会血本无归。另外，当时工业在中国并不普及，许多有产者对工业的盈利并不放心。让这些人投资他们并不熟悉的领域，其难度可想而知。

为了募集资金，范旭东每天一早起来，就要给那些认购了股金的股东们打电话，催促他们将股金交付公司。但是电话催促往往见不到什么效果，范旭东就只好一一登门，当面催缴股金。范旭东他们这些收缴股金的人出门后就按照街道的远近，像抄电表的工人一样挨个走一遍。但是即使亲自上门，也很难进入到对方家门，往往要在门外等候，结果等了很久之后得到的消息却是

“下次再来”。无奈，范旭东只好去下一家。

就这样，到了 1915 年 3 月下旬，原定的 5 万元股金也只募集到了 3 万 3 千元，这期间仅筹备会就又开了四次，依然难以募集到预订的数目。资金不到位，还需要继续募集。

1915 年 4 月，公司的第一次股东大会召开，此时的股金已有 4 万 1 千 1 百元。在这次股东大会上，梁启超提出了不分官息，只按章程分红的意见，这一点对于久大的发展而言极为重要。由于当时社会风气闭塞，办实业极不容易集资，工业家不得已常用借贷方式集资，就是收到股款，即日起就按“官息”名义计息，这对经营商业，或能勉强办通。但对办工业就很不妥，因为无论办什么工业，会有相当时日不会出货，况且新货上市，又未必一定有利，如果认可从收股之日起计息，不管付不付现金，这笔债务累积上去，也会令人气短，对公司不利。不收官息只分红利，就给久大省下了相当可观的一笔资金，这对资金紧张的久大而言是再好不过的了。

梁启超提出这一建议之后，股东们起初并不乐意接受，但是梁启超晓之以理，动之以情，从民族大义到个人利益等详加劝解，最终股东们同意了梁启超的提议，答应只分红利不收利息。在久大的创办过程中，梁启超始终给予关心和支持。当时梁启超住在天津，范旭东时常去拜访他，每次见面梁启超都很关心久大募集资金的问题，有时还亲自给范旭东计算募集了多少还差多少。这一幕幕场景，让范旭东尤为感动。

在这次股东大会上，景韬白被选为久大公司的董事长，范旭东则被选为总经理，此外还制定了久大组织章程。范旭东在会上提出“公司行为务求明朗、公正”作为办事的准绳。

1915年范旭东一面积极筹建久大精盐的塘沽工厂，同时参与时政，反对袁世凯帝制。在护法之役的初期，梁启超写了篇反对袁世凯称帝的《异哉所谓国体问题者》的宏论，就是由范旭东秘密送到上海交到时任中华书局编辑长的范源濂手中，刊登在《中华杂志》第一卷第八期上。一时不胫而走，对反对帝制的运动起到重要的推动作用。

建厂产盐

第一次股东大会结束后，范旭东便立即动身前往塘沽，开始建设厂房安装设备。

到达塘沽以后，范旭东先买下了当地盐商的一个小作坊，这就有了粗盐的来源，然后才能在粗盐的基础上生产精盐。可是，要想在当地收购小作坊也不是一件容易的事。在塘沽这个产盐的宝地，盐的生产都被当地的盐商垄断，外地人想要在当地开设生产盐的作坊最大的困难就是当地盐商的阻碍。如果得不到当地盐商的许可，外地新开设的作坊很快就会出现各种问题，直到最后无力经营。

范旭东采用收购小作坊的方式，只是让小作坊换了主人，并没有建新的作坊，依然维持着先前的均势。即便如此，旧盐商们还是想给这个新来的盐商一个下马威，让他知道这里谁是老大。范旭东接手小作坊的当天，就有一帮打手模样的人气势汹汹地来到这个即将易手的小作坊，一个个衣衫不整且满嘴脏话，似乎随时都可以将范旭东置之死地。一阵哄闹过后，范旭东拿出了北洋政府颁发的许可。这些打手虽然识不得几个字，但是他们领头的却认得那确实是北洋政府的许可。这领头的当即就明白了，看来这人是有靠山的，远不是他们这些地头蛇能惹得起的。若是真要闹出事来，他们这些人是吃不消的。很快这些人便一个个灰溜溜的回去了，毕竟，他们的本性就是欺软怕硬。

看着手中的盐务许可，范旭东无奈的苦笑一下。若是没有这许可，那些流氓打手还指不定能做出什么出格的事来呢。办理这许可时虽费尽周折，不过现在究竟是有了用处，至少可以赶走流氓打手的骚扰了。如此看来，政府的权威对他办实业，还是有些帮助的。

久大生产精盐的工艺并不算复杂，只需把粗盐溶化、沉清，再用平锅熬煎使盐重结晶而得到精盐。就是这并不复杂的工艺，在化工人才极为匮乏的旧中国却也难以实现。

1915 年 6 月，久大的厂房破土动工，此时的范旭东异常忙碌。为了确保万无一失，从厂房设计、资金预算、设备选择直到机械安装，他事事到场。每天，范旭东都和工厂里的工人一起，在工厂自办的食堂吃饭，从来不搞特殊。当时，工厂办公室和宿舍都是简易房，范旭东的办公室只是一间不大的木屋，不但兼做他的会客室和实验室，而且也是他的卧室。他连桌椅都没有，就趴在床边搞设计、做演算、画图纸，经常熬到深夜，有时这样趴在床边就睡着了。

在建设厂房的同时，范旭东还招募了一批具有制盐经验的盐工。对这些员工，范旭东进行了严格的筛选，那些品行不端的一律不用。对这些招募来的盐工，范旭东还对他们进行了技术培训。尽管他们有制盐的经验，但是他们所制的都是粗盐，与范旭东要制的精盐相去甚远。在培训中，范旭东从理论到实践，一一讲解，细致详尽，让这些盐工眼界大开。就这样，久大的第一批工人在范旭东的指导下，都具备了相当的理论和技术水准，为日后顺利生产精盐提供了可靠的保证。此后，范旭东始终都非常重视对人才的培养，对于高技术人才，他给予极大的鼓励支持，他手下的工程师甚至可以享受比他这个总经理还要优越的待遇，而范旭东始终都以朋友的姿态来处理他和工程师等技术人员的关系。

在设备的选择上，考虑到资金的问题，范旭东坚持能省就省。对于可以在国内生产的设备，范旭东就寻找国内的工厂定制；如果国内无法生产，则由他亲自赴日本调查购买。设备采购回来之后，工人们在范旭东指挥下，按照事先规划将各个部件逐一准确安装到位。经过近半年的施工，到 1915 年 10 月底，精盐厂的设备全部安装完毕，公司已具备批量生产精盐的条件。12 月 1 日，盐务署批准久大公司制盐申请，12 月 7 日，久大精盐厂正式投产。

随着机器的转动，久大的第一批精盐从生产线流出。看着这些雪白的盐粒，从范旭东到基层员工，一个个无不欢呼雀跃，艰苦的付出终于得到了应有的回报。

久大生产的精盐，范旭东取名“海王星”，以五角形的海王星作为久大精盐的商标。对于这个名称，范旭东可是花了不少心思。史书上记载，春秋时期，管仲任齐国宰相后，将盐务收归国有，齐国因盐而逐步强大，由此被称为海王立业。《管子·海王》注：“海王者，言以负海之利而王其业。”后来，将做盐生意的人称“海王”。在天体中，海王星循环运行，可寓意久大自强不息，象征为民造福，也寄托了范旭东征服海洋，事业起飞的宏大志向。结合这两方面的意思，范旭东以五角形的海王星作为久大精盐的商标，也可算是他的一件得意之作。

4 售精盐——结束国人千年制售土盐的历史

1915年底，久大的精盐开始量产，1916年4月初，“海王星”商标获准使用。至此久大的精盐已经具备了上市销售的条件。当时的中国精盐严重匮乏，即使有小部分精盐也是从国外进口。精盐市场在当时的中国可以说是有着巨大的市场空白，一旦久大的国产精盐上市，必将受到极大欢迎，甚至有可能出现供不应求的局面。然而事实并非如预期的那样顺利。

有盐无市

1916年9月，以“海王星”为商标的久大精盐在天津正式开售。根据官方许可，久大的精盐只能在天津东马路地段设店销售，市场十分有限。

北洋政府执政以后，在食盐方面的政策依旧沿袭前清旧制，对食盐的生产销售进行严格的管理。当时，食盐销售权集中在少数旧盐商手中，在政府的支持下，几家盐商控制了全国四万万同胞的食盐。这些盐商又把食盐的销售划分出多个名目，有引岸、纲商、票商、包商、指定商等。盐商们通过这些繁杂的名目，划定各自的销售范围，在其销售范围内实行绝对垄断，不允许任何人再插手盐务，否则就叫“越界为私”、“以私盐论处”。

对于“私盐”，历朝历代都以极为严厉的手段进行打击。汉武帝时，对私盐贩子“钛左趾没其器物”。“钛左趾”是在左脚趾挂上6斤重的铁钳，“没其器物”是没收生产工具，煮盐的工具当年也相当值钱。唐代“自淮北置监院十三”，捕私盐者。私盐贩子要杀头，连相关官员都要连坐。五代时，盐法最酷，贩私盐一斤一两就可以正法。宋代略宽了一点，将杀头的标准放宽到三斤或十斤。

到了清代，对私盐的打击更为严厉。“越界为私”、“以私盐论处”这在当时是两项大罪，据《清盐法志》规定：凡盐场灶丁人等私挟、私卖盐的绞死；凡偷卖官盐的，一两以上至一斤，买卖人各打六十大棍；十斤以上不计多少各打脊背二十大棍，然后处死；凡买卖私盐的打一百大棍，判徒刑三年；有军器的罪加一等，充军两千里，拒捕者斩；凡兵民聚众十人以上，带有军器，兴贩私盐的，不问曾否拒捕，伤人，皆斩，立决。

北洋政府也对食盐实行严格的管理。当时给久大的生产许可是每年产盐3万担，而这3万担盐只能在天津东马路一带销售。如果超出这个限定，就以私盐论处。

尽管销售范围非常有限，但是却是一个有希望的开始。最初，久大在天津东马路的售盐地点只是一间很小的店铺，屋里陈设十分简陋，最主要的就是一个很大的货柜，这个货柜还是范旭东在旧货市场花了三个大洋淘来的。

店铺装饰虽然简陋，但是店铺内销售的产品却都是“精品货”——精盐和精盐牙粉。对于精盐的包装，范旭东极为重视。为了能够找到一种合适的包装材质，范旭东走访了许多食盐销售点，观察他们的包装。在当时，盐商处于绝对的垄断地位，他们基本上不考虑包装的问题，只是用最简单的材料包裹一下。范旭东调查后决心改变这个现象，他和久大的设计人员一起研究，最后决定用绿色的玻璃瓶来装久大的精盐。这样的包装既美观又卫生，上市以后，得到了消费者的极大认可。

精盐牙粉也是久大的一款重要产品。在牙膏出现前，牙粉是人们最常用的牙齿清洁剂。古代为了保持口腔的清洁卫生，在使用各种工具洗齿刷牙的同时，还配以各种洁牙剂，最常见的是盐，即牙粉的前身。宋代，出现了“牙粉行”，专门出售中药配制的牙粉，牙粉已经成为社会商品。牙膏与牙粉的区别，主要是形态上的区别，一个是粉状，一个是膏状，其主要的成分基本相同。

久大以精盐为原料生产的牙粉要明显优于用粗盐制出的牙粉。粗盐牙粉有很多天然矿物质，里面含有多种坚硬多角的晶体，肉眼就能看到。用粗盐牙粉刷牙时，晶体坚硬锐利的棱角就会磨损牙齿表面的牙釉质，在牙面上出现一条条细沟，使牙本质暴露出来，造成和“虫蛀牙”相同的后果：遇到酸、甜、冷、热等刺激，就会发生难忍的疼痛。此外，牙龈表面覆盖着一层粉红色的软嫩的黏膜，用粗盐牙粉刷牙，由于黏膜受到过大的磨擦和刺激，会引起牙龈出血。粗盐牙粉在清洁牙齿的同时，也带来不少伤害。精盐牙粉颗粒更为精细，能够在很大程度上避免这一伤害，同时也能起到清洁的效果。

久大的店铺开张后，其优质的产品很快就得到了当地民众的认可。周边百姓看到久大的精盐干净卫生，价格公道，纯净的精盐售价和粗盐相当，远非旧盐商的盐可比，于是不仅自家购买使用，还推荐给亲朋好友。一时间，很多人都慕名而来，就连相距较远的地方，也有人舍弃附近的旧盐，专程跑一趟来买久大的精盐。久大的小店铺生意天天兴隆。

然而这毕竟只是一个小店铺，所覆盖的消费人群相当有限，即使久大口碑好，能吸引较远处的顾客，可是依旧难以形成规模。而且食盐的食用量是很少的，买一次盐就能用上月余，如果没有足够大的市场，是无法支撑整个公司发展的。对久大而言，市场才是成败的关键因素。

久大在天津小店的生意，火爆异常，而食盐的市场需求是非常固定的，当大量客源被久大吸引之后，那些旧盐商自然就失去了市场。面对被抢夺的市场，旧盐商并不甘心就这样让久大称王称霸，他们很快就发起了强势的反击。

旧盐商阻挠

面对久大的强势崛起，旧盐商首先试图从源头扼制久大。

久大生产精盐要以粗盐为基础，通过一道道严格的程序，把粗盐过滤提取出高纯度的盐。由海水中提炼粗盐，工艺虽说简单，但是却需要大量的人力和场地来晒制，而久大建厂初期，自身实力有限，并未建立大规模的粗盐加工场地，其加工精盐所需的粗盐多数要从旧盐商处购买，如此一来就给久大埋下了危机。

当久大的精盐威胁到旧盐商粗盐的销售时，这些手握粗盐的旧盐商当即决定停止向久大供应粗盐。粗盐供应一断货，久大的精盐生产立即就陷入停顿。对于民众而言，盐一日不可或缺，一旦久大不能保障及时供应精盐，那么民众势必会放弃供货不稳的久大精盐，而选择供货稳定的粗盐。时间一长，民众就会失去对久大的信任，那么久大就很难再次赢得市场。一时间，久大的精盐工厂面临生死危机。如果不能解决粗盐供应的问题，新生的久大很可能会在这次打击中彻底失败，一个新崛起的事业面临被旧势力扼杀的危险。

为了解决粗盐供应问题，范旭东费尽周折。他先是找到那些之前给久大供应粗盐的旧盐商，要求对方履行承诺，继续给久大供应粗盐。但是对方却以近乎无赖的态度回复范旭东，这盐是他们的，他们爱卖给谁就卖给谁，范旭东无权干涉。之前的合作伙伴居然转眼之间翻脸，完全不顾商业准则，这种毫无商业道德的行为令范旭东十分恼怒。

事已至此，范旭东此刻也无能为力，久大新建自己的粗盐加工场，一则时间周期长，对生产有长期影响；二则成本较高，久大暂时无力支付。所幸天无绝人之路，正当范旭东为粗盐来源焦头烂额时，有人及时伸出了援手。

当时，中国市场以粗盐为主，同时兼有部分从海外进口的精盐。进口的精盐在不平等条约的保护下在中国畅销无阻，而销售精盐也获利匪浅。但是进口精盐一来成本较高，数量少，难以大规模销售；二来处处受到洋人的制约，多数利润被洋人收入囊中。中国的精盐盐商感到有诸多不便，他们一直盼望能够国产精盐。当范旭东的精盐上市后，立刻就受到了这些精盐盐商的关注，他们纷纷找上门来，要求代销久大的精盐。

当这些销售精盐的盐商得知久大陷入原料危机的时候，立即找到范旭东，表示愿意提供帮助。原来这些销售精盐的盐商都是从销售粗盐的旧盐商中转变而来的，他们身为盐商，对于粗盐的危害自然极为清楚，出于对国家和民族的责任，他们在销售粗盐的时代，就尽量让盐纯净些，只是限于技术原因，无法生产精盐。当西方精盐流入中国后，他们立刻就接受了这种于国于民都有好处的精盐，开始销售，同时也兼营粗盐。

得到新盐商的帮助后，久大的原料立即得到了补充，生产能力恢复，久大精盐再次稳定供货。

解决了原料供应的问题后，事情并没有一帆风顺地发展下去，而是一波刚平一波又起。旧盐商们看到无法掐断久大的原料来源，就又出狠招，联合贪官污吏，一起对付久大。

当时国内局势动荡，大小内战此起彼伏。每有战事，大小军阀就要增税筹集军饷。盐务是中国数千年来各朝各代的重要税收来源，因而每当增税，盐商都是税收的重要对象。当军阀们向盐商增税时，盐商们便联合起来要求官方出面限制久大，只有以此为条件，他们才愿意缴纳更多的税赋。面对这些税收大户，军阀们自然是不愿得罪，于是军阀就和旧盐商联合起来限制久大。

当地盐户代表42户灶户的灶首张文洲回忆：1916年，我在长芦盐运使段永彬的批准下，在宁河县汉沽附近大神堂，以利海公司名义投资，开辟了新滩6副，久大精盐公司成立后，经过段芝贵（段永彬是他三弟）的介绍，我将利海的6副盐滩出售给久大，又订立了长期合同，指定盐滩 19 副（包括我家 9 副）全部供给久大原盐，时价每包 40 元，我降为 38 元，但还是供不应求。芦纲公所总纲李赞臣大为恼火，从中破坏，不准灶户 42 家供给久大原盐。新来的盐运使张调哀又有意以此 42 家原盐转供河南境内芦纲八公所。这时有灶户李少堂愤将自备盐滩 10 副及房屋设备以 10 万元售与久大，使其生产不虞匮乏。从此久大精盐公司拥有盐田 2000 余亩，做到原料自给，再也不怕芦纲公所的杀手锏了。军阀和旧盐商的联合进攻就这样宣告失败。

范旭东带领着久大，一次次冲破旧势力的阻挠，但是最关键的一步始终没能有所突破，那就是市场。北洋政府对久大的产量和销售地进行了严格的限制，如果不解除这些限制，久大很难有大的发展，为此，范旭东来了一个釜底抽薪之计。

久大精盐上市后受到多方好评，政界人士也在关注久大，尤其是梁启超。1916 年他出任财政总长和盐务督办，对久大提供诸多便利。但是要给久大更多产量和市场许可，梁启超却无能为力，这需要当时北洋政府的首脑，袁世凯亲自批示。

为了能够得到袁世凯的认可，范旭东先从袁世凯的心腹下手。当时袁世凯正忙着准备当洪宪皇帝，杨度是他的得力干将，也是忠实拥护者之一。杨度此人政治经历极为奇异，他先是拥护袁世凯称帝，后又加入国民党拥护共和，1929 年白色恐怖时期，经周恩来批准，加入中共。此人与范旭东是旧交，此时，范旭东久大精盐厂已初见效益，范旭东便找到杨度，邀请他入股久大。对于范旭东的邀请，杨度于私交于己利，都没有拒绝的道理，于是就成了久大的股东。

杨度入股久大后，范旭东向杨度分析了久大当时的形势，他向杨度表明，只要久大能够获得足够的销售和生产许可，那么久大的利润将会无限增长。经范旭东一番解释，杨度明白了久大的困境，他当即表示，可以在洪宪皇帝面前为久大申请更多的生产许可和销售范围。

这天，杨度趁着袁世凯吃饭的时候，带着一瓶久大产的精盐来见袁世凯。对此，袁世凯甚为好奇，知道杨度此举必有深意，就让杨度将实情道来。于是杨度便把久大的情况和袁世凯细细说了一番。袁世凯听后，又喜又恼。喜的是中国终于能够自已生产精盐了，恼的是这些贪官污吏只知道中饱私囊勒索受贿，全然置民众大义于不顾。了解实情之后，袁世凯当即决定，把长江一带四个口岸——鄂、湘、皖、赣的销售权给范旭东，在这四个口岸，久大可年销售精盐一万吨，虽然不能全国销售，但是四个口岸的销售权已经让范旭东欣喜不已。

自此，困扰久大的原料和销售范围的问题相继得到解决，范旭东的精盐将开始新的征程。

洋人打压

范旭东和久大所要面对的下一个对手是洋人，当时他们对中国的盐务起着至关重要的作用，面对强势崛起的久大，这些控制中国盐务的洋人也插上了一脚。

洋人对中国盐务的控制始于清末。在一次次不平等条约中，清政府不断割地赔款。而在清政府用于赔款的财政收入中，盐税收入占了很大一部分。20 世纪初，清朝政府每年的白银收入在 8000 万两左右，而中央政府每年集中的盐税收入约有 1300 万两左右，占全部盐税收入的30%，加上地方政府所收留的盐税，全国盐税收入应在4300万两左右。这些收入不仅数额巨大，而且来源相当稳定。英、法、德、俄、日、美银行团驻北京的代表，对20世纪最初十余年中国盐税收入估算后认为，清政府中央和地方的盐税总收入当在4000万两以上，这可是一块肥肉。早已盯上盐税这块肥肉的洋人们，费尽心机想要吃到嘴里。

1895年中日甲午战争后，清政府开始以盐税为担保向西方银行借款。甲午战争失败后，清政府被迫于1895年4月与日本签订了《马关条约》。清政府向日本赔款2万万两，分8批付清。第一、二批各为5000万两，应分别于条款批准后6个月及12个月内付清；剩下1万万两则分为6批，在第二年至第七年按年支付。如中国政府能在3年内将2万万两付清，则不计息，否则除第一批5000万两外，其余按5%计年息。又因日本侵占辽东半岛，中国另需增加赔款3000万两。两项合计赔款2.3亿两。清政府面对如此巨额重负，财政濒于破产，为解决困难，清政府从1895年起只得以盐税收入作为担保，举借外债，至1911年清朝灭亡止，共借外债10笔。

清政府灭亡后，袁世凯取得中国的实际控制权，为了取得国外势力的支持，巩固自己的势力，他宣布承认清政府所欠的洋债，并继续以盐税为抵押，向西方银行借款。

1912年3月，袁世凯为筹集战争经费，用来压服、打击、消灭革命党控制的南方各省势力，密派亲信周自齐访问在华的美国、英国、德国、法国银行团，借以处理清政府债务善后事宜之名义，策划将清政府在宣统三年与美国资本团、英国汇丰银行、德国德华银行、法国东方汇理银行签订的清政府为改革币制和振兴实业借款1000万镑的合同（资金到位仅10万镑清政府就垮台了），改为民国北洋政府的“善后大借款”。北洋政府许诺借款以盐税为担保，并把四国银行团列为北洋政府借款的优先权国家。

在1912年3月，北洋政府与美、英、德、法四国银行团商议善后大借款后，至6月初，四国银行团又增加了日本的横滨正金银行和俄国的华俄道胜银行；6月20日，六国银行团正式成立，并以六国银行团名义向中国提出善后大借款必须以监督中国财政为必要条件；次日，财政总长熊希龄等人表示六国借款条件太苛刻拒绝接受；7月14日，袁世凯批准熊希龄等人辞职；8月善后大借款谈判中止；9月到11月底，新任财政总长周学熙重与六国银行团商议借款条件；到了1913年3月3日，六国驻京公使团通知北京政府，重申向六国银行团借款必须以六国监督中国财政为条件。3月19日，美国政府表示，六国银行团以监督中国财政为条件实为不妥，宣布美国退出六国银行团。由于美国脱团，银行团只有五国，所以善后大借款的名称也被称为“五国借款”。

经过一系列的谈判，最终于1913年4月26日晚，袁世凯指派国务总理赵秉钧、外交总长陆徵祥、财政总长周学熙等人为全权代表，在北京东交民巷的英国汇丰银行与英、法、德、俄、日五国银行团正式签订了“善后大借款合同”二十一款、附件六号，借款总额为2500万英镑。

合同规定，善后大借款的借款期内，中国不得向五国银行团以外的银行团借款；中国以后兴办实业，如需再借款，只可聘洋技师，按照普通合同办理。借款支出领款凭单必须有一中国人和一外国银行团的稽核员共同签署方能有效。中国的盐务收入、支出和管理都必须有洋会办参加；关税和盐税的收入必须存储在五国银行团之银行，统归五国银行团执掌；而北洋政府要动用两大税收偿付每期债款本息后余额，仍需征得五国银行团同意。从此，中国的盐税主权落入洋人把持的海关税务司、盐务稽核所的洋会办手中了。

久大兴办精盐工厂，利国利民，得到了中国政府的大力支持，获得许多优惠政策。而这些政策却触及了洋人控制的盐务稽核所的利益，这是他们所不能容忍的。此外，由于当时中国技术落后，无力生产精盐，国外盐商便趁机向中国市场大量销售精盐，凭借垄断地位，他们控制盐价，疯狂获利。而久大的精盐上市后，不仅在质量上不逊于外国精盐，还在价格上有极大的优势，精盐价格仅和粗盐相当。起初，久大受限于销售地和自身产量，尚未对进口精盐产生实质性影响，但是随着久大一天天壮大起来，进口精盐的市场逐步萎缩，利润不断减少，洋商开始意识到久大对他们的威胁。

1916 年，乘久大赞助人梁启超出任北洋政府财政总长和盐务署督办之机，久大打破禁区进军长江，向有 1 亿 1 千万食盐户的淮南四岸发展。当时两湖盐荒，已有 18 家盐商在长江沿岸的长沙、岳阳、湘潭、常德开设精盐商号，范旭东在汉口把 18 家精盐商号组成“精盐公会”实现“精盐联营”。随后又发动湖南、湖北各县商会向议会请愿，要求运精盐济湘济鄂，从而为久大精盐打开市场创造了条件。

1918 年范旭东在南京的扬子饭店楼顶，放着鞭炮迎接久大在塘沽装上精盐的英籍货轮，轮船载着大量精盐向湖南、湖北进发。1918 年久大收购德国在塘沽的铁路支线和俄国码头，使久大精盐工厂和车站、码头都可直接联络，为发展事业创造了良好条件。1916 年到 1918 年久大业务猛进，制造精盐的工厂由一厂发展到六厂。

久大发展壮大以后，与洋人的矛盾也就不断增加。1925 年，久大与洋商的斗争日趋激化，双方在报纸上展开了一场激烈论战。支持久大精盐的景韬白在北京《实事白话报》发表“真不可解”一文，宣传精盐，指责旧盐商公开掺土售盐，迫使国人成为“食土”民族。而洋商则打着“调停”的名义，在北京英文系报上，就盐务署稽核所召开精盐会议发表“调解精粗盐之冲突”，主张将精盐行销限止在通商口岸。

3 月 1 日在洋商的支持下，旧盐商在上海密勒氏评论报发表“盐政之危机”，反对精盐，抨击久大公司“增加产额、冲销四岸”。景韬白又撰文“对上海密勒氏评论报‘盐政之危机’的评论”进行反击。《盐政杂志》钟履坚发表“对于精盐冲突感言”，反对引岸，说“引岸专盐之弊，中外共嫉”。

这场笔墨官司的结果是盐务署再次屈从旧盐商和洋人的意志。盐务署新盐官修订“精盐条例”中对久大精盐公司增订了“年产万吨”的限额。新的“精盐条例”公布后，英国驻华公使会同盐务稽核所英籍会办封闭长芦盐坨，从粗盐原料上控制久大生产，当年芦纲公所总纲李赞臣没有办到的事，由英帝国主义给办成了。更有甚者，他们欲以英国海军封锁塘沽海口，阻止盐船出海外运。景韬白继续在《盐政杂志》著文批评盐务稽核所英籍会办韦尔登是中国盐商的官僚，中国再不应每年花三百七十万来供养盐务稽核所，这个让中国丧失国权的机关，呼吁撤销盐务稽核所及其在各省的分所。

就在这一年，以反帝爱国为核心的五卅运动在上海爆发，并迅速得到全国人民的响应，全国各地到处响起“打倒帝国主义”、“废除不平等条约”、“撤退外国驻华的海陆空军”、“为死难同胞报仇”的怒吼声，形成了全国规模的反帝怒潮。

在这样的政治背景下，景韬白在上海的英文大陆报上发表“请看英人摧残国货毒辣手段”，披露以英国为首的帝国主义国家利用政治特权打压民族工业的种种劣行。文章发表后，得到社会各界爱国人士的认同，给帝国主义当局以极大的社会舆论压力，最终，迫于社会压力，洋人控制的盐务稽核所不得不放弃对久大的打压政策。由此，范旭东又一次在艰难的环境中取得了胜利。

夹缝中生存

在半殖民地半封建的旧中国，范旭东创办久大，从一开始就面临着诸多的艰难险阻，范旭东和久大是在不断解决各种困难的艰苦环境中艰难前行的。

随着久大逐步壮大，范旭东的精盐开始进入湖南销售，面对精盐的冲击，湖南的旧盐商以粗盐应对，根本不能招架，于是他们便联合湖南的反动军阀，寻找一切机会打击范旭东的精盐，一时间湖南盐务的形势变得异常紧张。

张敬尧是北洋军阀中的一个干将，此人生于安徽，毕业于保定军官学校。袁世凯死后，北洋军阀分裂，张敬尧成为“皖系”

中的大将，后来此人投靠日本人，被国民党当局派人刺杀于北京。张敬尧在1917年到1919年间任湖南督军，治湘期间纵兵殃民，出卖湖南地矿权利给外国，罪恶累累，民众叫他“张毒”。

张敬尧进入湖南后，当地的旧盐商便积极向张敬尧靠拢。他们通过金钱开道，很快便获得张敬尧好感。随后，这些旧盐商便屡次向张敬尧“告状”，痛斥范旭东的精盐如何如何“不好”，说“久大精盐有毒”、“精盐没有海盐咸”等，请求张敬尧在湖南查禁久大的精盐。

张敬尧乃是军人出身，对于盐的了解极为有限，并不清楚精盐和海盐的区别，当他听旧盐商说精盐不好后，当即决定要严查精盐。他对负责查处精盐的官员说，他身为湖南最高长官，要为千千万万湖南百姓负责，不能让这有害的精盐毒害湖南的子民。负责办盐务的官员听张敬尧如此说道，一个个只敢在心里苦笑：大老爷啊，您分得清精盐海盐吗？虽然盐官们知道这事是旧盐商恶意陷害所致，但是张敬尧这样的大军阀哪里听的了别人批评自己？不得已，一个个只能点头照办。

张敬尧下令查禁久大的精盐后，久大在湖南的销售立即受到了极大的冲击。负责查禁精盐的士兵一个个荷枪实弹闯进店铺，不由分说见盐就没收，如果有盐商敢不从，就连盐商一道带走。一时间湖南各地的盐商人人自危。

查了一段时间的精盐后，张敬尧便想看看自己的成果，于是就去视察被没收的精盐。当张敬尧看到被没收的所谓的有害的精盐后，他立刻感到有问题，眼前这些白花花亮晶晶的盐有问题？他家厨房不也是这样的盐吗？当即他让负责查禁精盐的官员汇报实情。于是盐官便拿出旧盐商的海盐来和久大的精盐对比，并将二者的差别详加解说。对比之后，张敬尧明白了，原来自己被那些旧盐商当猴子耍了。当时气得暴跳如雷，把旧盐商一顿臭骂。

回到自己的府邸，张敬尧立即就派人招来那些旧盐商，把他们严厉处置了一番，并下令今后不许再查禁久大的精盐，若是再有人诋毁精盐，定当严惩不贷。此后，久大的精盐在湖南畅销无阻，那些旧盐商也不敢干涉，甚至开始做起了精盐生意。当张敬尧被赶出湖南后，精盐在湖南已经取得了不可撼动的地位。张敬尧此人在湖南虽然残暴，但是对于久大的精盐而言，他反而做了一件好事。

为了与久大争夺市场，旧盐商们开始联合，组成“淮南公所”，与久大争夺市场，范旭东便与经营精盐的同业组成“精盐公会”与之对抗。旧盐商们组织的这个“淮南公所”势力极大，他们联合官方处处设卡查禁久大精盐抢占地盘。不过，旧盐商以劣质海盐误国误民，早就引起众多爱国人士的反感，负责设卡查禁久大精盐的官员中就有不少厌恶粗盐同情精盐的。赣北镇守使吴金彪就十分同情久大，他利用职务之便给久大提供了许多方便。他一面假装奉命查禁久大精盐，一面让其弟吴朗山出面另设“九江精盐查运所”，名为“查禁”精盐，实则为精盐统计销量，使久大精盐一次就在赣北倾销四千余担。

1924 年第二次直奉战争爆发。在第一次直奉战争中失败的奉系军阀张作霖卷土重来，从东北带兵南下，进攻控制北京的直系军阀吴佩孚。此战是中国历史上第一次有海军、空军参加并取得重大作用的内战，新式武器如坦克等纷纷登场，重炮、重机枪、地雷的使用均为之前战争所罕有，死伤特别惨烈。

战争期间，塘沽作为北京的海上门户极为重要，两派军阀在塘沽一带展开了大规模的混战。尽管四周炮火隆隆，但是久大依旧坚持生产，确保市场食盐的供应。就在这战火连天的危急情况下，直系军阀控制下的长芦盐运使居然以筹集军费为借口，明目张胆的向久大进行勒索。对此，范旭东决不妥协，他不顾长芦盐运使的威胁，继续坚持生产。长芦盐运使看范旭东不肯就范，便找来兵痞，带枪闯进久大的工厂，声言若不出钱，便抓人封厂。正当气焰嚣张的长芦盐运使在久大百般刁难时，国内形势突变。

冯玉祥趁直奉两派军阀正在激战之时，率兵返回北京，发动北京政变，推翻了北京的军阀政府。而直系军阀在与奉系军阀的混战中，屡次败绩，实力大损，再也无力与奉系军阀相斗，直系军阀开始了疯狂逃亡。把直系军阀当做靠山的长芦盐运使也因此失去了勒索久大的资本，转而开始狼狈逃窜，再也无心勒索久大了。

虽然奉系军阀赶走了直系军阀，但是军阀的本质却没有任何变化，久大依旧要在军阀的统治下艰难生存。1925 年，奉系军阀直隶督军李景林率兵进驻天津。奉系军阀首领多是绿林出身，擅长打家劫舍，早期集聚山林时便以绑架勒索为业。后来这些人跟随张作霖投靠了袁世凯，成为北洋军阀的一部分，但是他们的土匪习气并未消失，看到富商大贾，就光明正大地干上一票。

奉系的这些军阀进驻天津后，看到范旭东的久大精盐厂生意兴隆，便打起了范旭东的主义。李景林勾结财政厅长郝鹏、盐运使张小岱，在光天化日之下，带兵绑架了范旭东，声称要请范旭东帮忙筹集20万元的军饷。面对军阀的绑架勒索，范旭东坚决不从，李景林让范旭东通知家里人筹钱，但是范旭东却告诉家里人，一分钱也不要送来，他就算死，也不向这些土匪军阀妥协。对于要钱不要命的肉票，土匪出身的奉系军阀自然见过不少，但是像范旭东这种身份居然也是要钱不要命，那可就让他们意外了。在他们看来，久大精盐厂生意红火，必定是财源滚滚，他范旭东作为久大的总经理，自然是一方巨富，区区20万肯定不在话下。然而事实并非如此，范旭东虽然是久大的总经理，但是并非所有人，他只是代股东们经营久大而已，久大的盈利多数是给股东们分红，并没有落入他范旭东的腰包。

范旭东作为实业界的重要人物，他被当地军阀绑架的消息很快就被外界知晓，当时下野的总统黎元洪得到消息后大发雷霆，并亲自去看范旭东。只是黎元洪已经下野，手上无兵无权，得势的奉系军阀根本就不把这个过气的总统看在眼里，任凭他这个前大总统如何发作，就是不肯放了范旭东。

范旭东被军阀关押着，久大上下和范家无不焦急万分。如果真的按范旭东要求的，坚决不给钱，那么这些土匪出身的军阀就极有可能“撕票”，杀害范旭东。为了营救范旭东，范家和久大只好瞒着范旭东四处筹钱，同时通过一些有影响的人物请求将款额降低。最后，总算是筹集了8万元，军阀们才肯放了范旭东。这就是当时中国可笑又无奈的一幕，可笑的是一帮土匪居然成了合法的统治者，无奈的是土匪打着“合法”的名号，光明正大地抢劫。

1926年，由中国国民党领导下的国民政府以国民革命军为主力，开始由南向北统一全国的北伐战争。北伐战争得到了各地人民的支持，北伐军很快就取得了惊人的成绩，到1927年春，国民政府已控制南方诸省，并迁到了南京。此时，北京尚有张作霖控制的北洋政府，一时间中国出现了两个“中央政府”。久大所在地天津，当时还在张作霖的势力范围内，工厂的生产销售许可都由北京方面颁发。但是，久大的的市场有很大一部分是在南方，现在属于国民政府的控制范围，一旦国民政府不认可北洋政府颁发的证件，那么久大很可能会被南方视为“非法”。此事让范旭东焦虑万分，但是又不能不将产出的食盐售出以便回笼资金，不得已只好冒险出售。值得庆幸的是，对于精盐，南方的新政府也是支持的，尽管久大持有的是北方的证件，却得到了南方政府的认可，顺利销售。范旭东回忆：某日，我接着电报，知道英商太古公司大通轮就要到下关了，久大的盐是装在船上的，我站在扬子饭店的阳台上，注视着那船停泊了，后来又开了。我留神看到并没有从船上扣下货，心里才得安定。

1928年奉军军阀褚玉璞在塘沽成立“京榆一带盐食户饷捐局”对久大精盐公司运销外埠的精盐每担征收饷银二元，比盐务署对工业用盐征税章程提高十倍，对此范旭东极力抵制，认为这是勒索行为，范旭东命人根据财政部盐务总署原有命令，据理力争，未缴分文，居然使军阀收回成命，但久大公司为此停工停运达半年之久，严重影响了生产。

1929年范旭东为使精盐积极向南发展，在南京成立“全华酱油公司”，目的是让全国人民吃到好酱油，同时为精盐打开新的销路，抵制日本酱油在中国的倾销。经过不懈的努力，全华酱油公司的固体酱油成为畅销南北的名牌产品。1931 年，国民政府公布新盐法，打破“引岸”，允许新兴盐业进入淮盐引岸禁区。

经过 20 年苦斗，久大精盐公司在范旭东率领下，通过久大老一辈创业者章舒元、文公信、沈舜卿、萧豹文、李烛尘、唐汉三、杨子南、彭九生、周雪亭、许绍周、谢伟卿、胡耕娱、刘君曼等不遗余力，披荆斩棘之劳，他们从政治上巧妙运用各种关系，生产上采用科学方法，经营上采用原料自给，精盐自产自销，业务上积极进取，到 1936 年终于使事业获得迅速发展，资本由创办时的 5 万元增至 250 万元，规模由年产 1500 吨发展到 62500 吨，成为工业界的一颗明星，塘沽也由一个荒废渔村，变成了近代工业城市。

1936 年，久大精盐公司更名为久大盐业股份有限公司，同时在淮北设立分厂，并将久大总店由天津迁到上海，同时还选银行家周作民作为久大的董事长。

在久大艰难发展的过程中，范旭东还不断招揽人才，其中就有我国著名的实业家李烛尘。1882 年，李烛尘生于湖南一个小康之家，19 岁便考中了秀才。满清灭亡后，李烛尘于 1912 年到日本求学，攻读电气化学。1918 年，李烛尘毕业归国，应邀加入久大公司。此后，李烛尘和范旭东相互扶持，为久大创造了一个又一个辉煌。1920 年，李烛尘任久大精盐厂的厂长，此后一直主持久大的盐务。

1946 年天津光复后，李烛尘任天津工业协会理事长，组织经济调查，主办《工业杂志》。1949 年 6 月，接受毛泽东邀请，作为产业界代表，在北京参加新政协筹备会。9 月，在新政治协商会议上，当选为中央人民政府委员，10 月 1 日，登上天安门城楼，参加中华人民共和国开国大典。

中华人民共和国成立后，李烛尘主要从事社会活动。50 年代初，任中华全国工商联合筹备委员会第一副主任委员、全国政协常委、天津工商联主委、民建中央副主委、华北行政委员会副主席、国家宪法起草委员会委员、中苏友好协会副会长、全国人大常委、中国贸易促进会副主席等职。1956 年后，李烛尘先后出任国家食品工业部部长、轻工部部长和全国工商联副主委、民建中央代主委、全国政协副主席等职。

5

反击日寇——收回青岛日占盐业

1914 年，第一次世界大战爆发，由英国、法国、俄国等组成的协约国和由德国、奥匈帝国等组成的同盟国在欧洲全面开战。在亚洲，日本则联合英国向占据中国胶东半岛的德国发动进攻，并最终获胜，夺取了德国在中国的特权。日本占领胶东半岛后，在沿海地区建立了大量的盐场。日本虽然是四面环海的岛国，但是其沿海地区却不适合建设盐场生产盐，而日本作为工业国家，对盐的需求极大，需要从中国大量进口。日本占领胶东半岛后，立即在当地大量建设盐场，供给其国内需求。1917 年，日本开胶澳盐田不过 8 副斗子（一副斗子小的约 10 亩，大的约 30 亩）。1918 年新开 35 副，1919 年新开 242 副，1920 年新开 696 副，1921 年又开 395 副，总计 5 年间由 8 副斗子开到 1376 副，已形成相当之规模。

谁的盐

1918 年 11 月 11 日，第一次世界大战结束，各战胜国于 1919 年在法国召开和会，公开分赃。中国在 1917 年加入协约国，参加对同盟国的作战。战争期间中国支援协约国大量粮食，还派出 17.5 万名劳工，牺牲了 2000 多人。中国作为战胜国，要求收回战前德国侵占的山东胶州湾的领土，以及那里的铁路、矿产、海底电缆等，这是合情合理的要求。但是英法等国操纵和会，把中国的合法权益交给了日本。对此丧权辱国的条约，中国国内爆发了大规模的抗议活动，最终，中国代表拒绝在合约上签字，日本在山东的特权仍未收回。

随后，在 1921 年，美、英、法、意、日、比、荷、葡和中国，共九国在美国华盛顿召开会议，但是会议实质上由美、英、日三国操纵。各主要帝国主义国家就瓜分太平洋和远东地区达成了新的协议，其中再次涉及山东问题。

会议期间，参会的九国于 1922 年 2 月 6 日，签订了关于中国问题的《九国条约》，全称《九国关于中国事件应适用各原则及政策之条约》。

主要内容有：缔约各国尊重中国的主权与独立及领土与行政的完整；维持各国在中国全境工商业机会均等的原则；各国不得在中国谋取特殊权利而损害友邦人民的权利，不得鼓励有害友邦安全的举动；除中国外，各国不得谋取或赞助其本国人民谋求在中国任何指定区域内获取专利或优越权。中国代表在会上提出的关于取消领事裁判权、撤退外国军警、关税自主、取消租借地和势力范围等合理要求均遭列强拒绝。该条约的实质是确认帝国主义列强在中国实行的“门户开放、机会均等”原则，它结束了第一次世界大战爆发后日本在中国占有的优势地位，使中国再次成为列强共同宰割的对象。

会议期间还讨论了山东问题。中国代表强烈要求收回山东主权和废除“二十一条”，在美英斡旋下，中日两国于1922年2月4日在会外签订了《解决山东悬案的条约》及其附约。规定：恢复中国对山东的主权，日本将胶州湾德国旧租借地交还中国，中国将其全部开为商埠，并尊重日本在该区域内的既得利益；日军撤出山东，青岛海关归还中国，胶济铁路及其支线由中国向日本赎回，前属德国人的煤矿由中日合办。这样，山东问题得到一定程度的解决，但日本在山东仍继续保持相当大的势力。

根据华盛顿会议上签署的协约，中国收回山东的各项权利，其中也包括日本人在青岛建设的大量盐场和产盐设备。然而贫弱的中国并没有因为签署了一份国际协约就能得到相应的权力，在协约履行时，各种困难又接踵而至。

对于中国收回青岛的盐场，日本方面反映极为强烈。日本是工业国家，在用盐方面，除了要满足本国的食用需求外，还要为工业的发展提供大量的盐。而日本国土狭小，缺少优良的盐场，其国内生产的盐难以满足本国的需求，盐需要大量进口。日本占据青岛后，利用青岛优良的地理条件，大肆建立盐场，极大地满足了日本国内对盐的需求。一旦中国收回青岛，那么日本用盐时，将再次受制于人。

日本迫于国际压力，虽然答应归还在青岛的盐场，但是却开出了一系列苛刻的条件。首先日本人要求中国收回青岛盐场后，要保障日本对盐的需求，中国需要每年为日本提供食盐、工业用盐25万吨，而且盐的价格和税率都维持在极低的水平。这一条件虽然有助于中国盐业进入日本市场，但是如此大的规模却也使得中国国内的用盐受到了一定的影响，对价格和税率的限制也不利于中国。

此外，对于日本人在青岛占有的盐场和产盐设备，日本要求中国赎买回去。日本人对其控制下的青岛各盐场进行估价，要求中国政府按照日本的估价照价赎买。日本在青岛的产盐设备主要以粗盐设备为主，其设备简陋制造工艺落后，实际价格极低，但是日本方面却开出天价，对于盐场，他们要价760万元，还要求中国补偿其290万元的预期利润，同时支付30万元的员工遣散费，总计超过1000万元。但是中国方面经过客观的调查，对青岛日占盐场的估价仅200万元，两者相差达五倍。

对于盐场估价问题，中日双方展开了激烈的争辩。中国方面派出了以范旭东为首的谈判代表团到青岛与日本人展开谈判。谈判期间，日本人百般狡辩，而范旭东则以华盛顿会议上的协约为武器，又结合国际行情，对日本人的无赖行为进行驳斥。最终，日本人再也无力坚持其无理要求，将价格一降再降，以300万元的折中价格达成了协议。中国出资300万元，从日本人手中收回青岛的盐田6万余亩，制盐工厂19所。这样的协议在现在看来是多么的可笑，中国人居然要用自已的钱买回自己国土上的资产，而日本人却在中国的土地上向中国人贩卖中国的资产，还强行要价！

艰难收回

虽然价格从1000多万降到了300万，但是当时控制中国的北洋政府各派系军阀内战不止，国库空虚，根本无力支付。为了能够收回青岛的日占盐场，北洋政府确定招商承办，由国内的盐商出资收回。得到这一消息后，范旭东和李烛尘几经商议，认为如果久大能够收回青岛的日占盐场，那么不论是对国家民族还是对久大自身的发展，都是有利无害的。然而和政府一样，久大也难以筹集出这300万元的资金。

一时间，中国人就要闹出一个天大的笑话了。国际协约给了中国收回自主权利的大好时机，可是中国人自己却没有能力收回，不论是中国政府还是中国的盐商，都无力支付赎金。今后不论是中国政府还是中国商人，在国际社会上都将成为软弱的代名词，各帝国主义将有充足的借口剥夺中国的各项合法权益。不得已，北洋政府决定通过投标的方式来寻找可以接收青岛日占盐场的盐商。

久大的资金虽然也极为困难，但是范旭东并没有轻易放弃接收青岛日占盐场的希望，他开始积极走动，联络爱国盐商，准备成立联合团体，共同出资，收回日占盐场。很快，久大就和青岛的中国盐商达成了共同出资收回日占盐场的协议。1923年4月，投标开始。范旭东认为，联合了青岛的盐商以后，久大应该有实力拿下此次招标。然而结果却让范旭东大失所望，招标中久大失利，一个来自山东的徐姓盐商以其强大的财力轻松拿下了招标。

这个突然出现的山东徐姓盐商让范旭东措手不及，但是敏锐的范旭东很快就觉察出了异样：久大从事盐业将近十年，范旭东对中国各地的大盐商都有了解，而这个实力雄厚的徐姓盐商范旭东此前并未耳闻，莫非这其中另有蹊跷？

当即，范旭东就找到了消息灵通人士，打探这个徐姓盐商的底细。很快，范旭东就对这个徐姓盐商的来路一清二楚了，原来这个徐姓盐商是日本人扶持的傀儡！日本不甘心让中国收回青岛的优良盐场，但是受限于国际协议，又不得不让出。当日本人得知中国政府无力支付赎金，打算找中国盐商商办后，就找到了一个不知名的小盐商，暗中支助，要求此人竞争日占盐场。日本人一旦通过这种手段再次控制青岛的盐场，那么此次所谓的收回将毫无意义。

得知此人底细后，范旭东立即进行揭发。各界很快就了解了此次竞标的真相，居然是有日本人搅局。于是政府方面宣布竞标无效，并对徐姓盐商进行了惩罚。经此一事，各界对于招标收回日占盐场相当谨慎。盐务署得知久大十分愿意承办此事后，对久大进行了充分考察，认为久大经营盐业多年，技术和管理在国内都处于领先水平，有资格办理青岛盐务。1923 年 9 月 5 日由久大精盐公司、济南东纲公所和胶澳盐商组成永裕盐业公司，与盐务署签订协议，备价 300 万元从日本人手中收回青岛全部盐产，承担每年向日本销售 25 万吨青岛海盐任务。由于 300 万元为数至巨，又议定每年缴款 20 万元，分 15 年缴清。

永裕盐业公司分永大和裕大两厂，永大承办 19 所制盐工厂，裕大承办回收的 6 万亩盐田，永裕盐业公司额定资本为 320 万元，实收 160 万元，是当时青岛四大公司之一。范旭东为常务执行董事，李烛尘长期奔忙天津、青岛之间处理公司事务，刘潇三、任致远主持公司业务。从此，永裕盐业公司得北洋政府批准，成为青岛海盐外销专商，取得国盐输日的供应权。由于国际条约的制约，为日本特别制定出每担盐仅课税国币3分。

胶澳盐场的盐产量丰富，质量优良而且经营得法，很有发展前途。这样一个优良盐场自然被各方注意。永裕与盐务署签约的消息传到青岛后，1923年10月当地的旧盐商和地痞流氓，在日本人的煽动下，互相勾结，污蔑永裕垄断青岛盐业，还通电各地声称永裕勾结日商垄断盐业。同时他们还纠集无业游民到永裕股东的铺面肆意捣乱。对此，盐务署却是置之不理，任由流氓地痞胡作非为。

1923年12月5日，地痞流氓又在乡下闹事，放火烧永裕股东的住宅，掳去人质，逼迫他们退股。对这种荒唐现象，盐务署仍充耳不闻，甚至盐务署派驻青岛的委员也为“盐民”逼走。直到12月10日，永裕才在济南收到青岛盐田、工厂的账户目录。转眼到1924年，一方面日本政府对青岛盐出口日本的协议挑剔再三，阻挠签约，延至3月19日才由日本特派员向盐务署提出6项条件，为日本商人争利；另一方面赫赫有名的军阀吴佩孚接二连三打电报到北京要取消永裕，改归官办。从永裕盐业公司的档案中查到如下文字：洛阳吴巡阅使佩孚，忽电盐务署，主张取消与永裕所定之合同，改为官办。盐务署并不声辩，反向永裕施压。民国十三年三月七日。

由于国内政令不一，反反复复，所以和日本的谈判一再拖延时日，后来日方公司又对由久大、青岛、东纲三个团体所组成的永裕公司性质不明，提出质疑。为了避免纠纷，于是三团体商定改为股份有限公司，从此，确定久大在永裕占有过半的股数。但中、日终由双方各执一词，总说不到一起，在5月初宣告停会，直到7月初总算熬到了头，开始接收财产。7月12日永裕初次在青岛开股东会，宣布成立。正在高兴的时候，突然来了一股暴徒逞凶，会场中的股东有的被击伤几乎丧命的，什物装饰都被毁坏掠夺一空。可笑的是永裕公司和当地一个水上巡警区署同在一个院子里，一边有百十暴徒持械逞凶，一边是荷枪实弹的巡警作壁上观。这样的事闹了几个月，到1924年9月那些滋事的流氓才受到一些象征性的惩处

这时吴佩孚的态度开始转变，他不再要求取消“永裕”，而是转而支持“永裕”。到1925年1月13日，青岛巡警厅又像演戏一样送还了永裕盐业公司的牌子，而且恭敬地替永裕挂上，到此青岛盐潮才算告一段落。中、日盐业会议也开始谈判，但中、日盐业协定还是悬而未决。

中日实业公司在北京很有声望，这时他对青岛盐务也发生了特殊兴趣。他与青岛民户盐田联合会有一种公开的秘密，即想利用联合会做幌子，趁中日盐业协定没有签定的机会，猎取部分青岛盐的输出权。中日实业公司中的日本人不遗余力往返青、京道上，就是欲谋在中日盐业协定签字之前搞所谓的“临时输出”。他们暗施伎俩，向盐务署取得工业用盐输出权，完全破坏了1923年9月5日永裕和盐务署签订的协议，直接损害了国家威信和永裕的利益。

范旭东在青岛得知青岛海盐输出权暗中被日方攫取，愤慨至极，在青岛旅社忽患鼻出血，出血至半盂之多。青岛海盐出口原是永裕的专业，现在几乎无从入手。对于精盐制造，盐务署也是左一个障碍，右一个责难，一直拖到1925年2月才允许正式开

工，开工之后为运销章程问题又是横生枝节，又拖了 3 个月，在 6 月中旬才决定永裕精盐由久大包销，准予出厂。

至于中日盐务协定，几经周折，原定 1924 年 12 月 20 日双方可以签字，由于西北军与奉军正在京津之间大战，交通受阻，再次拖延下来。在这期间日本人又起异议，先是提出中国商人不能和专卖局直接洽办，后又提出代理商只能有一家，最后又提出代理商必须三家以上，如此三翻四复，又是一个多月过去了，直至 1925 年 2 月 12 日双方才在盐务署签定协议。协议签字之后，又不即日公布，直至 6 月 1 日才首次和日本盐专卖局成交。这是值得纪念的日子。从中国接收青岛到正式开展青盐输日前后整整 40 个月，永裕历尽艰辛，范旭东为挽回国家利益，发展实业呕心沥血，可赞可叹。

1926 年 4 月，政府正式公布青盐输出协定之后，范旭东遵照合同，据理力争，挽回了输出权。事后日本专卖局也颁发了购买永裕粗盐的命令。但后又因价格问题，营业受阻，永裕为此空耗数年，损失过大，无力支持，不得不另辟途径，运粗盐至湖北推销，运精盐至汉口、九江、芜湖各埠推销，借以维持公司运作。1931 年，又运粗盐至河南归德等十县和安徽宿、杨两县，由于青盐质量好，使永裕产品在市场上有了立足之地。

6

筹备制碱——反击外侵图自强

纯碱学名碳酸钠，是一种重要的化工原料。广泛应用于轻工日化、建材、化学工业、食品工业、冶金、纺织、石油、国防、医药等领域，用作制造其他化学品的原料、清洗剂、洗涤剂等。玻璃工业是纯碱的最大消费部门，每吨玻璃消耗纯碱0.2吨。冶金工业用作冶炼助熔剂、选矿用浮选剂，炼钢和炼锑用作脱硫剂。印染工业用作软水剂。制革工业用于原料皮的脱脂、中和铬鞣革和提高铬鞣液碱度。而在日常生活中，纯碱则是制作面食的重要辅料，可用作中和剂、膨松剂，制造酱油和面制食品如馒头、面包等。还可配成碱水加入面食中，增加弹性和延展性。纯碱作为一种重要的化工产品，在二十世纪初中国无力生产，完全依靠进口，因而又被称为“洋碱”。

碱业格局

纯碱作为一种化工产品，无法在自然界中获取，只能建立化工厂，利用设备和化学原理，通过处理相关的原料生产出来。

当时，世界各主要产碱国用于生产纯碱的工艺方法是“索尔维制碱法”。索尔维制碱法是由比利时人索尔维发现的，1861 年，他用氨溶液、二氧化碳与食盐混合制成纯碱。1863 年，索尔维创办一个正式的制碱工厂，实现了此制碱法的工业化，使制碱生产实现了连续化，食盐的利用率也提高了很多。很快这种方法就取代了已经沿用一个世纪的吕布兰制碱法。

1867 年，索尔维设厂制造的产品在巴黎世界博览会上获得铜质奖章，此法被正式命名为索尔维法。此时，纯碱的价格大大下降。消息传到英国，正在从事吕布兰法制碱的英国哈琴森公司取得了两年独占索尔维法的权利。1873 年，哈琴森公司改组为卜内门公司，建立了大规模生产纯碱的工厂，后来，法、德、美等国相继建厂。

这些国家发起组织索尔维公会，设计图纸只向会员国公开，对外绝对保守秘密。凡有改良或新发现，会员国之间彼此通气，并相约不申请专利，以防泄露。除了技术之外，营业也有限制，他们采取分区售货的办法，各大产碱公司相互约定，划分各自的销售范围，在其销售范围内形成绝对垄断。由于如此严密的组织方式，凡是不得索尔维公会特许权者，根本无从问津氨碱法生产详情。多少年来，许多国家想要探索索尔维法奥秘的厂商，无不以失败而告终。中国人也曾试图建立自己的纯碱工厂，但是面对西方的技术垄断，均告失败。

当时中国的纯碱市场被划分给英国的卜内门公司。卜内门公司创建于1872年，由约翰·汤姆森·卜内和路德维格·门合资经营，是英国最大的碱厂，该厂设在英国小镇诺斯威奇，厂房底下恰是盐层深厚的矿藏，富蕴浓卤，通管吸用（用空气压缩机抽取），成本低廉，非一般采用海盐制碱的工厂可比，又利用索尔维法制碱的先进技术，加上经营有方，创建后发展很快。

随着资本主义自由竞争的发展，卜内门在国内陆续吞并了理查德的沙白克碱厂，波门汤姆森公司，收买了氨法苏打公司的大量股票，昌汉公司也被逐渐兼并，最后卜内门公司终于成了一个庞然大物。接着又独资创建阿摩尼亚公司，也向生产石灰、烧碱、漂白粉、硼砂、染料等化学产品的公司全力渗透。到1926年，经重新改组成立帝国化学工业公司。

19世纪末，英碱开始输入我国，卜内门公司于1900年在上海设立分公司，名“卜内门洋碱公司”，聘请在华传教多年、熟悉中国情况、精通汉语的英国传教士李德立为首届总经理，统辖各省市营业，各大商埠的分公司都由他一手创设。

当时我国民间一向惯用“口碱”，不识洋碱。在洋碱进入中国市场以前，中国人用的碱多以内蒙古碱湖所产的天然碱为大宗，这种天然碱经过粗略的加工，用骆驼运至张家口集散，这就是著名的“口碱”。“口碱”由于加工粗糙杂质很多影响健康，更不能用于工业。

洋碱初来时只在通商大埠开辟市场，李德立为了宣传推销洋碱，深入到廊坊等地，雇人肩挑洋碱，他手执铜铃招摇过市，沿街宣传。好奇的人聚拢围观，他则乘机演讲：洋碱用于发面如何速效、简便，如何卫生；用于洗涤如何去污除油……李德立手拿洁白的洋碱，边说边送。次日再去，亲自实践，边演边教，以验宣传不假。李德立在宣传广告上走街串巷，不辞辛劳，很快就为卜内门洋碱在中国打开了销路。

不到10年，洋碱由于洁白、优质、廉价，逐渐使民间惯于使用，广为传播。当时我国新兴的肥皂、玻璃、搪瓷、造纸、冶金等工业也乐以洋碱为原料，洋碱销路广开，卜内门洋碱公司纷纷在哈尔滨、大连、天津、汉口等地设立分公司，还建立了不少代销店，形成一张财源、货源畅通的商业网。“口碱”市场日益萎缩，至1914年欧战爆发之际，我国年用碱量达3万多吨，其中“口碱”仅占1/7，余则尽为洋碱，尤以卜内门为甚。

当时国内稍有工业思想的人，无不以生产纯碱为当务之急。范旭东以盐制碱的思想初萌于1913年在欧洲考察盐务之际，他看到欧洲工业先进国家不仅加工粗盐为精盐，可使人民吃到纯净的盐，而且以盐为原料，进行化工生产，推进工业发展。在欧洲他屡欲考察以盐制碱的工业，均遭拒绝，在英国甚至遭到卜内门工厂的戏弄，更增进了范旭东自力更生，创办民族工业的思想。第一次世界大战期间，当久大第一工厂建成，当时的财政总长反对久大运盐至长江一带与淮盐竞争，故意拖延久大精盐章程的批复，范旭东为补救僵局，曾设想把已建成的工厂改制纯碱，但终究没有成功。

初步试验

范旭东虽然一直有心制碱，但是苦于国内盐税过高以及技术问题，始终没有实施。而在 1916 他却得到了一个意外的机会。

当时的北洋政府再次遇到财政困难，于是财政部的官员便奔波于各国的银行，想找这些外国银行借款，以此来缓解北洋政府的财政困难。然而当时欧洲各国忙于应付第一次世界大战，根本就没有心思照顾北洋政府的财政，北洋政府的财政部长在各国银行费尽了口舌也没能说动洋人借款。

这时英国汇丰银行向北洋政府“伸出了援助之手”，他们愿意贷款，但是前提是贷款以后只有英国人才能在中国用盐制碱，除英国人外，包括中国人在内的任何国家都不能再在中国用盐制碱。

北洋政府的财政部长虽然并不清楚用盐制碱到底是什么，但是从政者的老辣让他立刻意识到这个用盐制碱必定关系重大，否则英国人也不会用这个来作为贷款的条件。当即，北洋政府的财政部长就回复英国人说中国已经有人在用盐制碱了。英国人听到这个消息后心里一惊：中国人也开始制碱了？立刻追问是谁在制碱。这财政部长本是随口一说，意在搪塞，但是不想英国人认真了，就知道告诉英国人自己记不清了，需要回去后查阅资料再告知。

第二天，政府大员们开会，财政部长见到教育部长范源濂，便问范源濂，他弟弟范旭东在办盐场，为什么不用盐制碱，如果他们用盐制碱，他会立即批准，并把自己与英国人的遭遇详细告知。范源濂得知此事后，便找范旭东等人询问详情，原来并非范旭东等人无心制碱，而是因为当时制碱用盐的盐税太高，如果能够免税用盐，那么久大便可立即投入到制碱的生产中去。

范旭东和财政部的想法可谓是一拍即合，双方很快都明白了对方的意图。于是范旭东等人决定先起草一份申请办碱厂的书面材料呈递财政部，申请创办永利制碱公司，用盐制碱。他们还要求工厂 100 里以内不准再设同一类型的工厂，并按照世界各国工业用盐免税的先例，提出用盐免税申请。果然，范旭东的材料呈递财政部后，很快就得到了批复，获 1415 号训令，特许立案。

用盐制碱已经得到政府方面的许可，接下来就是制碱工艺的问题了。

范旭东决定采用索尔维法建厂生产，但索尔维法为专利，不得索尔维许可不能仿造。当时比利时有一索尔维法工厂，第一次世界大战期间被德军所毁，但所有技术人员和设备仍得保存，有意向中国发展。当时在法国的友人得到这一信息后，立即写信给范旭东等人。范旭东收到来信后，当即请对方提示合作条件。对方提出了三个合作条：第一，合作建设的工厂外资资本要过半；第二，机器设备及制造方面由外方全责，中方不能过问；第三，营业归华人主持，但是卖价需由外方规定。

范旭东等人再三考虑，认为前两条可作适当的让步，只要允许中方派学生在厂中学习，数年后掌握了相关的技术后就可以辞退外国技师，由我方接任。而第三条却难以接受，因为当时世界碱业已为卜内门所垄断，索尔维集团和卜内门对峙，双方的价格大战不可避免。将来双方在东亚一带一旦开战，必然要大幅降价，而降价的结果就是急剧亏损。对于这些国际巨头而言，在一地的亏损，可以通过其他地区的盈利来弥补。但是中国的制碱工厂势单力薄，没有国际市场做支撑，一旦亏损，就将陷入绝境。对中国的实业界而言，制碱只许胜，不许败，一旦失败，再不可能征集第二次资金，这样和外商合作，很可能以被吞并告终。基于这一点，范旭东等坚决反对第三条，合作计划无果而终。

不得已而求其次，范旭东想到利用天然碱精制纯碱来救一时之急。当时国内以张家口外碱湖所产的天然碱为大宗，其成分约为纯碱的一半，但运输困难。范旭东曾组织专人去内蒙调查，结果认为：内蒙古天然碱每年最多可产30万担，可制纯碱15万担，工厂建设需10万元，如以久大工厂迁往，则可省3万；如运原料至塘沽加工精制，则运费很大。总之，以口碱改制纯碱在欧战期内必可获利，若战事一停，洋碱再度来华，即不能存在。范旭东等人认为，办工业是永久性计划，不是投机事业，如果天然碱精制和人工碱成本相同，那么应将注意力集中在人工碱，一个独立国家对这种基础工业不能专赖天然，也不能久仰洋碱输入，无论如何非制造人工碱不可，因此天然碱精制计划被打消。

而采用索尔维法制碱需要解决两大问题，一是制碱的技术问题，索尔维为垄断技术，若没有专业人才，很难成功；二是用盐的税率问题，当时中国的盐价格并不高，但是盐税却是奇高。当时塘沽海盐每担2角，但盐税为每担3元。使用长芦盐，每制碱一担，需用盐两担，光盐税就得6元，而战前市场上洋碱每担售价仅3、4元。所以，如不解决工业用盐的免税问题，则以盐制碱的工业，在洋碱盈市的情况下就无从谈起。

关于盐税问题，财政部方面已经有了眉目，如果不出意外，会得到解决，而最为关键的技术问题，还需要进一步实验。

正当范旭东等人忙于呈文申请成立碱厂之际，从南方来了吴次伯、陈调甫、王小徐三位热心制碱的人。

陈调甫，1889年12月出生在江苏省吴县，日后成为我国著名的化工专家，.化工实业家。新中国成立后，他曾任化工部华北研究院副院长，天津化工学院副院长，天津市人民政府委员，第三届中国政协委员。

1916，陈调甫从苏州东吴大学化学系毕业。当时中国市场纯碱奇缺，化学专业出身的陈调甫立志研制出纯碱，结束中国不能产碱的历史。在实验室里，陈调甫经过反复试验，最终掌握了当时最先进的制碱工艺——索尔维法，制出了少量纯碱。有了实验室的成功之后，陈调甫便打算建立工厂，开始量产。他找到苏州瑞记汽水厂厂长吴次伯，上海大效机器厂厂长兼总工程师王小徐商议共同建厂制碱。

三人接触之后，认为纯碱市场利润丰厚，可以一试。随即他们又进行了扩大试验，并取得了满意的效果。由此，制碱问题有了一定的理论保障。但是，建立碱厂批量生产纯碱需要大量资金投入，三人均无力承担。于是他们找到了当时在南通的著名实业家张謇，想请张謇出资共同创办碱厂。然而张謇当时正忙于扩大其纱厂，大量资金都已投入到纱厂的项目中，一时间无力出资创办碱厂。不过张謇给他们推荐了一个可以办碱厂的人，那就是范旭东。

1916 年底，经张謇引见，陈调甫等人很快就到了天津，见到了范旭东，双方一见如故，彼此畅谈兴建碱厂的见解。范旭东认为，在塘沽办碱厂的条件非常有利，当地盛产原盐，100 多里外有唐山的煤，滦县的石灰石。塘沽面临渤海，背靠铁路，水陆交通畅达，又有久大精盐公司作后台，只要众人齐心，必能制出碱来。这次会见诚如范旭东在后来回忆中所说：南北同志都愿把久大当作中心办永利，中国碱业这粒种子，就在塘沽种下了。

陈调甫等人来津后，多方宣传碱在国计民生中的重要地位，介绍在苏州试验制碱的情况。天津的多数人认为用南方盐制碱虽然成功，但改用北方盐是否可行尚有疑问。于是范旭东联合陈调甫等人集资5000元，决定用长芦盐再作一次较大的试验。此次试验由王小徐绘了草图，交天津的一家铁厂制成一套小机器。其中有吸氨塔、碳化塔，还造了一座3米多高的石灰窑供给碳酸气。整套设备就安装在天津日租界范旭东家中的井院里，试制纯碱所用的方法就是被各产碱国严密封锁的索尔维法。设备安装完毕后，由范旭东、陈调甫、王小徐、吴次伯轮番操作，经过多次实验，终于制出9公斤合格的碱。至此，用索尔维法制碱的工艺终于打通，范旭东等人基本上掌握了用索尔维法制碱的工艺。

创办永利

1918年11月，永利制碱公司成立大会在天津召开，确定公司资本为40万元，范旭东、陈调甫等为发起人。先期同陈调甫一起北上的王小徐、吴次伯二人选择南归，发展各自的事业，只有陈调甫决意留在天津，和范旭东一起从事制碱事业，实现“实业救国”的夙愿。

陈调甫随范旭东到塘沽参观久大精盐公司，在久大仅两丈见方的实验室里，范旭东和陈调甫促膝畅谈。范旭东劝陈调甫把制碱的技术责任担当起来，陈调甫深感责任重大，表示：我能力薄弱，要我担此重大责任，等于要孩子当家。范旭东勉励他：谁都是孩子，只要有决心就能成功。他还告诉陈调甫：为了这件大事，虽粉身碎骨，我亦要硬干出来。

范旭东的一席话让陈调甫大为感动，遂慨然允诺。后来他俩到厂外散步，看见一个个形如小山的盐坨，一眼望去无边无际。范旭东告诉陈调甫：一个化学家看见这样丰富的资源，而不起雄心者，非丈夫也，我死后还愿埋葬在这里。从这次谈话中陈调甫断定范旭东是一个有雄心的实业家，决定追随他为中国制碱工业的创建而努力奋斗。

袁世凯主政时期，曾和以英国为首的五国银团办成善后借款2500万英镑，规定以关税和盐税作抵押。因此北洋政府财政部设盐务署，盐务署下设盐务稽核总所，盐务署署长称为总办，由财政部次长兼任；稽核总所首长称为会办，由英国人充任，首届会办为丁恩。当时体制为盐务署主行政，稽核所主持稽核税收，遇到有关盐税增减问题，稽核所所提的意见有很大的权威性，总办无不唯言是听。

中国要自办碱业，申请工业用盐免税，而英国卜内门公司的洋碱垄断中国市场，一旦中国人制碱成功，势必影响英国人的利益。对于这一点，手握中国盐税大权的英国人丁恩自然心知肚明。虽然丁恩和卜内门没有直接的利益关系，但是出于维护大英帝国商业利益的考虑，也是为了保护帝国商人的利益，英国人丁恩决定对此事插上一脚。

1916年，范旭东在当时的财政部长的支持下申请了创办制碱公司，申请工业用盐免税，并获得了批复。然而，当时的中国政局极为混乱，各派军阀轮流控制中央政府，政令可谓是朝令夕改。当范旭东准备正式创办永利制碱厂时，财政部早已换了几波部长，对于范旭东用盐免税的申请新部长没有兴致，索性推给了管理中国盐务的英国人处理。于是，永利的用盐免税申请又转到了英国人手上。

英国人丁恩看到永利的申请后，竟在永利申请备案的文件上批示：永利请在塘沽设计碱厂，查长芦系海水盐，非矿盐，不宜制碱。中国可以制碱者唯四川井盐为上，次之则河东之池盐始相宜。范旭东等人见到盐务稽核所批示，均莫名惊诧。以盐制碱系极普通的事，且陈调甫等人使用南北海盐制碱均已获成功，为什么丁恩对此常识无知至此?

范旭东立即向盐务稽核所提交一份极为严肃的书面材料，质问丁恩为什么说海水不能制碱。并要求举出实例，说明理由。丁恩接信后匆匆走访英籍理化专家，此时才发觉先前的批复大错特错。原来丁恩把灰碱和碱灰混为一谈，故出此笑话，从此丁恩再也不谈“海水盐不能制碱”的问题。

虽然丁恩承认海水能制盐了，但是事情并没有就此打住。永利的申请书中提到以200斤盐制100斤碱。对于这一提法，丁恩认为这是一大错误，这次他恶补了自已的化学知识，了解到按化学反应136斤盐即可制碱100斤（按转化率81%计）。他以这一化学真理来反驳永利的申请，用此来拖延批复。但他却不知道，制碱反应在当时的实际转化率根本达不到这样的高度，他所说的136斤盐是指纯盐，而长芦的粗盐是有三成泥沙的杂货。由于理论脱离实际，又对中国的情况不甚了解，丁恩又一次失算。

接着永利请盐务署总办张弧向丁恩疏通，丁恩面告张总办如中国政府能允许英国人在四川自流井提取钾的特权，则永利免税案即可通过，俨然以此为交换条件。对此范旭东等永利创办人竭力反对，宁肯永利制碱公司不办，断不能以四川钾矿让与外人。因当时全世界唯德国有钾矿，中国如有则其珍贵程度堪比金银。丁恩就是这样推三阻四，对永利免税一案一拖再拖，以此来扼杀我国民族工业的发展。

范旭东不畏强权，向政府据理力争工业用盐免税，坚持不向英国人妥协，不用国家利益换取永利的利益。就这样，范旭东在各政府部门来回奔走，始终得不到解决。

正当范旭东一筹莫展之际，时局再变，梁启超任财政总长。梁启超对于范旭东的事业原本就非常支持，两人又颇有渊源。于是梁启超便以总长身份命令稽核所批准永利用盐免税，丁恩只肯先免半税，范旭东则说一文盐税也不能缴，否则不办永利。梁启超则说盐税担保借款系指食盐税非指工业盐，稽核所只有稽核税收之权，至于税收如何规定，系中国主权，洋员何能干涉？如彼坚持，当由政府公布农工用盐免税条例，一律免税，断不能因为盐税担保借款，而妨碍我国工农业发展。梁启超随即邀盐务专家景韬白到财政部起草“农工业用盐免税条例草案”。景韬白即速草成，并在草案上说明，拟提请国务会议议决，以大总统命令公布。丁恩闻讯，自觉再也无力抗拒，无奈之中，抢先批准永利用盐免税，以此找个台阶下。一拖数年的永利用盐免税案，终于以范旭东的胜利告一段落。至于由景韬白起草的“农工业用盐免税条例”，尚未及交国务会议讨论，那走马灯式的北洋军阀政府，政潮又起，梁启超一派再次失势，梁启超也只得辞职。丁恩获悉，对自己过早批准永利用盐免税案，后悔莫及。

1920 年 5 月 9 日，永利召开第一次股东会，选出范旭东、景韬白、张弧、李穆、周作民、聂云台、陈栋材为董事，黄钧选等人为监事。由董事会推选周作民为董事长，范旭东为总经理。1920 年 9 月，永利制碱公司始获农商部批准以 475 号注册，定名为“永利制碱公司”，设厂于塘沽，资本总额为银洋 40 万元；特许工业用盐免税 30 年；凡在塘沽周围百里以内他人不得再设碱厂；规定公司股东以享有中华民国国籍者为限。1920 年 9 月 20 日，永利制碱公司“红三角”商标经商标局核准，发给注册证，证号为 16510 号，商标是一个做化学试验的柑锅图案外加上一个红色三角形。这个图案象征纯碱生产过程中同时气体、液体、固体三相直接反应，它是索尔维法制碱工艺技术的特征。

至此，创办永利制碱厂的前期工作基本完成，永利开始进入到了实质性生产阶段。

陈调甫技术攻关

永利制碱公司成立后，用盐免税一事始终没有得到官方的许可。此事一拖再拖，遥遥无期。陈调甫作为永利的创办人和技术总负责，一时间也无事可做。于是他决定趁此时机到美国求学进修，进一步丰富自己在制碱方面的学识。赴美求学需要一大笔资金，但是陈调甫不过是一介书生，一时无力支付，不得已，他变卖了妻子的嫁妆，才凑够了赴美的旅费。

范旭东对陈调甫的决定十分支持，临行前，范旭东把陈调甫请到了自己的家里，两人进行了一次深入的长谈。

范旭东告诉陈调甫，他们作为永利的创办人，对永利的成败负有极大的责任。永利的成败不仅关系到他们这些创办人的身家性命，也关系到整个中国化学工业的前途。范旭东除了叮嘱陈调甫要在美国好好学习化学外，还给陈调甫提出了具体的任务。范旭东对陈调甫说：赴美后，顺便考察制碱设备，准备购进先进设备，我把这件事托付于你，就是把永利整个事业都放在你身上，千万珍重。除此之外，我希望同仁和你为了事业之成功，必须做到三点：第一是吃苦，只有苦干才能得到成绩，有了成绩我们才有信用；第二是清廉，为人能清廉，极易博得他人的敬仰，做事亦易推行，任何事情我们能做到清廉两字，就是事业失败，尚可得人谅解；第三，我们的事业若要成功，全在技术，你此次赴美，要在美国多方物色人才，古往今来事业的兴衰沉浮都证明：人才是事业的基础。

在陈调甫赴美后，范旭东在国内奔走工业用盐免税之事，已有眉目，就电请陈调甫在美代表永利着手聘用专家，设计工厂，订购设备。此时，又一位爱国人士对永利给予了支持。

1917 年底，范旭东的哥哥范源濂赋闲赴美游历，在纽约结识了一位湖南老乡李国钦。李国钦，生于湖南长沙，毕业于长沙湖南高等工业学堂矿冶科，后入华昌矿冶公司，开采锑矿。1911 年在五岭山试掘锡矿时，发现钨锰铁矿，致使中国成为世界第一产钨大国。1914 年毕业于英国伦敦皇家矿业学校，得矿业工程师职称。第一次世界大战期间，在纽约自创华昌贸易公司，经营我国出口的钨、锑、锡等矿产品，为国内工矿及兵工企业采购各种设备和器材。1916 年加入美国籍，曾任纽约市五金同业工会主席，是一位爱国实业家，热心祖国建设事业。经范源濂介绍，陈调甫和李国钦在纽约相识，谈话很投机。

陈调甫会见李国钦是 1919 年的早春，第一次世界大战已在 1918 年结束，洋碱又通过海轮源源输入中国，碱价大跌。大战期间建立起来的中国小碱厂，因为技术落后、产量低、成本高，在洋碱的冲击下，纷纷关门倒闭，当时国内的制碱行业再次陷入困境，一时间形势极为严峻。但范旭东和永利的几位发起人，并不畏惧眼前艰难的形势，他们所为的不是盈利，而是整个国家的化工工业。为了兴办民族的制碱工业，他们迎难而上，抱着坚定的决心，朝着既定目标前进。

李国钦是学矿冶的，深知碱在工业原料中所占的重要地位，他又是搞贸易的，更了解纯碱市场的行情。因此当他听到陈调甫介绍永利经财政部批准立案，于 1918 年 11 月已在天津召开创立会时，不胜惊讶。在这样艰难的年头，立志献身技术难度很大的碱业，是需要极大勇气的，他支持范旭东的决心和事业，愿对永利的事业助一臂之力。

当时世界制碱工业完全为几家大公司垄断，保密极严，重要机器设备，均由各厂自制。因此，创办碱厂最大的困难在于无从购置整套设备，必须在暗中摸索，自行设计。陈调甫虽然在实验室里成功制碱，并能够小规模生产，但是要实现大规模的生产却要另当别论，这需要全新的设计规划，要在较短时间内完成设计任务，确实困难重重。

经人介绍，陈调甫访问了制碱工程师梯泼尔，梯泼尔问陈调甫：中国人为什么要制碱？陈调甫回答他：无非供造纸、玻璃、肥皂、纺织等工业之用，再就是发面做大饼、馒头等食品。梯泼尔说：怪不得中国人脸黄，皆是吃碱太多的缘故。陈调甫认为这是对中国人的侮辱，愤然拂袖而去，过了好长时间，每忆及此事，尚心有余恨。

陈调甫又专程访问了美国制碱权威屈兰波，请他协助建厂，亦遭到拒绝。后又找到美国最大的席勒扣斯碱厂要求参观，也被拒之门外，只得冒着严寒，在厂外绕行一周，事后陈调甫在回忆往事时写道：是时雪深没胫，寒风刺骨，咫尺蓬莱，可望而不可即，惆怅可知。

李国钦介绍了一个法国人杜瓦尔，他自称有制碱经验，陈调甫遂与他签约，委托设计，自己亦参加工作，并提供有关资料。杜瓦尔在华盛顿玻璃厂工作，只晚间有些时间可以同他谈谈，工作进展很慢。后来陈调甫发现他对制碱知识所知有限，大为着急，便同李国钦商议，决定在暑假请几位留学生协助进行。经李国钦介绍，后来成为我国著名化学家的侯德榜与陈调甫相识，并合作设计制碱工厂的方案。

陈调甫等人在杜瓦尔指导下，共同钻研有关制碱设计问题，虽有一些心得，但全部图纸缺点尚多，经过一个暑期的努力，离完成还很远，而学生们又都要回校上课。陈调甫心中万分着急，只好到纽约与李国钦商量。对于这样的结果李国钦也非常懊丧。后来陈调甫写信给范旭东说明在美国的遭遇，范旭东回信说：无论如何一定要把设计搞好，用多少时间、经费不要紧。塘沽的厂址已买好300亩，只等你的设计了。

工厂的设计图纸没有完善，陈调甫只好在纽约为碱厂设计继续作战。一日看报，其中一则广告引起了陈调甫的注意，广告中称，有个叫孟德的人，曾经在一家碱厂担任工程师，他可以替人设计碱厂。得知此事后，陈调甫当即联系了此人，并带上侯德榜去和他会谈。经过商谈，此人对制碱确实有所了解，于是陈调甫就决定和他签订设计碱厂的合同。而这个美国人则狮子大开口，要价两万美元。不得已，陈调甫只能忍痛答应。

然而孟德本人虽然了解制碱，但是却无力一人设计合格的制碱工厂，他所依据的，只是他从制碱厂取得的一套图纸，他本人对于其中许多细节也只是一知半解，并不能融会贯通。他给陈调甫的图纸，也只是照着旧图纸依葫芦画瓢，生搬硬套出来的。这样的图纸自然难以满足实际的生产需要，陈调甫便要求他按照中国的情况进行修改。怎料，对于陈调甫的修改要求，这个美国人根本就充耳不闻，声称他只负责设计不负责修改。美国人态度蛮横，而陈调甫等人身在异国，即使对簿公堂也难以讨得便宜，反而浪费更多时间。无奈之下，陈调甫只得根据中国的具体情况，自行修改图纸。虽然吃了美国人的亏，但是在修改图纸的过程中，陈调甫对于制碱工艺有了更深的认识，把更多的制碱工艺学到了手，反而因祸得福。

这个美国人孟德给陈调甫设计完图纸后，继续自吹自擂，他还告诉陈调甫，只要中方出的价格合适，他可以到中国亲自指导中国人建立碱厂。对于孟德的提议，陈调甫有心答应，只是这美国人太多蛮横，要价太高，根本就是在明目张胆的勒索，最终陈调甫拒绝了他。

技术完成后，紧接着就是购买生产设备。在李国钦的帮助下，陈调甫等人在美国四处奔走，选购合适的设备。考虑到永利初创，资金有限，在选购设备时陈调甫坚持能省则省，这一点和范旭东可谓是不谋而合。对于国内能够自行生产的设备，就在国内自制，只有那些国内无力生产的设备才在美国购买。

陈调甫在国外采购的第一台机器是工作母机，这台机器是一台二手设备，其价格仅为新货的1/20，就是这样一台机器一直为永利服务了50多年。在美国所购的机器，如锅炉、汽机、发电机、压缩机、真空泵等均由范旭东直接汇款给华昌贸易公司李国钦，请他的公司代购。李国钦热诚相助，华昌贸易公司代永利购买机器仅收2%的手续费，为永利省了不少钱。

1919年底，陈调甫带着在美国设计好的图纸回国，全面主持碱厂的基建施工、设备制造和安装工程。陈调甫和范旭东商议决定，将有关设备交上海王小徐所办的大效铁工厂制造。王小徐当初和陈调甫一起北上天津找范旭东制碱，后又回上海从事冶金行业。范旭东认为王所办的铁工厂规模虽小，设备简陋，亦少经验，但王小徐为人有学者风度，又是永利创始人之一，比一般铁工厂可靠，这样永利既可省钱，又可扶植民族工业发展。

1920年，塘沽碱厂建设开始，范旭东坐镇天津总揽全局，陈调甫在塘沽主持建设，人们习惯称他为厂长。由于旧中国工业落后，又没有建设大型化工厂的经验，因此举步维艰。设备加工也遇到不少困难：有时铁水温度不够，大的铸件砂眼很多，就需要回炉重铸；加工的机件不够，就采用“蚂蚁啃骨头”的办法进行加工，费时费力。前后用了两年多时间，才基本上把所有铸件就绪。

运输过程也是困难重重，一次由上海运设备到码头，设备上的大铁圈竟落入河中，费了好大周折，才捞起来；一次因铸件太重，把码头压坏，当时的“法国巡捕房”同永利交涉，要求赔偿。机件到了塘沽，卸在太沽码头，因没有铁道，只能在设备下填圆木，一寸一寸地拖滚前进，如此一来运入厂内极费时间。

碱厂机件除笨重外，部分还需堆叠起来，垒成高塔。安装工人缺少经验，又缺乏升高举重的设备，大部分依靠人力和少量土制起重设备慢慢地安装，真是既不安全，又费时费力。

永利工厂内南北两楼的建成，也历经许多困难波折。当时在全国尚未见到10层以上的楼房，建筑方面的技师、工人均无经验，只能在建设过程中摸索前进，极费苦心。加之塘沽土地的负重力比天津更低，使大楼建设又增加了一层困难，只好采用铺开式基础，即在基础周围打上一批板桩，使基础下的土壤不致外流，以保安全。在碱厂基建期间，陈调甫担当重任，风尘仆仆往返于塘沽、天津、上海，厂里厂外，上上下下，辛劳备尝，勋劳卓著。

侯德榜加盟

陈调甫回国后，不仅带回了碱厂的设计图纸，还给范旭东推荐了一位重要人物：侯德榜。陈调甫在美国期间，曾和侯德榜有过合作。在接触过程中，陈调甫发现侯德榜为人真诚，勇于开拓，怀有满腔的报国热情。得知此事后，范旭东便决定等侯德榜学业有成，就邀请他加盟永利，共同开创中国的制碱事业。后来，侯德榜成为知名化学家。

1890 年 8 月 9 日，侯德榜出生在福建省闽侯县一农民家庭。侯德榜自幼便勤奋好学，其聪明才智被广为认可。1902 年，侯德榜十二岁，当年在姑妈的资助下，他进入福州英华书院学习。福州英华书院由美国教会创办，以现代教学体系培养书院学生。在福州期间，侯德榜目睹洋人在中国胡作非为，无视中国人的人格和尊严，尤为痛恨。后来又听闻美国旧金山发生种族主义者大规模迫害华侨、驱逐华工等令人发指的事件。于是年纪轻轻的侯德榜愤然而起，积极参加反帝爱国的罢课示威。1905 年，侯德榜因为参加反美运动被书院开除。

离开英华书院后，侯德榜又转入上海闽皖铁路学校。1910 年，侯德榜毕业，被分配到津浦铁路作施工实习生。但是，侯德榜并没有就此而止步，他不甘心只做个铁路员工，他还有更高的追求。于是在1911年，他考入清华留美预备学堂，以优异成绩毕业。1913年，由清华学堂保送美国麻省理工学院学化学，1916年获学士学位，1919年获得哥伦比亚大学硕士学位，此时他正在哥伦比亚大学化工研究院攻读博士学位，专修制革。陈调甫赴美研究制碱期间，侯德榜利用自己所学化学知识，竭尽所能帮助陈调甫。

1921年春天，侯德榜正在准备博士论文的答辩，突然接到一封来自祖国塘沽的信。这是范旭东邀他在毕业后到永利制碱公司工作的邀请函。信中范旭东详述碱对中国的重要性，痛斥洋碱在中国的霸市行径。他还向侯德榜分析了塘沽在发展碱业方面，所具备的得天独厚的优势，并将自己立志实业救国的远大抱负向侯德榜详加叙说。

信中还提到陈调甫对侯德榜的竭诚推荐，以及祖国的制碱事业和范旭东本人对侯德榜的热切希望，欢迎他学成归来，为创办中国碱业共同奋斗……信中字字句句情深意切，范旭东真诚恳切的态度深深打动了侯德榜的心。

可是，侯德榜一直热心制革，4年的心血，已为他将来从事制革事业打下了基础，尤其是那篇《铁盐鞣革》的博士论文，使他在制革的学术研究方面有了新的建树，导师对他又是这样推重。现在怎能来这样一个大转变呢？本来利用暑假时间帮忙搞点设计，这是不成问题的，现在要他放弃制革，把不太懂行的制碱作为终生事业，这可不是小事，必须好好思考。

侯德榜不是一个容易冲动的人。人生的道路是漫长的，但关键的往往只有几步，现在确实是关键时刻。侯德榜过去放弃铁路工作，进了清华学堂；在选择专业时，又放弃了铁路工程，改学化学，如今制革和制碱又使他再一次面临选择。他对前两次选择感到满意，至今不悔，这次又该如何选择？

是坚持自己热爱的制革行业，还是追随范旭东，从事全新的制碱行业？这样的疑问在侯德榜的脑海中不断浮现。自从在纽约与陈调甫相识，陈调甫和他一次次的谈话给他留下了深刻的印象；由于缺碱，祖国人民只能穿没有染色的土布，北方人民吃着带酸味的馒头，民族工业由于缺乏原料而屡遭摧残；为了学习制碱技术范旭东在欧洲遭人嘲弄，陈调甫只能冒着大雪在美国碱厂的围墙外打转，杜瓦尔的狡诈，孟德的傲慢……尤其是陈调甫重提和范旭东在塘沽盐场散步时的一段对话，又重重地敲打着侯德榜的心坎。

当时范旭东要陈调甫负起制碱的技术责任，陈调甫说：我能力有限，要我担起如此重大责任，等于要孩子当家。范旭东说：谁都是孩子，只要有决心，就能成功。为了这件大事，虽粉身碎骨，我也要硬干出来。当经过一堆堆形如小山，席盖泥封，数之不尽的盐坨时，范旭东又说：一个化学家，看见这样丰富的资源而不起雄心者，非丈夫也。我死后还愿葬在这个地方。

想到这里，侯德榜又一次打开范旭东给他的言词恳切、真诚动人的信，顿时浑身热血沸腾，范旭东所做的一切是为了什么？搞制革又是为了什么？不都是为了振兴中华的民族工业吗？范先生这样有胆有识，热心事业的人，我又怎能拒绝他的邀请！祖国在召唤！制碱事业值得我为之终生奋斗！

打定主意，侯德榜当即伏案疾书：蒙范先生不弃，德榜应将制碱有关技术方面的事，勉强一肩担起。欣然接受了范旭东的邀请。

侯德榜在哥伦比亚大学取得博士学位后，就任永利制碱公司工程师，在美国为公司验收定购的设备，并尽力考察美国碱业，搜集有关资料。侯德榜获得博士学位后即打算回国，这一消息让侯德榜的美国同学和老师非常意外。在他们看来，以侯德榜的学识，只有美国这样的发达国家，才能给他提供可以满足他需要的科研条件，而中国这样贫穷落后的国家，根本就没有相应的条件满足侯德榜的需求，侯德榜回中国，是对人才的极大浪费。他们很多人纷纷劝解侯德榜，让他留在美国，给他提供最优越的科研条件，希望继续他的研究。但是他们的好意被侯德榜一一谢绝了，侯德榜告诉他们，他之所以赴美求学，就是要为中国做点贡献，如果他留在美国，即使取得了天大的成就，也与中国无关，这与他的本意相去甚远。他并不在乎个人能取得什么样的学术成就，他只想一心报国。对侯德榜的一席话，很多美国人无法理解，在他们看来，个人的发展才是至关重要的，就连国家的存在也是为了个人的发展服务的，如果国家不能满足个人发展的需要，大可以弃之不顾，找一个可以满足自己需要的国家，美国人不就是因为欧洲容不下他们才远赴美洲的吗？虽然他们不理解中国人对国家的认同和归属感，但是他们很尊重侯德榜的个人选择，一番劝说无效后，他们为侯德榜送上了离别的祝福。1921 年 10 月，侯德榜登上海轮，驶向阔别了 8 年的祖国。

1922 年春节刚过，此时北方寒意依旧，看不出半点春的气息。侯德榜却已经离开家乡福建，踏上北上的旅程。从福建到天津，一路北上，寒气也越来越浓，这让生于福建的侯德榜多少有些不适，但是一想到即将开始的全新事业，这点天气的不适也就微不足道了。

到达天津后，侯德榜没有半点耽搁，直奔塘沽的碱厂而去。在碱厂，侯德榜找到了陈调甫。见到陈调甫后，侯德榜第一时间要了一套普通工人的工作服换上，要到工地看看。在陈调甫的引见下，侯德榜在工地上见到了范旭东。迎着寒气袭人的海风，范旭东和侯德榜这两位在太平洋两岸彼此心仪已久，未见一面却志同道合的朋友，在碱厂的工地上初次见面。范旭东对侯德榜的到来盼望已久，今日碱厂建设正全面铺开，正是需要有人主持的时候，而侯德榜上任对范旭东而言犹如久旱逢甘霖。对于侯德榜，范旭东甚为满意，他并不在意侯德榜是初出茅庐，他对侯德榜极为信任，当即就把碱厂的建设、安装、技术的重要任务交付侯德榜。对于范旭东的信任，侯德榜也极为感动，下定决心，一定不让范旭东失望。

初次见面，范旭东的举止见解，令侯德榜甚为钦佩，他对陈调甫说：像范先生这样有远见，有抱负，有胆有识的实干家，是值得我们拥护帮助的。

对于侯德榜，范旭东在初次相见之后，也给予了很高的评价，他对陈调甫说：我觉得侯博士为人很好，正是永利需要的人才，你为公司举此大贤，应受奖赏。

对于范旭东提出的奖赏，陈调甫并不在意，他告诉范旭东：我不要奖赏，我希望能充当催化剂，使其发生化学作用，对事业有利，就是我的成功。

侯德榜与范旭东、陈调甫等人相谈甚欢，不觉间忘了时间。突然，有人推门而入，打断了三人的谈话。三人一起向来人看去，只见那是个白肤碧眼，中等身材，身穿蓝色工作服的洋人。

这洋人也不管范旭东和陈调甫，箭步奔向侯德榜大声叫着：侯博士，太好了，我正盼您回来！侯德榜立刻就认出了这洋人，这是他在美国的老相识，说着两位在美国就相识的老朋友，紧紧地拥抱在一起。

这个洋人叫G. T. 李，是陈调甫和侯德榜在美国物色的工程师。在美国期间，二人先后接触了不少美国制碱方面的工程师，邀请他们到中国帮助永利制碱。但是这当中不少人都要价极高，而且并没有真才实学。只有这位洋人，不仅确有才学，对于酬金方面也不看重。他所在意的是范旭东等人制碱的雄心壮志。当陈调甫将范旭东立志制碱的决心告知这个洋人后，他对范旭东等人敢于挑战索尔维王国的勇气所折服，他当即表示愿意到中国帮助制碱。

当时，G. T. 李在美国的一家碱厂任职，是碱厂石灰车间的工长。此人是一位富有经验的烧灰专家，美国同行送他的外号叫“石灰窑”。虽然G. T. 李有实际制碱经验，但是当时制碱的索尔维法是垄断技术，各个流程相互独立，一个工程师只熟悉其所辖工艺，而其他方面的工艺则难以接触。G. T. 李的到来虽然对永利制碱有所帮助，但是关键技术仍然需要永利自己解决。G. T. 李启程到中国前，他和侯德榜一直保持着联系，两人的感情也日渐加深，成了要好的朋友。

G. T. 李和侯德榜相见，可谓是他乡遇故知，一时间，激动之情难以言表。侯德榜知道，李在美国时是制碱厂的车间工长，属于领导层，但是他见到李时，李却穿着普通工人的工作服，这让侯德榜大为不解。侯德榜上下打量着穿着蓝色工作服的李问：你怎么穿蓝领衣服？李告诉侯德榜，穿工作服方便。陈调甫解释道：李工作非常热情负责，到厂后经常身穿工作服，指导施工，在工地巡视、操作，弄得浑身油泥。

李笑着说：我是实际工作者，不是穿白领的绅士。你侯博士不是也穿着蓝领衣服吗？说着做了一个鬼脸，引得4人一起开怀大笑。在美国，工人上班穿蓝色工作服，领子也是蓝的；而工程师和职员上班穿西装，白衬衫白领。所以人们就以衣领的颜色来区分人的工作，从事体力劳动的属于蓝领，从事脑力劳动的是白领。

侯德榜高兴地拍了拍G. T. 李的肩膀说：好，李先生，你不愧为美国人中的实干家，白领留到我们喝庆功酒时再穿吧！从此侯德榜便和制碱工业结下了不解之缘。

7

成功出碱——为中国化工奠基

在范旭东、陈调甫、侯德榜、G. T. 李等人的共同努力下，永利碱厂的建设有序进行。工厂设备一一安放就位。在工厂建设中，范旭东等人始终在与巨大的困难作斗争。碱厂需要大型设备，但是当时中国并没有可以运输大型设备的机器，工人们就用滚木这种最原始的手段来运输，起吊重物时，工人们便以人力来起吊，各种设备的安装几乎都是工厂的工人手工进行……就这样，在克服了一个又一个困难后，永利碱厂终于竣工，可以开机试产了。

开机调试

索尔维制碱的特点之一是连续生产，整个工艺流程中所用的机器设备，节节相连，形成一个连续生产的长龙。全过程分为化盐、烧灰、吸氨、碳化、锻烧、蒸氨、动力等 7 个主要部分，生产要在 7 个部分都正常运转的情况下才能进行。如有一个部分发生故障，平衡就失去控制，生产就会受到严重阻碍，甚至发生事故。因此采用这种流程要求有高超的技术和严密的管理，才可能有优等的生产效益。

1923 年，永利制碱公司安装工作基本完成，开始对各个流程的设备逐一开机检验。永利的技术员都没有制碱的经验，在验证过程中会出现什么样的问题，谁也不清楚，众人只能是摸石头过河，走一步看一步。

最先开始验证的是蒸氨设备。然而蒸氨设备一起运作就遇到严重障碍。刚开机不久，30 多米高的蒸氨塔就发出震耳欲聋的巨响，塔体开始摆动，摆动幅度越来越大，情况非常危急。对于这种情况，在场的人从未经历过，顿时一片混乱，手足无措。侯德榜也搞不清究竟发生了什么情况，连忙高呼：快停机，快停机！得到停机的命令，操作工人立即停机。不一会机器停止了转动，各处阀门也被关上了，巨大的响声开始减弱，直至平息，蒸氨塔也渐渐地稳定了，人们惊骇的心才慢慢地松弛下来。对着刚刚过去的惊险场景，人们面面相觑，全场一片寂静。

范旭东、陈调甫得知此事后，也急匆匆来到蒸氨塔前了解情况，看见 G. T. 李从楼上下来，忙问：发生了什么故障？问题严重吗？

G. T. 李指着楼上说：侯博士正领着人在找原因。他看到范旭东、陈调甫焦急不安的样子，劝慰他们说：请不要着急。在我们美国没有一个碱厂，一开始就能顺利进行的，必须进行一系列的调试、修改，着实要经过很多的不眠之夜，才能出碱，这才刚开始，以后要解决的问题还多着呢！G. T. 李的一番话让范旭东等人稍稍宽心，同时也对即将面临的更多的困难做了更充分的心理准备。

夜深了，侯德榜和几个技师同工人一起上上下下忙个不停。蒸氨塔的入孔一个个都打开了，只见塔里的溢流管道和菌帽上到处是白色的沉淀物，不少溢流管被堵得严严实实。这时大家才明白，就是这些东西，堵得全塔液体下不来，气体上不去，进而产生了“锤击”现象，事故的症结就在这里。

原来国外蒸氨塔是用炼焦厂副产的粗氨水做原料，当时国内炼焦厂少，不易买到粗氨水，永利就用进口的硫酸铵来蒸氨。由于没有经验，进入的硫酸铵浓度大了，进料的速度也快了，致使大量的硫酸铵沉淀出来，很快就把溢流管堵死了，于是发生了故障。在调整了硫酸铵的浓度和进料速度后，机器才平稳地运行下去。

永利碱厂调试过程中遇到的困难，远比建设时期多。此时的永利就像在茫茫大海中的一叶轻舟，随时都会遇到风暴和暗礁。各种各样的技术问题，随时会在人们意想不到的地方冒出来。

一天晚上，侯德榜正习惯性地站在滤碱机旁，一边观察生产情况，一边吃着饭。突然锻烧车间的工人匆匆走来，大呼：侯博士，锻烧炉结疤了，把送碱的绞刀都咬住了，请快去看看。侯德榜一听，丢下饭碗就往锻烧车间跑去。

此时热气灼人的锻烧炉已经停机，几个技师正在商量处理办法。他们认为自开机以来锻烧炉经常结疤，这是正常现象，这次无非是更严重些罢了。有人主张把炉头的碱疤捅开，使绞刀松动，这样就可以继续开机了。侯德榜也认为可以这样做，于是就随手拿起一根铁棍，往锻烧炉里捅去。可是没捅几下，他就全身冒汗，感觉两眼直冒金星，双腿一软就晕倒在地上了。这可把周围的工人吓坏了，侯博士要是出了意外，那还得了！于是众人急忙把侯德榜送去工厂的医院，这医院是1920年时久大和永利联合成立的。

经过医生的救治，侯德榜脱离危险，苏醒过来。侯德榜在医院一苏醒，就急于了解锻烧炉的处理情况。他非常后悔自己在现场的鲁莽行为。由于牵挂工厂的情况，他未经医生许可，就拖着虚弱的身子，擅自走出医院。

他找到负责处理煅烧炉的张工程师，和他一起仔细讨论锻烧炉结疤的原因，张工程师说：我也想了好几天了，这湿重碱在锻烧炉里结疤，看来不是偶然的现象，如不找到结疤的根源，要解决结疤问题是困难的。以前我做过小苏打的分解试验，从来没有结疤问题。这里主要的区别是小苏打是干的，重碱是湿的。我想锻烧炉的结疤可能和重碱中的水分有关。关于这一点我还没有把握，是不是先做做试验？

侯德榜听了张工程师的意见之后，非常认同，他对张工程师能够如此深入细致地思考问题感到非常满意。在侯德榜的支持下，张工程师很快就开始了试验。果然，经过在实验室的验证，张工程师的猜想是正确的，他找到了问题的根结。

得到理想的试验结果后，张工程师就兴冲冲地找到侯德榜说：侯博士，这下可好了，锻烧炉结疤的原因确实是重碱的水分问题，把重碱的水分从现在的20%多，逐步下降到10%以下，结疤情况就会迅速改善，甚至可以完全消除。我想如果把锻烧出来的碱，适量加到重碱中，使进炉物料的水分控制在10%以下，锻烧炉内的结疤，就可迎刃而解。

侯德榜听了非常高兴地说：我们马上把这办法在炉子上试试，要是成功了，就能赶走这只拦路虎。

在隆隆的机器声中，加入了干碱的重碱顺利通过了锻烧炉，结疤问题再也没有出现。侯德榜紧握着张工程师的手说：感谢您既解决了一个技术问题，又给我打开了一条思路，就是遇事一定要做调查研究，要冷静分析。拿铁棍去捅结疤的事，可作为我今后工作的教训。

在侯德榜的带领下，永利的工程师们夜以继日，在调试阶段充分发挥各自的聪明才智，摸索前进，以无比的奉献精神，克服一个又一个困难。侯德榜身为总工程师，以身作则，往往冲在第一线。为了搞清一个故障的原因，侯德榜会亲自到现场去调查研究，召开各种各样的技术讨论会，群策群力去解决问题。

为了掌握石灰窑的生产情况，侯德榜屡次坐着吊篮，下到热气灼人的窑里去检查窑体内耐火砖的松动、结疤和磨损情况；为了摸清水沟堵塞的原因，他曾手执电筒钻进污秽不堪的下水道去检查；他不止一次地钻进碱尘飞扬，炽热烤人的锻烧炉去检查炉体的结疤、烧裂的部位，查找原因；设备的管道堵了，他一定要找到堵塞的位置，取出堵塞物进行化验；为了观察碳化塔的生产情况，他长时间站在滤碱机旁进行观察、检查，甚至连吃饭也不离开这个氨味呛人的地方。

侯德榜在一年多的调试过程中，排除了无数次的临时故障，经历了上百次的调查，在这些实际的技术工作中，积累了丰富的经验，使自己从一个制革博士转化成为一个造诣很深的索尔维制碱专家。

黑色的碱

1924年8月13日是范旭东、侯德榜和永利碱厂职工们盼望已久的日子。经过6年的艰苦奋斗，耗费200多万元资金，今天永利要正式生产了。

工程师和工人们都已在各自的岗位上就位，机器在隆隆声中转动，不少人聚集在出碱口，像盼望三世单传的孩子降生一样，热切地希望及早见到中国碱的诞生。一阵忙碌过后，碱终于出来了，但展现在人们眼前的不是雪白的碱，而是红黑相间的“怪胎”，与卜内门公司销售的洋碱截然不同。这样的结果让众人深受打击，难道这就是努力6年的结果吗?

时至今日，距离当初预计3年建成投产一年收回投资的目标已经相去甚远，时间一再延后，资金不断增加，如今总算是可以出碱了，可是出来的却是这种不伦不类的废品。这样的情况，不要说是盈利，不再继续赔钱已是万幸。这样的结果令工程师们失望，而前期投入大笔资金的股东们更是到了愤怒的地步！他们的钱就这么成了废物吗?

一时间范旭东和侯德榜所面对的压力是空前的。范旭东需要稳住股东们的情绪，改进工艺还需要股东们继续投资，如果因为现在出的碱有问题而放弃投资，那么所有的努力都将前功尽弃，不仅永利要面临破产的危险，中国的制碱业也将遭遇沉重的打击。侯德榜则需要抓紧时间解决技术问题，及早发现问题所在，提高碱的质量，如果他不能及时解决技术问题，那么范旭东面对的压力将会更大。两人心照不宣，各自立即着手自己的工作。

黑碱出来之后，范旭东很快就召开了一次股东大会。在股东会上，范旭东希望股东们能继续投资，那边永利改革工艺，力争早日生产出合格的纯碱。但是股东们却开始动摇了，一个个谁也不愿再投资，都采取观望态度，个别发起人则心灰意冷地说：早知如此，当初虽白刃加颈也不为之。

股东们的态度，范旭东非常理解。此时他唯有晓之以理动之以情，说服股东们继续投资。在股东大会上，范旭东拿出了永利制的黑色的碱，他告诉股东们，碱的颜色虽然有问题，但是经过严格检测，其中的含碱量达到98%，也就是说除了颜色有问题之外，基本工艺是成功的，只要稍加改进，一定能生产出和洋碱一样的碱。范旭东还认真分析了索尔维制碱法在技术上的先进性和实现过程中的困难程度，列举了世界各国轻率从事，又不能坚持下去而导致失败的情况，特别援引日本搞了多年，到目前尚未成功的例子，也讲到永利目前在制碱技术上的困难和已经取得的进展。这一消息令永利的股东们稍微安心，但是对于继续投资一事，他们却依旧相当谨慎，只是答应范旭东继续生产调试。

不得已，范旭东只得从久大借款来维持永利的运营。当时久大和永利是两个单位，两个组织，无限制的借款是不合适的。有一次陈调甫拿了范旭东的亲笔条到天津久大会计处领款。会计科长周雪亭十分为难，摊开账本给陈调甫看，并说：久大资本只有40万元，现在借给永利的已有20万了，以后怎么办？陈调甫惶恐得无地自容，无言以对。

股东们除了在继续出资问题上保持谨慎外，甚至开始怀疑侯德榜的能力。有股东对范旭东说：侯德榜是学制革的，搞碱根本是外行，还不如干脆换一个外国技师来主持技术……这样的话让范旭东心痛不已，所谓用人不疑疑人不用，用索尔维法制碱是一项艰难的工作，世界各国碱厂在前期都遇到过各种问题，没有谁是一帆风顺的。现在的问题并非不可解决，怎么就开始怀疑自己的总工程师了呢？但是作为总经理，范旭东对股东们只能是好言相劝，他相信，侯德榜一定能生产出合格的碱。

黑色的碱出来之后，对侯德榜而言也是很大的打击，他万万没想到，在经历了那么多困难之后，居然还是出了问题。看到侯德榜心情沮丧，范旭东找到侯德榜给他热情鼓励和安慰。他对侯德榜说：一切艰难之事，总有解决之道，无原无端的烦恼于事无补。并说：抱定宗旨，宁肯不做，既做就做成。得到范旭东的肯定和支持，侯德榜再次鼓足干劲，投入到工作中去。

在范旭东的支持下，永利碱厂继续生产颜色不正的碱。范旭东此举主要是为了在生产中找问题，让侯德榜等人对生产过程逐一排查，把问题彻底解决。

侯德榜和G. T. 李一面生产，一面设法克服黑碱问题，通过分析知道废碱是由铁的原因引起的，但一时还没有解决的办法。

这些兴风鼓浪的铁，来源于那些碳化塔中的冷却水管。当时中国化工产业落后，人才奇缺，化工业对碱水腐蚀钢管的严重性缺乏认识，永利的工程师也意识不到这个问题。随着机器的开动，钢管被逐渐侵蚀，铁元素也随之进入生产过程，碱中渗入铁元素之后，被铁元素染色，呈现出这种奇怪的颜色。

由于钢管被侵蚀，时间一长便在多处出现漏洞，对这些漏洞，工厂工人只能随漏随修，随修随漏，越演越烈，以致机器无法正常进行。对于这一问题，永利的工程师们非常困惑，他们既不清楚钢管为什么会被腐蚀，也不知道碱中的铁从何而来。

一次侯德榜翻阅外国资料，在国外资料中他注意到，在碱水中各种材质的腐蚀速度不同，其中钢要比铸铁快得多。这一信息让他立即意识到，用钢管是不合适的。随即他就向范旭东汇报了自己的发现，同时开始组织人员进行相关实验。很快他的实验就验证了外文资料中的论述，如果永利把钢管换成铁管，至少能够解决腐蚀渗漏的问题。

对于侯德榜的结论，范旭东感到非常欣慰，但是也非常为难。工厂里处处滴漏的液体确实是个大问题，可是这些钢管可是当初花费重金选购的，高达近10万元。如果换下这些钢管，永利将损失一大笔资金。而此时一而再，再而三的失败，已经让永利债台高筑，根本就无力支付如此高昂的费用。后来经过一番思考，范旭东还是下了决心将价值近10万元的钢管全换成了耐蚀的铸铁管。为了吸取这一教训，范旭东请工人从拆下来的钢管中选了几根做成一张桌子，放在自己办公室里，警示自己因无知而造成的损失。

解决了钢管的问题后，永利的工程师们又继续奋战，解决碱黑的问题。有一天，G. T. 李突然想起，刚开始调试设备时，蒸氨塔溢流管的堵死，是由于原料和国外有差别，这次产出黑碱，是不是也和原料有关系？G. T. 李的想法和侯德榜不谋而合。

于是，大家采用化验的方法，自原料开始跟踪，发现使用炼焦炉所产的粗氨水为原料时，粗氨水中含有硫化铵，而改用氨水就没有硫离子。侯德榜认为这是问题的关键。因为，这些硫离子在整个制碱系统中运行，与塔器和管道的铁壁接触，会在壁上长成一层坚固的硫化铁薄膜。这层薄膜可使铁壁和氨盐水等介质隔离，如此一来铁就不会被腐蚀，碱中也就不会掺入铁元素，没了铁元素捣乱，碱的颜色就可以转白。如果这一想法合理的话，只要在氨盐水中加入适量的硫化铵、硫化钠，黑碱的问题就可迎刃而解了。

工程师们也都同意侯德榜的分析，决定在生产上进行试验。果然，按照之前的设想进行试验后，碱的颜色开始转白，众人的努力终于有了成果。正当大家要松一口气的时候，工厂里最后一台船式锻烧炉烧裂了。从此，试验不能继续进行，刚有起色的制碱工作完全停工。此时已是 1925 年 3 月，距离 1918 年永利建厂已有 7 年。

这次停工对永利而言，可谓是一次沉重的打击，但是范旭东、侯德榜等人已经看到了成功的希望，他们必胜的信心更加坚决。根据当时的情况，范旭东派侯德榜和 G. T. 李再次赴美国考察制碱，要找到问题的解决之道，同时为了解决永利日益严重的财政问题，范旭东继续从久大借款，并向银行方面进行借贷。

侯德榜和 G. T. 李等人发现，由于早期对制碱技术知之甚少，他们在美国购买的设备居然是伪劣产品。美国的奸商看准他们对技术不熟悉，又急需设备，便用劣质材料给他们生产设备，结果是 4 台炉子全是劣质货，材料混杂，膨胀系数不一，以致先后烧坏。而且这种设备操作不方便，密封又不严，容易漏入空气，因而降低了炉气的浓度，又加剧了设备的腐蚀，严重影响碱的质量。经过这次沉痛的教训，侯德榜等人在制碱方面又有了长足进步。

在美国期间，侯德榜和 G. T. 李通力合作，想方设法学习美国先进碱厂的经验，研究他们的设备和工艺问题。经过多方调查研究，他们发现欧美各国的制碱厂已全使用回转型外热式锻烧炉，而永利使用的这种船式半圆形锻烧炉早已被淘汰。当初在美国购买的图纸是早已被淘汰的技术图纸，根本不能与当时最新式的设备相提并论。

弄清事情的原委之后，侯德榜立即向范旭东报告。范旭东当即表示：不惜重金，买他们全新的锻烧炉。经侯德榜和 G. T. 李在美国与各方周旋，终于订购了先进的圆筒回转型外热式锻烧炉。

设备的问题解决之后，范旭东在资金方面的问题也有了眉目。当时永利困难重重，建厂七年始终未曾盈利。范旭东向各方银行寻求贷款，但是他们对永利的前途都不报乐观的态度。只有金城银行例外。金城银行负责人周作民目光远大，深知永利事业若能得到经济上的支持，则可渡过困难，恢复生产，从而取得成功是有把握的。如在经济上不予支持，则永利将极难翻身，而中国的制碱工业也将遭受打击。于是他力排众议，甘冒风险，在紧要关头，伸出援手支持范旭东，答应了永利一笔 60 万元的借款。1926 年 1 月 29 日，借款合同订立，这笔巨款对处于经济危急中的永利真是雪中送炭，成为永利再一次开机生产的经济支柱。

侯德榜和 G. T. 李赴美期间，永利虽然停工，但是永利的工程师们并没有因此而无所事事。他们利用这一段时间，认真总结碱厂前期开工的经验教训，仔细考核碱厂的工艺流程，调整了各工段的操作指标，并检修了全部设备。原来石灰窑出灰时，先打开出灰口，用通条把灰捅下，石灰由高处掉下，不但温度极高，而且灰土飞扬，对操作和卫生都不利。经改造后，使用内转盘式自动出灰器，不但出灰均匀，还改善了劳动条件。锅炉也由人工加煤改成机器加煤，又改进了化盐设备，增加了吸氨塔的换热面积，调换了碳化塔的冷却水管，改装了滤碱机……他们的努力使碱厂不论在技术装备、工艺管理和操作水平等方面都有相当大的提高。

随着侯德榜和G. T. 李在美国订购的新设备就位，永利迎来了再次开机生产的时刻。1926年6月29日，永利碱厂第二次开机生产。希望之火又重在苦难的人们心头点燃，有了前期失败的教训，今天厂里的气氛显得冷静而又克制，但每个人的心里又都在企盼着成功。

侯德榜和全厂的职工都在各自的岗位上严阵以待。总调度室里，范旭东、李烛尘、陈调甫凝神注视着侯德榜，看他通过电话、传话器等最后一次询问各车间的开车准备情况。各车间纷纷回答：准备完毕，等待命令。侯德榜回过头来，看了一下范旭东。范旭东只轻轻点了点头，侯德榜逐个下达开机命令。各式各样巨大的机器开动了，随后，从操作现场陆续传来“一切正常”的报告。

但是在没有见到合格的产品前，人们的心里总还有点担心。快到出碱的时候了，范旭东、侯德榜和厂里的众多负责人，不约而同汇集到产品包装室。出碱口一位工人正拿着麻袋准备接料。工长拉动连着大木锤的铁链子，用劲在钢制的卸料溜子上砸了几下，随即发出“出料”的命令。包装工迅速拉开制动翻板，顿时，像白雪、又像面粉似的碱面，吐珠泻玉般从出料口倾泻到麻袋里。

围在四周的人们不约而同地欢呼起来：白的，雪白的！范旭东伸手从麻袋里抓了一把，细细看着，口中喃喃地说：雪白纯洁的碱！多好啊！情不自禁，一股融合着辛酸、幸福、感激的泪水夺眶而出。为了使中国人自己生产的碱和洋碱有所区别，范旭东决定将永利的碱命名为“纯碱”，由此，“纯碱”一词在华夏大地流传开来。

时至今日，历时八年，永利终于生产出了真正的碱，这是对范旭东、侯德榜、陈调甫等人最大的肯定，也是他们的价值所在。出碱后，工厂的生产很快稳定下来，产品的质量逐步提高，碳酸钠含量达到99%以上，日产迅速超过30吨。此时，永利用索尔维生产纯碱，在世界上名列31位，在远东则为第1位，比工业先进的日本还提前一年，这是值得中国化工史册记载的。

1934年3月28日，范旭东将永利制碱股份有限公司改组并更名为“永利化学工业股份有限公司”。永利碱厂自建厂至1952年公私合营前，属私营企业，永利碱厂隶属于永利公司。

1952年6月23日，永利化学工业股份有限公司实行公私合营后，易名为“公私合营永利化学工业公司”，永利碱厂则更名“公私合营永利化学工业公司沽厂”，简称“永利沽厂”，并划归中央人民政府重工业部化学工业管理局管辖。

1955年1月1日，永利沽厂和久大精盐厂合并经营，更名为“公私合营永利久大化学工业公司沽厂”，简称“永久沽厂”。1956年6月，中华人民共和国化学工业部成立，永久沽厂转归化学工业部领导。1958年6月11日，永久沽厂由化学工业部划归天津市，隶属于天津市化学工业局。1959年3月13日，永久沽厂改为隶属于河北省化学石油工业厅。1961年7月1日，永久沽厂重新隶属于化学工业部。文化大革命初期，曾先后改名为化学工业部前进化工厂和东方红化工厂。1968年7月13日，改名为

“化学工业部天津碱厂”。1972 年 3 月，天津碱厂再次由化学工业部划归至天津市化学工业局领导。

1991 年 5 月 8 日，在天津市化工局及其下属企业的基础上成立天津渤海化工集团，天津碱厂改为隶属于天津渤海化工集团，全名为天津渤海化工集团天津碱厂。

荣誉与艰辛

八年努力，永利终于出碱成功。就在永利出碱的 1926 年，远在大洋彼岸的美国费城举行了一场盛大的展会——万国博览会。此会，永利纯碱一举夺得金质奖章。

万国博览会历史悠久，最早于 1851 年在英国伦敦举办，又称为世界博览会及国际博览会，并于 2010 年在中国上海举办。这是一项由主办国政府委托有关部门举办的，有重大影响的国际性博览活动。参展者向世界各国展示当代的文化、科技和产业上正面影响各种生活范畴的成果。

19 世纪中叶，完成了工业革命的英国已经是世界上一流的强国，没有人怀疑英国的强大，因为强大而带来的巨大号召力使英国举办了第一届世界博览会。1851 年，维多利亚女王发出外交邀请信函，有 10 个国家接受了邀请。认真刻板的英国人动用了全国的经济力量，为第一届世界博览会布展。维多利亚时代的建筑风格是笨重的，多为庞大的石头建筑。在这次世界博览会上，英国人一改往日风格，在著名的海德公园内建造以钢和玻璃为主要建筑材料的水晶宫。水晶宫长 1700 英尺，高 100 英尺，耗用了 4500 吨钢材，10 公顷的玻璃。

第一届世界博览会在热闹非凡的气氛中开幕，在占地 9.6 万平方米的展区中，展览用的桌子总长约有 13 公里，在 23 个星期的展览期间，有 630 万人进行了参观。14000 件展出品中包括了一块 24 吨重的煤块，一颗来自印度的大金刚钻，还有一头标本大象，而引擎、水力印刷机、纺织机械则向参观者展示了现代工业的发展和人类焕发出的无限想象力。

中国人参加世博会并不比其他国家晚。第一届伦敦世博会就有中国的身影，当时中国广东商人许荣村将自己经营的“荣记湖丝”装成 12 捆，运往英国，最终质压群芳，脱颖而出，独得金、银大奖。

当时，荣记湖丝刚到伦敦世博会展出时，一度因为包装不够精致而受到冷遇。好在博览会展览时间长达数月。一次，当时的英国君主维多利亚女王的丈夫阿尔伯特亲王到会场参观，参观后，他发现荣记湖丝与自己所穿丝绸服装材质一样，即招来在中国经商的英国商人询问，由此他才得知他所穿丝绸服装即为中国湖州府采购而来，消息一传廾，大家纷纷前来。

博览会的评委们“推荣记湖丝为会中第一，中外人无异词”，一举获得金银大奖。英国女王维多利亚亲自颁奖，并赐赠“翼飞美人”奖状一份，允许荣记湖丝进入英国市场。荣记湖丝从此在中外市场上大为畅销。徐荣村还将奖状上的“翼飞美人”图案描摹下来，设计成了“荣记”产品的商标。

中国政府第一次自派代表，以国家身份参加的世界博览会是 1876 年的费城世界博览会。当时作为中国工商业代表的人叫李圭，他是一个有智、有勇、有谋、有骨气的中国人，但淹没在那个万马齐喑的时代。李圭写了一本书叫《环游地球新录》，记录了1876年的费城世界博览会，虽然他是中国代表团中唯一的一个中国人，但毕竟这是中国人第一次正式踏足世界博览会。而在1915年的美国旧金山巴拿马世博会上，茅台酒也荣获金奖。

1926年，适逢美国建国150周年。早在1916年，费城市长就提出在美国独立150周年的1926年应该举行特殊的庆祝。1921年，费城市长正式提出在1926年举行费城世博会。1926年5月31日，世博会开幕，当天，有5.5万人购票参观，到11月30日世博会闭幕时，总计超过600万人参观了展会。此次世博会吸引了众多的国家参与，来自世界各地的与会者带来了各国的精品，向世界展示自己。

范旭东得知此次展会后，当即决定让永利新出的纯碱参加此次展会。在中国产品的展览场地，人们看到一袋雪白的永利纯碱。那袋正面中央印着新颖别致的商标——嵌在双环之中，红玛瑙一般倒立着的三角，闪光夺目，上方印着刚劲有力的“中国永利”四个字，下方是“纯碱”两个大字。鉴于永利纯碱的优良品质，大会官方给予永利纯碱“中国工业进步的象征”的评语，永利纯碱一举夺得大会金质奖章，从此，永利纯碱蜚声国内外。

当万国博览会的金质奖章从大洋彼岸送到塘沽时，永利碱厂举行了隆重的庆祝大会。全厂沉浸在一片节日的欢乐之中。会场上张灯结彩，鞭炮齐鸣，红烛高烧，香烟袅袅。台上高悬着闪光的金质奖章，显眼处陈列着一袋红三角纯碱。

永利纯碱取得如此成绩，背后的付出只有范旭东本人最为清楚。当侯德榜等人在为技术问题日夜不休的忙碌时，范旭东也时刻在为永利操劳。

在永利建厂到投产的这八年中，资金始终都是最紧迫的问题。由于投资工业风险大、周期长、耗资大，当看到永利迟迟不能投产时，许多股东开始动摇。资金迟迟不能到位，各项工作无法按时开工。为了解决资金的问题，范旭东多方走动，四处奔波。他一边说服股东们继续投资，一边不停地从久大借款，最后紧要关头幸好得到金融界友人的帮助，得以筹集到一笔资金，保证了永利最后的投产。

除了要解决资金的问题，范旭东还要时刻提防各方势力对永利的干扰破坏。其中最具威胁的是英国人对永利的干扰。

1924 年 8 月，永利制碱公司开工，震惊了英国制碱巨头卜内门，他们此时已经独占中国纯碱市场，根本不容他人插手。为此，他们不惜动用政府的力量，利用英帝国主义在中国的特权，想从根本上摧毁我国的制碱工业。

卜内门英伦总行通过外交大臣和他们的驻华使节，指令新任中国盐务稽核所的英籍会办韦尔敦，强行公布《工业用盐征税条例》，条例规定“工业用盐每百斤纳税 2 角”，无形中使中国的碱每百斤要增加成本 4 角，想借此使我国碱业无法与卜内门竞争，欲置永利于死地。

英国人控制下的盐务署在未经中国政府同意的情况下，仅以盐务署的名义，擅自颁布“工业用盐征税条例”，将从前立案时批准的“免纳盐税”原案根本取消，这既是对中国主权的严重践踏，也是英国人打击竞争对手的卑鄙手段。对于这样的命令，范旭东代表永利，坚决反对。

永利接到盐务署的公文后，立即提出抗议：用盐免税是设厂的先决条件，如当初盐务署不批准工业用盐免税，永利不会开设，现在已募足资本 200 万元，所投资本将近 300 万元，经历多年的辛苦，终于出货，盐务署忽然翻案，永利要求赔偿。况永利之工业用盐免税不但经过盐务署批准，且与免纳关税厘金（厘金：清末民初的一种商业税，根据商品的价格按照一定的比例征收税款，各地比例不一。）同时经过大总统命令特准，见诸政府公报。盐务署仅财政部的下辖机关，何以反抗大总统命令？

但是英国人控制下的盐务署对永利的抗议竟置之不理，依然命令长芦盐务分署对永利开征盐税。永利抱着坚贞不屈的精神，向平政院起诉控告财政部盐务署背信违法，痛斥英国人控制的盐务署公布“工业用盐征税条例”，是为了打击永利，使我国新兴碱业功败垂成。

几经周折，永利终于获得了平政院胜诉。但由于平政院权力也只是对盐务署的中国人有效力，而盐务署的总负责人则是英国人，这样的判决对英国人韦尔敦并没有实际上的约束力。因而也就不能对此案依法处理，判决结果虽有，却是无法执行。

财政部方面对此事也倍感无奈，他们既不敢得罪洋人，也不愿意中国的制碱工业因此而受到致命打击，不得已只得和韦尔敦一再协商。在政府和韦尔敦多次协商后，韦尔敦总算松口，但也只是勉强同意暂停一年执行“工业用盐征税条例”。而“暂停一年”的代价则是要求“要调查永利碱的售价是否与洋碱一样，如售价高于洋碱，则可免税。”这样的要求无疑是让永利失去价格优势。在产品质量相当的情况下，失去价格优势自然也就失去了市场。而此时的永利其产品尚不能与英国洋碱相抗衡，此举对永利而言将是沉重打击。

永利接到这一无耻要求后，全厂愤怒，随即便付一函痛快驳斥洋人的荒诞无理：“谓洋碱销于中国者，唯卜内门至巨，今贵会办欲保护贵国之洋碱，不惜摧残中国碱业，究竟中国非印度，岂能受此亡国条件，今贵会办之作用完全为保护卜内门，并非为增加中国政府的收入。会办虽英人，现作中国官吏，何得以利用政权摧残中国实业！”

然而国家贫弱，主权丧失，抗议终究无效。事已至此，永利不得不在这种屈辱的要求下，艰难生存。1925 年 3 月，一年之期将至，就在此时，永利的设备又出现重大故障，工厂里最后一台船式锻烧炉烧裂，全厂停产。

就在这时，卜内门的总经理尼可逊到上海视察，得知永利中断生产，喜出望外，认为从此在中国去掉了一个竞争对手。即使这样，他还不满足，想进一步吞并已经停产的永利，以便彻底控制中国的制碱工业。于是，他多次提出要与范旭东会谈。范推辞不掉，又鉴于当时内外夹攻的形势，为避免引起无谓的纠纷，同意和尼可逊在大连会谈。

在赴会前，永利制定此次会谈的原则：在任何情形下，我主权上和制造上是万万不容许外国人参加的，其可能变通程度，至多以经营为范围，事实上如能避免，仍当尽力予以避免。带着这样坚定的原则，范旭东与侯德榜等人一道赴大连与英国人开展会谈。

在会谈期间，卜内门的总经理尼可逊威逼利诱、喋喋不休。他先是以卜内门公司的雄厚实力诱惑范旭东，他滔滔不绝地介绍卜内门的条件如何优越，技术力量雄厚，资金充足。随后他又将永利当时的困境一一分析，然后他告诉范旭东，如果永利愿意与卜内门合作，卜内门则可以为永利提供资金和技术方面的支持。他还更进一步，建议范旭东带领永利加入卜内门，并许诺范旭东、侯德榜等人优厚的待遇和相当高的职位。诱惑之后，他又话锋一转，把制碱的艰难、碱业的激烈竞争等告知范旭东等人，名为提醒范旭东，实则警告，威胁范旭东永利难以成功……

在会上，面对咄咄逼人的英国人，范旭东、侯德榜等不亢不卑，既不为诱惑所动心，也不被威胁所左右。他们坚持公司章程规定的“股东只限于享有中国国籍者”这一条款，婉言拒绝了尼可逊的提议。尼可逊见永利态度坚决，也无可奈何，最终一无所获，黯然而归。

在无比艰难的环境中，范旭东始终坚持实业救国的理想，他坚定不移的领导着永利，克服一个又一个困难。他既要参与技术问题的解决，还要应对外界的种种压力和阻挠，更甚者他的人身安全都难以保障。军阀李景林更是直接派兵将他绑架，以此勒索敲诈。尽管困难重重，但是范旭东从未屈服，他以一颗无比强大的爱国心坚强地前进，最终，他收获了成功和荣耀，他无愧是中华民族的脊梁。

8

崛起的永利——跻身世界的中国工厂

19 世纪中后期以来，各主要资本主义国家凭借强大的工业实力，瓜分了世界市场。各国的大型企业之间相互竞争又彼此妥协，他们依据协议划分世界市场，圈定各自的独家销售区域。在其销售范围内，坚决不允许出现第二家同类企业。制碱业作为当时重要的一个产业部门，也按照这种规则瓜分了世界市场。而中国的碱业市场则被划分给了英国的卜内门公司。

卜内门公司实力强大，技术先进，其生产的洋碱很快占领了中国市场，中国传统的天然碱市场份额急剧缩小。为了维护卜内门在中国碱业市场的垄断地位，他们利用各种手段打压中国的现代制碱业。在永利投产前期，他们通过帝国主义在中国的特权来阻挠永利的建设，当永利冲破重重阻挠开始生产后，他们又凭借强大的实力向永利发起了商战。

艰难应战

1926年费城万国博览会上，永利纯碱获得了金质奖章，由此，卜内门公司开始把永利当做一个真正的竞争对手，而在早期，永利在卜内门眼中只是一个不值一提的小角色。

在范旭东创办永利，准备工业制碱前，就已经有中国人在第一次世界大战期间，利用帝国主义无暇顾及中国的空档，开始尝试工业制碱。

1914年，第一次世界大战爆发，欧洲列强在欧洲及各大洋展开殊死搏斗。陆地上，英法联军在西线与德军对峙，在东线，德国和奥匈帝国的联军和沙俄军队对峙。而在海上，英国海军和德国海军也展开了激烈的大战。

当时英国和德国都有强大的海上力量，面对强敌，双方都不敢掉以轻心。为了集中尽可能多的力量打击对方，双方都尽最大可能调动己方舰船参战。英国方面水上舰艇实力在德国之上，而德国的潜艇则处于领先地位。为了最大限度地个打击英国，德国海军派出了大量潜艇参与作战。

在大西洋上，德国潜艇如同幽灵一般神出鬼没，常常将英国舰队打得措手不及。在第一次世界大战期间，雷达尚未出现，飞机还难以参与大规模军事行动，反潜几乎成了不可完成的任务，即使英国的大型军舰也难以招架德国潜艇的突然袭击。在战争之初，曾有一条“铁皮壳”似的德国潜艇，只用了一个小时，就将三艘万吨级的巡洋舰击沉，并造成1459名官兵阵亡。

面对潜艇，军舰尚且难以自保，普通商船的安全就更加没有保障了。英国等商品输出国也就没有了向海外继续输出商品的通道。同时各国忙于战争，主要生产都为战事服务，针对海外市场的商品生产也就相应减少。因此，作为资本主义倾销市场的中国，在第一次世界大战期间输入的各种洋货数量大减，中国的民族工业得到了一个难得的发展时机。

就在这时，在山东青岛，出现了一家名为“鲁丰机器制碱厂”的中国碱厂。然而，由于资金和技术的问题，即便没有了西方大厂的竞争，这家碱厂依旧以失败告终。卜内门得知这一消息后尤为欣慰：看来即使给中国人机会，中国人也制不出碱来了。

1923 年，永利碱厂建成。对于永利的建设，英国人早有耳闻，不过他们认为永利必将步鲁丰的后尘。当时，第一次世界大战早已结束，英国作为战胜国早已恢复对外贸易，中国市场再次涌入大量洋货。在洋货的冲击下，第一次世界大战期间发展起来的许多中国民族工业，因技术和财力不济而无力招架，大量民族企业倒闭破产。卜内门也已卷土重来，重新垄断中国的碱业市场，对永利而言，除了要面对资金和技术的问题外，更要面对卜内门这个碱业巨头的进攻。

永利建厂之初，卜内门公司认为，永利一定是与日本或者美国合作，不然就是请了德国的专家。他们认定永利没有核心技术，不具有竞争力。然而随着他们对永利的了解逐步深入，他们发现永利的总工程师居然是中国人，而且各个生产环节的负责人也都是中国人，这些骨干人员在范旭东的带领下，攻克了一个又一个难关，永利已经掌握了索维尔法制碱的核心工艺。出碱，指日可待。

这时，尽管永利的产品尚未面世，但是卜内门已经开始重视这个新崛起的竞争对手了。卜内门此举对永利而言虽是危险，但是，西方资本家未雨绸缪的思维方式却是值得学习的。许多中国人喜欢维持现状，不愿进行调整，不根据新出现的情况改变自己的策略，而是一味的固守，最终是不断丧失。在经营企业时这一点尤为明显。当企业处于上升期时，领导者更多的时候想的是如何维持当前的大好局势，而不是发现当前的问题，及时解决。于是当新生的事物出现后，既有的方式就无力与之竞争，之前的大好局势也就一去不复返。

卜内门发现永利这个潜在的竞争对手之后，当即就开始行动。首先，他们通过久大的职员告诉范旭东，卜内门愿意与永利合作制碱，为永利提供在资金和技术方面的支持。面对这样的诱惑，范旭东立即察觉出其背后的险恶用心：卜内门一旦进入永利，在资金和技术上将占据优势，从而成为永利的实际控制着，而永利则会成为卜内门在中国的一家分厂，中国人的制碱事业将受英国人的控制。中国人依旧无碱。

对此，范旭东婉辞谢绝：卜内门乃世界碱业大王，永利乃一小厂，且未出货，成败尚不可知，何敢与大王合作？来人再问：是否必待失败后再求助于卜内门？范旭东则坚定回复：果然失败，当然迟三十年再说，更无合作余地。

卜内门此计不成，又生一计。1924 年，英国利用帝国主义在我国的特权，擅自公布“工业用盐条例”，妄图提高永利的成本，使永利无法和卜内门竞争，进而置永利于死地。经过范旭东等人的坚决斗争，卜内门遭到了又一次失败。在 1925 年春，大连会议后尼可逊急欲拔除永利这个潜在的对手，再次派人向范旭东暗示，愿以高于永利全部投资一倍的代价收购永利。范旭东断然回答：我搞不成碱厂，宁可自杀，也不会出卖自己的灵魂。

为了解决永利这个潜在的威胁，英国人一再开出优厚的条件，想要收购永利。但是范旭东一概拒绝。英国人对外号称有绅士风度，从其对付永利的前期手段来看，确实算是有风度，至少他们开出的条件不会让永利的投资有损失。但是，绅士也只是相对的，当真正的威胁出现后，他们就会毫不客气地抛掉绅士的优雅，以最直接残酷的手段打击对手。1926年永利开始出碱，并获得了万国博览会的金奖，这也就意味着永利已经开始对卜内门产生实质威胁了，于是英国人再也不顾及什么绅士风度了，转而全面发动最为残酷血腥的价格战，妄图用价格拖垮永利。

对于和永利的价格战，英国人有着十足的信心。卜内门作为碱业巨头，其市场遍布全球多地，中国仅为其众多市场中的一个。卜内门在中国发动价格战，对永利势必有严重影响，但是伤敌一千自损八百，卜内门在中国也将遭受重大损失，不过卜内门可以通过在其他市场上的盈利来弥补在中国的损失，对其公司整体而言，影响是有限的。永利则不同，永利的市场远不及卜内门，如果中国市场大幅亏损，是不会有其他市场的盈利来弥补的，这样一来整个公司都将遭受巨大损失。英国人看到这一点，就决定用价格拖垮永利。

卜内门的降价潮首先从竞争激烈的上海、汉口、长沙等城市开始。在这些地区，永利纯碱和卜内门的洋碱各自都占有不小的市场，而两者的质量又无差别，如果不通过价格手段，是难以赢得竞争对手的。卜内门在中国多个地方大规模降价，但是唯独天津维持原价。对于卜内门的这种举动，范旭东当即就识破了他们的用心：卜内门意图通过在多处降价，从而将永利挤出各地的市场，而天津是永利的大本营，永利在天津占据优势，如果市场价格不变，则可以让永利固守天津一地，等永利失去全国范围内的市场后，卜内门就可以集中力量围攻天津，进而彻底挤垮永利。

于是，当卜内门开始降价以后，永利也随之降价。卜内门为了挤垮永利，每两三个月就要降价一次，但是永利坚决跟进，决不让卜内门在价格上占据优势。就这样，双方的降价大战不断升级，到最后阶段，卜内门已经将价格降到了正常价格的40%，此刻，就连财大气粗的卜内门也无力承受如此低价了。卜内门损失惨重，而永利却依旧在坚持，卜内门妄图通过价格挤垮永利的企图并未得逞。虽然永利还在坚持，但是已是元气大伤，如果没有更好的办法应对卜内门的价格战，那么永利的失败也为期不远了。

卜内门除了在价格上打击永利外，在经营上也痛下杀手。卜内门的洋碱和永利的纯碱主要销售渠道都是代售，各地的代销商从卜内门和永利购入产品后再进行零售。由于当时的碱属于垄断产品，在永利出现前重要的生产商只有卜内门，永利出现后也就此两家而已，碱业的行情由卖方掌控，对于代售商的资格，厂家有各自的要求。卜内门的代销商需要按照卜内门的要求进行销售，还要给卜内门上缴押金。

由于卜内门早已进入中国市场，他们在中国各地有众多的代销商，永利想要扩大销路，就需要和这些代销商合作。对此，卜内门方面对其代销商发布禁令：严禁卜内门的代销商销售除卜内门以外厂家的碱，如有违反将没收前期缴纳的押金。畏惧于卜内门的威胁，一时间众多代销过永利纯碱的代销商只得向永利退货，于是永利的困难又加重一层。

此外，双方的价格战刚一开始，商业间谍活动也随之而来。

1926 年 8 月的一天夜里，时任永利碱厂营业部主任的余啸秋正在家中休息，夏日的酷暑让忙碌了一天的余啸秋倍感疲惫，此刻暑气稍退，他正坐在藤椅上，昏昏欲睡。忽然间一阵急促的敲门声将他惊醒，不等他询问，家人已经开门。很快，家人带着一位 50 岁上下的中年男子来到余啸秋的身边。

对于此人，余啸秋并不认识，看到家人将其带来，余啸秋心中意识到，看来来人是有要事。果然，家人告诉余啸秋，这人声言有要事找他，至于什么事，不能轻易告人。余啸秋便令家人回避，只剩下他自己和这位来客。

见到四下无人，来人方才道出自己的身份。此人姓王，是卜内门在天津的一位中级职员。得知对方的身份后，余啸秋先是一惊：卜内门和永利的价格战刚刚开始，卜内门的人来找他所为何事？难道是要拉拢他或者对他下黑手？如果是来拉拢他，这绝对是徒劳的，余啸秋对于永利的事业，已有无比坚定的决心，是不会动摇的；如果卜内门的人要下黑手，是不会先自报家门的。应该是另有其事。

果然，来人告知余啸秋，他是卜内门的商业间谍！卜内门在天津的英国总经理见双方价格战愈演愈烈，便决定使用商业间谍刺探永利的内部情报，以便做出应对之举。要找一个刺探永利情报的商业间谍，需要一个可靠的人，这个人要对卜内门衷心，要了解制碱行业，最好是天津当地人。于是这个王姓卜内门雇员就成了最佳人选。英国人要求这位王姓雇员假意考察，然后借机获取永利的重要情报，并汇报卜内门。

然而，英国人的如意算盘打错了。中国人中固然有卖国求荣者，但更有坚定的爱国者。这位王姓雇员虽然在英国人的公司任职，为英国人服务，但是他却不愿意出卖中国人的利益。当他得知卜内门欲派他到永利刺探情报后，对此事极为厌恶，但是他以一己之力又无力应对，于是他就找到了余啸秋，告之实情，并商议对策。

余啸秋听闻此事后，对英国人的卑鄙手段极为气愤，他一面谴责英国人不择手段采用这种不道德的行为，一面赞扬这位王姓男子的爱国情怀。很快，余啸秋就有了对策，他认为，既然英国人已将商业道德弃之不顾，那么永利自然也应“以礼相待”。他和王姓男子商议，索性将计就计，让王姓男子成为双料间谍，他将永利一些无关紧要的情报报告给卜内门，以此换取卜内门的信任，然后再把卜内门的重要情报报告给永利，帮助永利应对与卜内门的价格战。王姓男子接受余啸秋的建议，并且又得到了永利每月30银元的津贴。

此后，按照双方的约定，王姓男子把双料间谍的工作做得风生水起。每次卜内门派他到永利刺探情报，他就趁着夜深人静时，到余啸秋家中，然后由余啸秋口述卜内门要求的“情报”，这些情报都是余啸秋根据卜内门的意图有意编造，其中多是对永利有利的内容，将永利的产能技术等要素有意夸大，让卜内门不敢轻视永利。而王姓男子则将卜内门的真实意图告知余啸秋，使永利在应对卜内门时有了把握。此事先后历时两年有余，直到永利和卜内门和解，这期间双方配合密切，卜内门没有发现一丝痕迹。

永利虽然有了商业间谍的帮助，但是总体形势依旧是敌强我弱。国内市场上，在卜内门的打击下永利步履维艰，全厂上下意志消沉，许多人认为永利此次必将失败。为了挽回日益衰败的局势，范旭东在国内采取了一系列对策。

首先，永利大打爱国牌。当时中国备受列强侵害，举国上下都充斥着浓厚的爱国氛围，国人不断发起反对洋货支持国货的运动，对于有良心的爱国企业，国人都给予极大的支持。有鉴于此，永利扩大舆论宣传，号召选用国货，广告“红三角”纯碱质优（金奖产品）价廉，吸引国人，争夺市场。

在经营上，尽量在卜内门洋碱不到之处多开拓代销店，避免正面冲突，同时竭力启发代销商的爱国热情，使其中部分卜内门的代销商采用改换商店牌号与股东姓名的办法在代销卜内门洋碱的同时适销永利纯碱，永利则以此为契机打入南北市场，开辟基地。营销部和爱国代销商紧密配合，使用掉包计来应对卜内门的挑战，对支持永利和卜内门的斗争又多了一条节支的门路。

这些措施虽能够在一定程度上减少永利的压力，带来一些利润，但是对于整个“战局”的影响确实极为有限，永利的情况并没有明显好转，危机依旧。就在这生死攸关的时刻，范旭东再出奇招，以弱胜强，最终反败为胜。

国内市场上的价格战愈演愈烈，范旭东意识到如果继续跟卜内门在国内市场厮杀，那么最终的胜者必将是整体实力强大的卜内门。此刻永利要想战胜卜内门，需要的不是以硬碰硬的狠劲儿，而是四两拨千斤的巧劲儿。于是范旭东开始了下一步战略：开辟第二“战场”。

范旭东选择的第二“战场”是日本。日本虽然赶上了工业革命的末班车，实现了工业化，但是其工业化的程度却不及欧洲强国，各项产业的发展并不均衡。其中制碱行业较为落后，当欧洲工业强国已经开始利用索尔维法大规模制碱时，日本却尚未摸到索尔维法的门槛。甚至在永利投产后，日本人的碱厂依旧处于试验阶段，无法实现工业化生产。于是日本的碱业市场就为国外碱所占据。永利也趁机进入日本市场，在日本有了一定的规模。不过，卜内门在日本经营已久，市场规模大，永利在日本刚刚起步，难以与卜内门相抗衡。

范旭东看准这一点，决定在日本与卜内门展开价格战，以小搏大。如果永利在日本降价，情况有两种，一是卜内门不把永利看在眼里，任永利在日本发展，而永利势必会因为价格优势在日本快速发展，最终威胁到卜内门的地位，这绝对不是卜内门愿意看到的结果。二是卜内门跟随永利开始在日本降价，把价格战扩展到日本，卜内门通过价格打击永利。对卜内门而言，第二点似乎更为合理。于是永利在日本一降价，卜内门迅速跟进，也随之永利降价。

范旭东旅日十余载，对日本的情况相当清楚。就在永利出碱的第二年，日本的三菱财阀终于建成了日本的碱厂，开始销售。三菱财阀是日本六大财阀之一，其下属的企业涉及日本社会方方面面，对整个日本社会都有深刻影响。当时与三菱财阀有竞争关系的是另一个大财阀——三井财阀。

三井财阀同样是日本六大财阀之一，其下属企业也涉及日本社会的各个方面，对日本也有着强大的影响力。但是三井财阀却没能建成自己的碱厂，为了能够和三菱财阀竞争，三井财阀只能从国外进口碱销售。于是范旭东看准这个机会，和三井财阀达成了协议，委托三井财阀在日本代售永利的纯碱。

三井财阀为了能够在与三菱财阀的竞争中取得优势，不惜放弃经济利益，他们同意永利纯碱在日本低价销售。于是，通过三井财阀在日本广泛的销售渠道，永利的纯碱很快出现在日本各地的市场上。永利纯碱的量虽然不大，但是价格却很低，而且质量不在英国碱之下，一时间永利纯碱在日本大获好评。见此形势，卜内门只能低价跟进，以期保住自己的市场。卜内门在日本降价，这正合范旭东的心意。

原来，卜内门的碱在日本市场的销量远大于永利，是永利十倍不止。而日本是工业国家，用碱量巨大，甚至远在中国之上。由于永利量小，所以降价之后，永利的损失也只有卜内门的十分之一不到。如此一来，卜内门在日本的损失甚至超过了在中国的损失，更远在永利之上，这对卜内门而言是更沉重的一次打击。除了在经济利益上的直接损失以外，卜内门在日本的市场也正逐步被永利侵蚀，损失更进一步。卜内门固然实力强大，但是面对巨大的经济损失，他们也必须做出让步了。

对手妥协

到 1928 年，卜内门对永利的打击始终没能奏效，反而是自身损失惨重。有鉴于此，卜内门再也不敢轻视永利，他们已经把永利视为一个强大的对手。两强相争，必将两败俱伤。为了避免更大的损失，卜内门决定妥协，于是，双方在平等的前提下，展开了谈判。

与卜内门相比，永利虽然弱小，但是提出谈判要求的却并非永利，而是卜内门。对永利和范旭东而言，此次与卜内门的价格战不仅仅是永利一厂之生死。还事关中国化学工业的前途和整个民族的荣辱。

近代中国积贫积弱，内忧外患不断。当西方国家开始工业革命后，中国由于种种原因，始终处于农业社会的模式下。落后的农业国面对强大的工业国只能是受尽屈辱。西方国家以工业强国的事实让一部分开明的中国人意识到，只有向西方学习，发展工业，才有可能改变中国贫穷落后的局面，才能赶走列强，赢回国家和民族曾经的尊严。于是，十九世纪中期以来，不断有中国人尝试创办近代企业。

先是在满清的一批重臣中出现了洋务派，他们创办了一批军工企业和与之相关的基础工业。然而守旧的思想却使得他们创办的近代企业难以发挥应有的作用，洋务派虽然引进了机器生产，但是没有相应引进与机器生产相适应的理念。机器生产的本质是对人身体功能的延伸，人的身体能发挥什么样的功能，在很大程度上取决于人的思想。手的本职功能是抓取物品，但是经过有意图的训练，手也可以代替脚掌支撑人体。机器也是如此，同样一台机器，人以不同的思维方式去驾驭，就会有完全不同的结果。

洋务派创办了用机器生产的企业，但是他们却以封建主的思维方式来管理这些机器，其结果就是这些机器也只能在与封建主的较量中占据优势，当它们面对工业国家时，依旧不堪一击。西方的工厂不仅仅是机器生产，还有与之相匹配的现代化的管理方式，全新的思维方式让一样的机器有了不一样的作用，同样是兵工厂，西方的兵工厂为西方国家征服世界提供了基础，而洋务派的兵工厂带给他们的依旧是失败。

随着资本主义启蒙思想在中国的普及，更加先进的中国人开始用西方的管理方式管理中国的近代企业。但是中国企业不论是资金还是规模，或是生存环境，都远不及西方企业，面对西方的大型企业，它们依旧不堪一击。

当范旭东创办永利时，他所肩负的既有个人的理想抱负，也有国家民族的荣辱。如果永利失败，不论是在生产技术上，还是在产品竞争上，对整个国家和民族都将是沉重的打击，外国人将再一次得到嘲笑中国人的借口。永利一旦失败，那么在外国人看来，这就是中国人无能的表现，他们就会继续轻视中国和中国人，继续在中国肆意妄为。如果永利成功出碱，并能在竞争中站稳脚跟，那么，西方列强必将不敢再无视中国人的决心与能力。对范旭东而言，此役，只许胜不许败，这是工厂的生死存亡之战，也是国家和民族的荣辱之战，永利绝对不能妥协投降。

卜内门与永利的价格战愈加激烈，永利是绝对不可能先言妥协的，但是卜内门则不然。对卜内门而言，它与永利的价格战只是为了维持它在中国的利润，这只是卜内门世界市场的一环而已，无关企业生死和国家荣辱，卜内门无需与永利厮杀到底，而日益疯狂的价格战只会让卜内门损失更大。既然价格战会造成更大的损失，那么他们继续与永利进行价格战就变得毫无意义了，提出和解，共同分享中国市场才是明智之举。对卜内门而言，与其继续亏本，不如和解共同赢利。这就好比捕食者与猎物的关系，对捕食者而言，它所追逐的只是一顿饱饭，对猎物而言，则是在为生存而战。为了生存，猎物必然会以命相搏，而捕食者大可不必为了一顿饱饭把性命赌上。此时，永利和卜内门的关系，就犹如猎物与捕食者的关系一般。

为了减少损失，从 1928 年起，卜内门不断要求永利展开会谈。看到卜内门有叫停价格战的意图，经过慎重考虑，范旭东答应了卜内门重开会谈的要求。

尽管卜内门已经难以忍受在亚洲的损失，有心与永利和解，但是出于西方对中国人一贯的轻视态度，在会谈的初始阶段，他们反而摆出了强硬姿态。在会议期间，卜内门提出了与永利进行合作，他们要求在技术和资金上对永利进行投入，企图控制永利。但是对于英国人的提议，范旭东依旧坚决不同意，他表明，永利在资金和技术方面是绝对不允许外国人参与的，这两点没有任何谈判的余地。不过既然是谈判，就要留下可谈的空间，范旭东随后话锋一转，告知英国人，只要不涉及技术和资金方面，其他都可以谈。

英国人得到范旭东的这一回复后，立即就明白了其中的言外之意。随即，他们也只得放弃之前在资金和技术上的要求，转而谈判外围的销售。范旭东首先提出了在永利与三井在日本的代销合同到期后，可由卜内门代永利在日本销售红三角纯碱的建议。此建议从表象来看，似乎是永利要将日本市场彻底让给卜内门，永利今后要通过卜内门才能在日本销售纯碱，这样一来，永利在日本的销售就极大的受制于卜内门了。但是实际上却是以守为攻，永利产能有限，在日本市场优势并不明显，如果能够让实力强大的卜内门代为销售，反而盈利更为稳定，此举不仅缓和了与卜内门的关系，也维护了永利的利益。

当卜内门得知范旭东的提议后，他们不仅没有反驳，反而当即答应。对卜内门而言，永利在日本的销量很小，代销永利并不会给卜内门本身造成大的冲击，反而是永利在日本发起的降价大战让卜内门难以承受。代销永利纯碱之后，日本的碱价自然就为卜内门控制，价格战也就不会再次出现，卜内门的利益也就有了保障。这一提议可谓是双赢，于是双方很快就签订了相关协议。

1928年6月21日，卜内门和永利关于卜内门代销永利纯碱的协议正式签订。在此协议中，双方对诸多事宜都有明确规定。首先是销售范围，卜内门代销的永利纯碱只能在日本本土销售，而被日本侵占的朝鲜和台湾则不计在内，此款绝不承认台湾和朝鲜为日本领土；协议期限暂定为三年，从1928年11月1日到1931年10月31日；1928年11月至1929年夏季，每月委销纯碱600吨，此后每月委销纯碱1000吨，在协定期内任何12个月里委销的纯碱不得超过15000吨，而当时永利的实际年产量尚不足2万吨，如此，永利将无需顾虑销路；卜内门应尽量使永利纯碱售价接近卜内门洋碱的售价，在任何情形下，永利纯碱售价不得低于卜内门碱价的5%；万一有时不得不再低价出售，价差超过5%的部分，由卜内门补偿给永利，此款可防止英国人贱卖永利纯碱，进一步保护了永利的利益；在塘沽交货后，卜内门每担先付银元2元，其余在50天内结清，如此一来就保证了永利的流动资金，这对于资金吃紧的永利尤为关键；卜内门经销的碱，在销售光后必以代销账报告永利，并按日元折合天津银元的兑换率付还永利；卜内门按塘沽交货所得的净价抽提4%的佣金；协议签订后，卜内门即以天津银洋30万元的押金交付永利，并于1931年10月31日以前6个月内，由永利以现款或货款抵付。议定年息6.5%，每半年一付；遇有天灾人祸、罢工、停工、停制，非永利可能抵抗的事件，永利不负交货责任。但如值中日罢工或日本、台湾地震、内战，卜内门无法运去纯碱时，卜内门也不负任何责任；本协定期满后，如双方同意，可以续约三年。再满期时，续约亦同。此项协定在实施过程中双方均认真负责执行，其后结合需要于1931年、1934年、1937年一再续订，直至抗日战争爆发自然废止。

事实上，在当时的情况下，永利与卜内门达成和解对永利而言其意义更加重大。在与卜内门的价格战中，永利损失惨重，碱价一跌再跌，永利虽然能够生产碱了，但是根本无力盈利，公司的亏损一天比一天惨重。为了能够继续与卜内门斗争，范旭东只得四处筹钱，甚至在最紧急的关头，他都萌生了向西方借款的念头。幸而对于永利碱厂存在的意义，国内各界都有深刻的认识，永利的资金亏空，得到各方的重视。

首先是国民政府方面，他们坚决反对永利向西方借款，而且提出由政府投资永利的方案。此方案对永利而言自然有利，只是国民政府忙于同各派军阀内战，国库严重亏空，承诺永利的资金迟迟不到位，永利从国民政府得到资金的计划落空。

随后，永利只得从社会渠道募集资金。范旭东决定募集200万元，作为永利与卜内门继续价格战的筹码，不过当资金募集到100万元时，永利和卜内门达成了和解，碱价开始回升，永利开始盈利，因而也就没有必要继续募集资金了。这场危机终于化解。

1928年在纪念永利建厂十周年时，范旭东亲自带了一挂鞭炮，登上矗立在渤海之滨的亚洲第一高的碳化大楼，一边放，一边高喊：真痛快！真痛快……在这噼噼啪啪的鞭炮声中吐出了永利职工十年来深受帝国主义欺凌，积于肺腑深处的一口恶气。这噼噼啪啪的鞭炮声也奏响了永利在和卜内门斗争中以弱胜强的凯歌，为我国的科技史、经济史、反帝斗争史谱出一曲威武雄壮、扬眉吐气的赞歌！

公开制碱的秘密

永利的运转全面恢复正常之后，身为永利总工程师的侯德榜开始思考另一个问题：如何处置永利制碱成功的经验。永利继续垄断独享，独自盈利？出售技术许可，与其他企业共享？亦或公之于众，让制碱技术为所有人共有？

就在大获成功之后，侯德榜陷入深深的思索之中：索尔维集团的技术封锁是为了垄断高额利润，而永利若高价出售专利和索尔维不是如出一辙吗？受害的还是那些想办碱厂而没有技术的国家和人民。人们会像以往永利痛恨索尔维集团和卜内门一样痛恨永利。想到这里，侯德榜想起了在美求学期间，美国老师杰克逊常常向他传达的一个观点：科学是属于全人类的，它应造福于人类。不造福人类的学问，是不能称其为科学的。一个真正的科学家，决不能把科学知识，作为谋求个人财富的工具。

出卖专利获取暴利，这不是永利的目的，范旭东和永利的同仁苦战10年，目的是为了振兴中国的民族工业，是为了祖国摆脱贫穷落后的困境，今天永利成功了，我们决不能成为第二个索尔维，第二个卜内门。经过一番思考，侯德榜愈发清楚自己将要做的选择。侯德榜越想思路越开阔，我们炎黄子孙应该发扬兼善天下的美德，把10年苦战所得到的制碱经验公布于世，这不仅对打破索尔维集团的技术垄断是一项贡献，对推动世界制碱技术的发展也不无裨益，让那些想发展制碱工业，而又不得其门的国家得到真正的利益。侯德榜决意要撰写一部全面阐述索尔维法制碱技术、工艺、设备的著作，为世界科技文献宝库添砖加瓦。

当侯德榜把这一想法和范旭东相商时，范旭东乐得拍手称好，并向侯德榜谈起以往很少提及的三件事：

第一件事是，1913 年范旭东奉命到欧洲考察盐政，在英国时他要求参观卜内门碱厂，当时英国人满口同意，但在临参观时，人们领着范旭东等人仅在该厂的锅炉房转了一圈，就将他们从后门引出厂外。

第二件事是，1919 年陈调甫在美国考察制碱工业，也想参观碱厂，他请永利设计师孟德介绍他参观孟德当过厂长的碱厂。孟德说：以前我是该厂厂长，离开后就不许再入其门，何况你是外人，万万不会获准去参观的。后来陈调甫又到塞勒求斯索尔维厂访问老技师梯泼尔，请他帮忙安排参观碱厂，也是出于保密的要求，陈调甫的参观要求也未获准，最后陈调甫只能在大雪纷飞之中在厂外绕围墙转了一圈。

第三件事是，在永利开办初期，当时不论是资金还是技术都极端困难，工厂几乎是走投无路，实在办不下去了。为了偿还股东的投资，范旭东只得找买家卖掉尚未建成的工厂。而当时有收购意向的只有外商，所以范旭东不得不把未建成的工厂卖给外商。可是在谈判中外商竟落井下石，只肯给破铜烂铁的价钱。范旭东气愤到极点，与其让外国人杀价拣便宜，还不如背水一战拼个死里求生，硬撑着把碱厂办下去。后来在资金和技术方面有了进展，永利才得以生存，直至有现今的规模。

从这些往事的回忆中，范旭东道出了孔子“已所不欲，勿施于人”的古训。范旭东认为，当年永利初办碱厂，限于技术和资金的问题，处处受辱，包括范旭东在内，永利上下对于西方的技术垄断和刁难无不痛恨不已；现如今永利实现了制碱的突破，打破了西方的技术垄断，如果凭借此优势也去欺辱其他急于办碱厂的人，那岂不是也要被人痛恨？既然 永利痛恨西方的技术垄断，那么永利就绝不能效仿西方的技术垄断。范旭东告诉侯德榜，他支持侯德榜著书立说，公布永利摸索出的制碱工艺。此举不仅可以给搞垄断的西方企业一记沉重的打击，还能在世界学术领域取得一席之地，为祖国的学术研究做出贡献。

得到范旭东的支持，侯德榜当即开始着手创作。完成初稿，侯德榜耗时一年有余。永利从 1918 年开始建造厂房，到 1926 年纯碱量产，历时 8 年，这期间保留了大量的记录，既有成功的总结，也有失败的教训。侯德榜在海量的原始资料中反复筛选，力求科学严谨。1931 年，侯德榜得到北京中华促进教育文化基金会的资助出国进修。他利用这一机会对初稿进行全面的整理和修订，得到他在美留学期间的导师，杰克逊教授的热情指导和帮助。美国化学会破例第一次接受中国学者的著作，将其列入化学会丛书第 65 卷，并于 1933 年用英文在纽约出版。此书为精装深蓝色封面，书脊上用秀气的金字烫着（Manufacture of Soda）T. P. Hou（《制碱》侯德榜）。当这本书出现在美国畅销书店的厨窗后，立即引起化学界、化工界的轰动。

书中系统介绍了制碱工业史，从天然碱、路布兰法制碱到索尔维制碱；还讲了小苏打、苛化法制烧碱，电解法制烧碱的生产和氯产品加工，着重介绍索尔维法制碱的理论、化学反应、操作数据、生产控制、设备结构，以及技术经济方面的要求。在书中侯德榜毫无保留地把自己10年来用心血换来的经验公诸于众，砸开了70年来索尔维制碱技术封锁的铁链，揭开了索尔维制碱的技术奥秘，使科技界耳目一新。对纯碱工业的设计、研究、生产都有重要的指导意义。他这种一心为推进科学技术前进的坦荡胸怀和崇高思想，获得各国学术界的尊敬。当时在我国燕京大学任教的美国化学家威尔逊教授称：《制碱》是中国化学界对世界文明所做的重大贡献。范旭东说：侯博士的著作风行各国，给全人类打开了制碱工程的秘境，比起索尔维氏的技术垄断，侯博士的崇高气度尤其值得赞扬。中国工程师学会第五届年会主席在首次颁发荣誉金牌给侯德榜时对《制碱》一书作了高度评价：所著《制碱》一书，尤为中外学者所共仰，尤为我国工程界之光荣。

第一版出版之后，在各界友人的帮助下，侯德榜又搜集到了大量的资料，并对第一版进行了补充，在1942年出版了该书的修订版。修订版比第一版增加了大量的内容，由原来的349页增加到了590页，由原来的27章增加到32章。

1943年，侯德榜获得英国皇家学会化工学会名誉会员称号，全世界化工界对侯德榜的尊重更进一步。当时印度在英国人的支持下也开始创办碱厂。但是负责给印度提供技术支持的英国制碱企业制碱历史短，对制碱工艺较为生疏，始终无法生产出合格的纯碱。当侯德榜名声大振后，印度方面果断向侯德榜发出邀请，请他到印度协助制碱。对于印度的碱厂，范旭东和侯德榜都十分同情，当他们收到印度方面的请求后，当即答应。

在印度的碱厂，除了侯德榜之外，印度方面还邀请了三位美国制碱工程师，而这三位美国制碱工程师指导印度制碱的最强大武器就是侯德榜的《制碱》一书。在印度指导制碱期间，美国工程师手捧侯德榜的大作，侯德榜不在时，一遇到问题他们第一个念头就是看看书上怎么说。

1948 年，前苏联翻译了侯德榜的著作。在前言中，俄国人对侯德榜的著作给予了极高的评价，他们认为侯德榜的著作已经代表了当时世界各国纯碱生产的技术水平。除了英文版和俄文版之外，世界各国都广泛的参考和引用，在为数众多的国外化学专著中，引用侯德榜著作的比比皆是，举不胜举。

9

中国第一个企业科研机构——黄海化学工业研究社

在世界范围内，对于众多以技术立身的企业而言，企业所掌握的技术水准，就代表了企业自身的实力。为了能够确保自身的地位，企业投入大量资源进行相关领域内的研究，许多大型企业的内部研究机构甚至掌握着全世界最为顶尖的技术。

西方企业历来重视技术开发。计算机领域的巨头，美国微软公司于 1998 年在北京投入巨资创建了一所计算机领域的研究院。该研究院早期命名为微软中国研究院，2001 年 11 月 1 日正式更名为微软亚洲研究院。微软研究院给自己的使命是使未来的计算机能够看、听、学，能用自然语言与人类进行交流。他们提倡开放、自由、平等的学术风气，承诺为研究人员提供丰富的研究资源和长期的支持，鼓励研究人员要有长远的眼光和富于冒险的精神。对于这样一个在资金方面只进不出的机构，微软始终给予极大的支持。

邻国日本的众多技术类企业，对于企业的科研，也有相当大的投入。企业的高级工程师不仅待遇优厚，而且能够在一定程度上影响公司的决策，其在企业内部的地位非同一般，即使是非日本国籍的科研人员一样会受到极大的重视。即使是中国人在日本企业任高级工程师，下属的日本员工也会对其毕恭毕敬，受到极大的尊重。正是这样的科研投入，使得西方以及日本的众多企业走在了世界前列，引导着世界发展的方向。

但是，在中国则不一样。中国的技术类企业大多数科研力量薄弱，往往需要向国外购买技术专利，甚至只能购买国外淘汰的技术。中国企业没有科研投入的传统，科技人才往往会选择进入国家创办的研究机构，如此一来就造成了科研和企业生产的分离。科研人员埋头实验室，尖端技术难以及时转化成产品；而企业则苦于技术落后，难以生产尖端产品，缺乏竞争力。一旦企业与科研结合，企业内部有实力雄厚的科研机构，那么技术就和市场有了最直接的联系。企业可以根据市场进行最尖端的研究，生产最尖端的产品，而研究人员也会迫于市场需求而不断拓展自己的研究项目，创造出更多的科研成果。

科研对企业的重要性已无需赘述。当范旭东决定创办企业实业救国时，他就意识到了这个问题。在创办久大和永利时，他始终注意招揽人才，但是这并不是范旭东的最终目标，他的计划是要以企业的力量，建成一个高水准的研究机构，不仅要为久大和永利的发展做出贡献，还要为中国的科研贡献力量。

设立科研机构

1922年，这一年侯德榜从美国留学归来加入永利，范旭东把永利碱厂建设等诸多重要工作交由侯德榜处理。他本人除了要处理久大和永利的工作外，还要处理青岛日占盐场的事务、盐税的事务等等。就在他百忙之中，他计划已久的“黄海化学工业研究社”正式成立。

早在范旭东建设久大精盐厂之初，他就十分重视企业在科研上的投入。范旭东本人在日本期间攻读古代合金，本身就是一位研究者。回国后，他还在北京从事食盐精制的研究，为久大的创立提供了技术基础。久大创立之后，他更是建起了久大自己的化学实验室。实验室虽然简陋，但是却不失科研的认真严谨，就是在久大早期的简陋实验室里，范旭东从事着盐卤副产品的研究。在永利碱厂开工建设前，范旭东又参与了前期的技术攻关试验，和陈调甫一起，在天津摸索索尔维制碱法，并且成功生产出少量的纯碱。1919年，范旭东还组织了对四川钾盐资源的考察，初步探索对钾盐的利用。1921年又去内蒙古伊克昭盟考察天然碱资源，研究对天然碱的开发。

在一系列研究、试验、考察中，范旭东越发感到建立专门研究机构的重要性。中国地大物博，物产丰富，如果没有有效的手段去开发利用，那么再丰富的资源也只能和尘土一起深埋地下。建立专门的研究机构，开发先进技术，充分利用资源，这是非常紧迫和必须的事。在1913年，范旭东在欧洲考察期间，他发现欧洲的技术类企业都有自己的研究机构，这些机构都有很强大的科研能力，是企业发展的一大动力。这一经历更坚定了他要建立自己的研究机构的决心。况且当时永利正在初创时期，急需技术支持，如果能有自己的研究机构，许多技术问题也就可以迎刃而解。

范旭东创办科研机构的想法确定之后，他便找来陈调甫商议此事。对于范旭东的想法，陈调甫非常支持。在永利创建初期，技术上的困难让陈调甫苦恼异常，如果能有自己的科研力量，那么永利将来的发展也就有了保障。

搞科学研究需要具备两大条件：一是资金，二是人才。在科学研究领域，资金的投入是海量的。当今各国的科研项目都要有数以亿计的资金投入，美国“好奇号”火星车其大小仅与一辆小汽车相当，但是整个“好奇号”项目耗资却达到惊人的25亿美元。在人才方面，如果科研机构不能聚集顶尖人才，那么即使有海量的投入，也是枉然。二战期间，希特勒也非常热衷于原子弹研究，但是他的种族迫害政策导致大量非德意志民族出身的科学家逃离德国，直到战争结束他也没能研制出原子弹。反观美国，其包容的政策吸引了大量外国科学家，在众多科学家的努力下，美国率先掌握了原子弹技术。

就当时范旭东所掌握的条件而言，建立科研机构的基础已经基本具备。永利碱厂虽然还在建设阶段，但是久大投产已经近十年，其精盐销售早已进入获利阶段。范旭东计划出资10万余银元作为新成立的科研机构的研究经费。这10万银元在当时可谓是一笔巨款，因为久大的前期投资也只有5万元而已。在资金方面有了保障，其次就是人才。

当时范旭东的旗下已经汇聚一批优秀的科研人员，其中最为知名的是孙学悟。孙学悟是山东威海人，生于 1888 年 10 月 27 日。他所出生的家庭是个商人家庭，其父经商，兄弟 4 人，3 个哥哥都随父经商。因他自幼聪颖，其父一心想把他培养成一个读书人。当时的威海为英国的租借地，少年孙学悟对西方的科学和民主思想以及殖民主义者的侵略与剥削行为感受颇深，从小思路开阔，满怀爱国热忱。

他于 1905 年在英国人开办的学校完成中学学业后，奉父命东渡日本就读于早稻田大学。同年，他在日本参加了孙中山领导的中国同盟会，翌年，受命回国参加推翻清政府的革命活动。其父以他无故辍学回国而震怒，将他严加禁锢，不许外出。1907 年，孙学悟进入上海圣约翰大学，以读书为掩护，继续进行革命的宣传活动。一段时间后，他逐渐感到奔走革命宣传收效甚微，遂萌发了科学救国思想，志在以实实在在的科学技术来振兴贫穷落后的中国。

1910 年，孙学悟考入清华学堂留美预备班。1911 年赴美，入哈佛大学攻读化学。1915 年，获化学博士学位，因成绩优异留校任助教。1919 年，孙学悟应南开大学创办人张伯苓邀请，满怀振兴中华之志离美回国，为南开大学筹建理学系。

1920 年，原在哈佛大学的同学邀请他到开滦煤矿任总化学师，孙学悟以其更接近生产实际而应聘。开滦煤矿是英资企业。孙学悟在工作中日益领悟寄人篱下之感，有悖自己振兴民族工业的初衷，尽管享受着华人学者最高待遇，月薪高达 300 银元，但终非所愿。

孙学悟不甘心为洋人效力，虽有高薪，却也挡不住他的爱国热情，他在寻找机会为国效力。就在此时，范旭东从他哥哥范源濂处得知了孙学悟的情况。范源濂将孙学悟的爱国热情和学术才华向范旭东一一道来，范旭东听后当即决定邀请孙学悟加盟久大（当时永利尚未建成）。于是范旭东就派已经回国的侯德榜去邀请孙学悟。

孙学悟和侯德榜并非初次见面，他们是清华留美预备学堂同学，可谓是颇有交情。两人相见后十分愉悦，倾心畅谈，彼此都有志于发展科学、振兴工业，挽救民族，可谓志同道合。侯德榜向孙学悟详细介绍了当时久大和永利的情况，并且表示范旭东非常渴望孙学悟能够加盟。范旭东和侯德榜的“工业救国”思想，引起了孙学悟的强烈共鸣，他很快便决定辞去洋人的高薪职位，和范旭东、侯德榜一起为中国的化学工业贡献自己的力量。

孙学悟放弃洋人企业的高薪加盟中国人的企业，这是需要无比坚定的决心和爱国热情的。在那个时代，洋人在中国享受的是特等国民的待遇，能够跟在洋人身后的华人也要高其他华人一等。对于这样的“优待”，孙学悟不为所动，毅然决然地选择了中国企业。

对于孙学悟的选择，范旭东和侯德榜都很欣慰。侯德榜半开玩笑地告诉孙学悟，久大的薪金可远没有英国人给的高。孙学悟则郑重地告诉侯德榜，如果为了高薪和优厚待遇，他完全没有必要回国，就算回国，他也可以给洋人做事，事实上他回国并非为了高薪，而是想要和志同道合的朋友一起为中国的化学工业做出贡献，为了这个目标，即使分文不取他也无怨无悔。孙学悟的态度让侯德榜大为感动，这正是他和范旭东寻找的人。随即，孙学悟辞去了英国人的高薪职位，跟着侯德榜奔赴渤海之滨那个荒凉的小渔村。

初到久大，范旭东任命孙学悟为久大化学室主任，并以此为基础，筹办一个独立于久大和永利之外的科研机构。范旭东对他说：中国如果没有一班人肯沉下心，不惮烦，不为当世功名富贵所惑，埋头苦干，创造新的学术技艺，中国决产不出新的生命来。孙学悟极为赞同，并欣然受命担任了中国第一个化工科研机构的社长。

在研究社正式成立前，范旭东已经做了充足的准备。研究社的前身是久大精盐公司的化工研究室，1920 年，范旭东为拓展事业的需要在久大盐场附近辟地数亩，投资十万银元，营造一所化工研究室，其中包括定量分析、定性分析、化学实验室、动力室等，并附有图书馆。1922 年，孙学悟加盟，这个研究机构有了一个合适的负责人。此外，将它从久大分离后，能够加强这个研究机构，充分发挥它的效能，于是中国第一个化工研究机构——“黄海化学工业研究社”，在孙学悟的主持下成立了。

范旭东将这个科研机构命名为黄海，是因为它诞生于塘沽。塘沽面临渤海，而渤海汇合百川，朝宗于黄海。海洋蕴蓄着无尽宝藏，是化学工业的广阔天地，也是大好的试验场所。当初在塘沽厂内成立化学研究室的理想，就是要以海洋为研究对象，就近取材于黄海。定名黄海体现了创办者最初的信念和愿望。范旭东说：我们把研究机构定名为“黄海”，表明了我们对海洋的深情，我们深信中国未来的命运在海洋。

“黄海”成立之时制定了一个社徽，社徽为圆形，外圈为齿轮，代表工业的动力，内圈是互相涵抱的三个部分，也可说是三步功夫：一是致知，二是穷理，三是应用。互相涵抱表示彼此不可分割的紧密联系。既要提倡工业救国，当然要把致知所得，穷理所到，拿到实际应用上考验证明，然后才能断定所致的知、所穷的理是否可靠，才能发挥救国的作用。这就是社徽的含意所在。

范旭东重视研究工作，曾多次提到，黄海不属于永利、久大，她是一个独立机构，她是“永、久、黄”团体的神经中枢。他对研究工作和办实业的关系也有明确的看法，他说：化工在今日形成了民族的长城，研究是为了建造长城打地基，这工作更要费一番气力和精神。范旭东竭力支持黄海社的工作，但他从不插手黄海社的具体工作，不论是经费支配、人事聘用、课题选择等等，全部由孙学悟处理。范旭东对孙社长充分放手、信任，为黄海社工作的开展创造了良好宽松的客观环境。

在黄海社创办之初，范旭东在经济上十分困难，但他仍下决心拨巨款创办黄海社，并率先将创办久大应得的创办人酬金全部捐出作为黄海社的经费。在范旭东的影响下，1924 年，永利在塘沽召开股东会，全体发起人都表示：因念科学研究不容稍缓，愿将永利制碱公司章程规定之创办人全体所得报酬悉数永远捐作黄海社研究学术之用。事实上黄海费用仅靠上述两项收入是入不敷出的，研究所需资金全由久大、永利两企业资助。此外，从 1928 年起至 1937 年，还得到了中华文化教育基金董事会每年一万元左右的资助。(中华文化教育基金会成立于 1924 年，是以促进中华教育与文化事业为宗旨的财团法人，基金会的运作不通过政府当局而由独立董事会完成，在制度方面杜绝了政府挪用基金用于战争活动。1924 年，在亨利·卡波特·洛奇、孟禄、韦棣华等人推动下，时任美国总统卡尔文·柯立芝决定第二次退还总计 1254.5 万美元的庚子赔款，即八国联军侵华时勒索的战争赔款，并成立中华文化教育基金董事会以管理此款项。成立之初，董事会由十名中华民国籍董事与五名美国籍董事组成，董事会任命范源濂为第一任干事长。）

1932年，黄海社进行社务整顿，开始设立董事会，董事会除了创办人范旭东，黄海社长孙学悟，久大、永利两厂的总工程师各一名为董事外，又聘请社会上热心赞助黄海事业的著名人士，成立了董事会。董事们都是尽义务的，没有报酬，所凭的多半是赞助黄海事业的热情。这些人大致可分成四部分：学术专家；热心赞助“黄海”的人；久大、永利、永裕的领导人；政府官员。

黄海社是国内首创的化工研究机构，没有先例可循。开始只是以享有国际盛誉的欧美各研究机构，如英国皇家学会、法国的法兰西科学院的模式运作。黄海社广聘著名学者，不限门类，不分学术派别，相继吸收了一批学者。这其中既有海外留学归来的，也有在国内攻读毕业的。总之，只要有学术水平，不分出身，一律吸收。

起初，研究课题完全由个人兴趣和社会需要来选择，结果工作陷入庞杂、漫无目标的境地，耗费大量的时间和经费，但是研究成果不多。经过一段时间的摸索，孙学悟及时总结经验教训，找到了一个适合黄海社的方案。他根据我国当时的实际情况，以及黄海社本身的任务和力量，经反复研究后，确定以无机和有机应用化学为方向，并按轻重缓急排序，以协助解决永利和久大的技术问题为研究课题，同时选择肥料、水溶性盐、轻金属作为主要研究对象。1931年，黄海社又增设了菌学研究室，开始了发酵菌学、微菌学的研究。当时发酵的重要作用已引起国际上的重视和研究，而发酵的研究和利用却始自我们的祖先，历史悠久，经验丰富，有鉴于此，孙学悟便组织人力物力，专攻发酵。

在1937年抗战爆发前，黄海社的研究成果颇丰。黄海社的研究从久大精盐生产所剩的卤水中生产轻质碳酸镁，以此作为生产牙膏的原料，并从卤水中提取氯化镁，供纺织厂做润滑剂。久大采用这两项成果发展副产品，广增利润。

永利出碱初期，问题不断，黄海社便协助永利解决技术问题。在黄海社的参与下，永利解决了黑碱问题，研究锻烧炉结疤问题，实现盐水精制问题。孙学悟还亲自主持碳化塔的查定问题，搞清碳化塔产量上不去的原因；全流程工艺指标的确定；原料、成品、中间控制分析规程的确定等。在这一系列工作中，黄海社投入了大量人力物力，为碱厂度过技术难关，进入平稳生产，做出了贡献。

为配合侯德榜写作《制碱》一书，黄海社费尽辛苦，做了大量的测试工作，为全书提供了各项宝贵的数据。

黄海社对世界氮肥工业的发展和我国氮肥使用情况和建设氮肥工业的必要性作了大量的调查研究工作，撰写了对我国氮肥工业发展有深远影响的《创立氮肥工业意见书》。

黄海社还对我国固有的关于发酵与菌学技艺进行了收集和整理。黄海社以优厚的待遇聘请各省富有经验、身怀绝技的酿造业的老师傅来社与具有科学知识的研究人员一起工作，共同对我国固有的丰富的酿造技术和经验进行系统的科学整理和总结，以期推陈出新。

对酒精原料和酵母的开拓、选择，以及营养问题也做过大量试验研究，所得成果为国内各酒厂广泛应用，推动了我国酒精工业的发展。

1935 年，从发酵和化学两方面研究了苎麻的脱胶问题，取得了丰硕成果，使苎麻脱胶获得成功，得到细软洁白适用于纺纱、织布的兰麻。

肥料方面，黄海社研究利用海藻和矾石作为钾肥的来源；磷肥的原料采用海州的磷灰石矿；氮肥的研究除参加永利南京厂技术上的工作外，试验室工作多偏重于微菌的应用，如农村的堆肥与植硝等。

在轻金属方面，1928 年就注意到炼铝工业的重要性，初时使用复州粘土作试验原料，后又改用山东博山铝土页岩矿石为原料，于 1932 年完成了提制铝氧的初步工作。1935 年试炼出我国第一块金属铝样品，并用以铸成飞机模型，以志纪念。

黄海社还开展了明矾石综合利用的研究，包括石灰法、碳酸钾法等等，以及对硫酸盐和钾盐的利用，都做了详细的研究。

此外还有水溶性盐的研究，首先研究了如何利用长芦盐区废弃苦卤，供企业家设厂应用。继之对内蒙古碱湖进行了调查与样品分析。后又接受盐务局委托，调查河南的硝盐与河东的池盐，研究了综合利用的方案，供他们选择采用。

黄海化学工业研究社从创办初期即努力搜集各种中外书刊和参考资料，1933 年于塘沽新建成一所图书馆，此后规模不断扩充，更努力添置古今中外有关书籍、刊物、对我国古代炼丹术有关的资料也多方搜集，借以探索古代化学的渊源。

1933 年 5 月 31 日，国民政府的熊斌和日本的冈村宁次在塘沽签订卖国的塘沽协定，国民党政府本拟借黄海化学工业研究社新建的图书馆进行签字仪式，经范旭东、孙学悟严词拒绝而未得逞，显示了范旭东、孙学悟两人的拳拳爱国之忱。

1949 年 10 月，中华人民共和国成立，孙学悟毅然将黄海社长室由上海迁往北京，并着手集聚分散在国内外的“黄海”社职工来京。1951 年 5 月，黄海在京召开董事会，决定集中人员和设备到北京，成立总社。1952 年，孙学悟被任命为中国科学院工业化学研究所所长，然而不幸的是，就在孙学悟准备为祖国科技事业大干一番的时候，癌症袭来，他自此卧床不起，于 1952 年 6 月 15 日在北京病逝。

新中国成立后，黄海社一分为二，一半参与组建中国科学院，在其基础上建立了中科院化学工业研究所。另一半，则参与组建并成立重工业部综合工业研究所。

内刊《海王》

到 1928 年，久大、永利、黄海社的发展均已步入正轨。这三家机构虽然名义上相互独立，但是在本质上却有着千丝万缕的联系。为了能够进一步加强“永、久、黄”团体的联系，范旭东决定创办一份“永、久、黄”团体的内部刊物。

1928 年 9 月 20 日，中国的第一份企业刊物，《海王》旬刊在天津出版。范旭东在创刊号上亲自撰写发刊词《为什么要办旬刊》，以明宗旨。

《海王》从 1928 年创刊到 1932 年，在天津租界出版，1932 年至 1937 年 7 月 7 日由天津迁往塘沽出版。1937 年 7 月 7 日到 1938 年 7 月 7 日因日军侵华，当年的第 33 期不能发出而停刊。此后《海王》社自塘沽搬迁到长沙出版；1938 年在长沙复刊到 1939 年 3 月，因长沙大火《海王》旬刊曾短暂停刊；1939 年 3 月

30日在四川乐山复刊至1946上半年在乐山洙泗塘出版；1947年迁到南京大悲巷出版至1949年解放军占领南京后停刊。其中除两次因战争破坏导致的短暂停刊外，每年都出满36期，前后共出版了700余期。

从1959年起，作为天津碱厂刊物的《海王》旬刊跟随中国政治局势的变化七易刊名：《永久职工报》、《社教报》、《前进报》、《碱厂战报》、《天碱工人报》、《天碱报》，在1989年，以“红三角牌”纯碱的品牌更名为《红三角》报并发行至今，四开四版，每周一期，内部发行1500份。

《海王》初期在天津租界出版时，为四开单页报纸，所刊文章大多短小精悍，但也不乏充实的内容。《海王》的头条一般刊登化工业界相关的工程和管理上的文章，接着则是依照惯例刊登“永、久、黄”团体各部门工作梗概，并在刊尾开辟“家常琐事”专栏，颇受员工欢迎和喜爱。

1932年，《海王》创刊的第五个年头，由天津迁至塘沽出版，由久大、永利、永裕、黄海联合办事处主任阎幼甫兼任主编，改为十六开装订本，内容也更加充实丰富多彩，也不局限于化学工业的专题。《海王》面目改观，篇幅增加，内容丰富多采，庄谐并举，雅俗共赏，反对板起面孔说教，既刊登科学论文、管理经验、时事评论，还有杂文、诗歌、游记及风趣的“家常琐事”，深受职工欢迎，每期最多达40余页，印数最多至6000余份。

阎幼甫是孙中山的拥护者，同盟会会员，追随孙中山先生，致力于推翻清政府的革命斗争。留学德国，历任浙江省政府秘书长、公安局长、民政厅长等职。体魄魁梧、浓眉大眼，形态威严，然性格和善可亲。他经验丰富，诙谐善谈，且文学文字方面造诣颇深。范旭东请他掌管内外事宜，又让他主编《海王》旬刊。在“永、久、黄”团体中大家一致认为：工厂（永利、久大、永裕）是团体的生产事业，黄海是团体的神经中枢，《海王》是团体的喉舌。

由于“永、久、黄”团体在事业上发展迅速，加上《海王》旬刊有声有色的宣传，更加深了社会各界对“永、久、黄”团体的认识。仅1935—1936年，上海、杭州、南京、汉口、广州等地的工商业者，科技工作者、大学生、留学生前来塘沽参观永利、久大的络绎不绝，塘沽一时成了众人向往的中国民族工业的圣地。

1934年，范旭东为了事业发展的需要，在《海王》刊出“为征集团体信条请同仁发言”一文，征集意见，制定“永、久、黄”团体的信条。在广泛征求意见后，又经过认真讨论，制订了“永、久、黄”团体的四大信条：1、我们在原则上绝对相信科学；2、我们在事业上积极发展实业；3、我们在行动上宁愿牺牲个人，顾全团体；4、我们在精神上能以为社会服务为最大光荣。

四大信条为维护“永、久、黄”团体的巩固起到了精神支柱的作用。范旭东早在20世纪30年代就在“永、久、黄”团体努力培植企业文化，用经过全体职工深入讨论一致认同的四项信条来统一职工的意志，凝聚全体同仁，统一步调，推动企业发展。范旭东这种努力培植企业文化、企业精神，并用以凝聚职工意志、推动企业发展的意识，不仅在中国，就是在当时的世界上也是超前的，富有创新精神。

范旭东用自己“国强才能国威”的信念踏出了一条成功之路，而他亲手制定的“四大信条”，则是使他走上成功之路的另一条秘诀，是他用高尚的爱国主义精神，强烈的民族责任感去凝聚全体员工，用“相信科学”、“发展实业”、“顾全团体”、“服务社会”这些体现员工意志的团体精神去培育全体员工。

范旭东本人，不仅因为制定了“四大信条”而成为培育“企业精神”的先导，同时他也用自己的身体力行，被公众认为是实践“四大信条”的楷模。1934年后，每期的《海王》封面的右上角醒目位置，都刊登“永、久、黄”团体的四大信条。

《海王》历来高举爱国主义的大旗，抗战以来力主“御侮建国”。在《海王》旬刊上大声疾呼：我们绝对相信，中国必须御侮，才能建国，才能永绝外侮。荣幸得很！海王的主张竟与现实全国一致的共同目标——“抗战必胜，建国必成”相吻合。现时无数热心同胞，为达这一目标正在壮烈地和敌人拼着生命。此后，《海王》唯有肩起贯彻主张的责任，赴汤蹈火，在所不辞。

《海王》旬刊遵循范旭东的办刊宗旨，极力提倡科学应用于中国，介绍新知识于国民，从工业到农业，从宇宙到海洋，从金属到菌学，包罗万象，应有尽有。孙博士《扩充人生》的哲理文章，方心芳关于菌学的学术论文，侯德榜的《旅美日记》，范旭东的《管制日本工业之我见》，阎幼甫关于文字改革的文章，李烛尘关于久大精盐发展方向的文章都先后在《海王》上发表，既为普及科学文化作出了贡献，又对“永、久、黄”团体的发展起到指导作用。社会各界也因《海王》影响日大，各界名流投稿踊跃，仅《海王》第9年（1936—1937）就发表了社会上知名人士有影响的文章十余篇。这些文章读后使人大开眼界，发人深思，催人奋进，旬刊也因此声誉大振。

范旭东对《海王》是着力关心、真情爱护、尽心培植的，不论是在天津的“发刊词”、在长沙的“复刊词”，在乐山为纪念

《海王》十五周年而写的“海王万岁”等重要文章都亲自撰写，从不敷衍。他有一段很亲切的文字评价《海王》：像《海王》这样和我们亲近的朋友，介绍只是多事。他直谅多闻，受人崇敬，不止一天；难得的，他有书生本色，毫无做作，乐与人为善，不道人长短；他的精神始终不变，总归是积极的。我们交结十五年了，清淡如水，从来不拘形迹，不知者以为大家既这样疏远，一定是可有可无的，实则他是团体中最重要的分子，是紧结这团体的胶着力，我们有了错处，受他的潜移默化、自然改诲；误入了迷途，他像晴夜的灯塔般指点方向。同事众多，尽有闻名不曾见面的，谁都认识《海王》，个个都惦记着他的动静。社交场中，尽有与本团体素昧平生的，请教尊姓大名之后，必然表示与《海王》曾似相识。我们自家人，因为太亲密的缘故吧！反而想不到《海王》竟有这般魔力。

范旭东常说他是《海王》的忠实读者，每期《海王》他都整个地看一遍，尽管事忙，也绝不放过。他经常为《海王》的编辑工作提出宝贵意见，推进《海王》发展。《海王》历来是同仁义务帮忙为它写稿的。范旭东对写稿总是最积极的，他每在因公而外出时，几乎都有文稿寄来，就在抗战期间，他事情那么忙，心绪那么不宁。然而，他还是不断地为《海王》写东西：1940 年 10 月，他经香港去美国，在船上、在旅馆中写了几万字的《长征》；由香港脱险归来，随即写了篇《往事如尘》；后来到仰光布置运输、督运器材，住了 81 天，在骄阳似火的暑天写了《南风》；1944 年，在大病一场之后写《重庆来阳来回一趟》……前后为《海王》写了不下百篇的稿子。

范旭东在《海王》发表文章，除必要时用名号外，大多数都用笔名，有时甚至不署姓名。范旭东笔名经常换，很少相似，如劳人、问天、心平、拙、海译、空空、竟、阿三、常青……全是范旭东的笔名。范旭东到底有多少笔名，连《海王》的编者也弄不清楚。范旭东经常变换笔名，主要是他希望“阅者去信仰文，莫去信仰名。”这充分体现了他个人的民主作风。

范旭东重视《海王》是一贯的，就在抗日战争中经济最困难的时候，他就对《海王》编辑说过两次：黄海与《海王》，当掉裤子也要干！这样的话让《海王》的负责人阎幼甫甚为感动。1939年，范旭东在五通桥向傅冰芝、孙学悟、侯德榜、阎幼甫、许腾八等人说：《海王》对团体、对社会已起了作用，我们今后应视《海王》和黄海社同样重要。黄海是团体的神经中枢，范旭东当然看重，可《海王》为什么可与黄海相提并论呢？这就是范旭东见解高远之处了。《海王》为各方搭建了一个交流的平台，不同人在《海王》上发表见解，既可以是学术上的研究，也可以是对社会问题的思考，大家各抒己见，并在民主友好的氛围内讨论辩证各自的观点，做到去伪存真，求同存异，将有益的内容保留，而有害的也会被批判抛弃。通过《海王》，人的修为在潜移默化中有了提高。

范旭东的“永、久、黄”团体，实际上是他“实业救国”的实践行为，而《海王》旬刊所体现的思想是他“实业救国”的理论所在。谈范旭东的事业必然得谈《海王》，因为《海王》充分体现了范旭东注重科学，尊重人才，以科学为动力，促进生产力发展的思想体系，也一步一个脚印地反映了范旭东事业成功的艰难历程。

10

挑战制酸——为中国化工再辟新天地

酸在现代化学工业中是一种非常重要的基础物质，硫酸、硝酸、盐酸、氢溴酸、氢碘酸、高氯酸，被称为六大无机强酸。这六种酸在不同的领域都发挥着重要作用，常用的有硫酸、硝酸、盐酸。

硫酸可用于冶金工业和金属加工，在冶金工业部门，特别是有色金属的生产过程硫酸必不可少。此外，炼焦化学工业、电镀业、制革业、颜料工业、橡胶工业、造纸工业、油漆工业、工业炸药和铅蓄电池制造业等等，都消耗相当数量的硫酸。硫酸还可用于化肥、农药、染料、颜料、塑料、化纤、炸药以及各种硫酸盐的制造。

硝酸除了能够用于制造硝酸铵、硝酸铵钙、硝酸磷肥、硝磷酸钾等复合肥料外，还是重要的军工原料，能用以制造炸药。三硝基甲苯、硝化甘油、苦味酸等，都是以硝酸为基础研制出的极具威力的炸药。三硝基甲苯又被称为“TNT”，在第二次世界大战结束前，TNT一直是综合性能最好的炸药，被称为“炸药之王”。硝化甘油经过诺贝尔的改良，成为了威力更大、使用更安全的新型炸药。在TNT出现前，苦味酸一直被作为一种大威力的炸药使用。

盐酸是胃液里也含有的一种酸，它有助于消化食物。盐酸可以用于金属加工、食品加工、无机药品及有机药物的生产等行业。

现今，我国已经建立起了实力雄厚的制酸工业，可以生产各种高品质的酸。然而在范旭东生活的旧中国，国家的工业水平极端落后，根本无力制酸，所需的酸以及相关的酸制品几乎都要依靠进口。对于这样的事实，从事化学工业的范旭东万分焦急。

艰难立项

到1929年，永利和卜内门的价格战已经结束，双方达成和解，碱价回升至正常水平，永利结束亏损期，开始盈利。国内盐务改革也为久大提供了更加开阔的市场，久大销售不断增加。黄海社已有序运行，各科研项目相继展开并取得成绩。此时，对范旭东而言，他完全可以守着久大和永利过轻松自在的日子。但是此时的他不仅没有轻松下来，反而更为忙碌。

他与黄海社的孙学悟讨论以农业立国，化肥在发展农业中的作用和国外合成氨工业的进展；和侯德榜既谈著书立说，又谈基本化工中的合成氨、硝酸、硫酸的技术；和李烛尘谈事业发展进程中经营管理的科学化问题；让余啸秋详细了解历年洋商经营各种化工原料、化学肥料的情况；又让陈调甫多学些新知识，开扩眼界，着手进行化工资源的摸底工作……总之，那些日子范旭东不是翻阅资料，就是深思苦索；不是和“永、久、黄”同事讨论各种各样的问题，就是向社会政界、经济界的朋友请教，交谈内容非常广泛。

对于范旭东的这一系列举动，在外人看来有些不着边际，但是经过与众人的沟通交流，范旭东心里却是越发有了底气，虽然他没有道明他的本意，但是从同仁们的言语间，范旭东知道他们和他所想是一致的，只要他范旭东提出，必然会有众人拥护。范旭东心里在想什么？毫无疑问，当然是化学工业的另一项重要支撑——酸。对于酸的重要性，范旭东早已明了。此刻，不论是在资金还是技术方面，范旭东都有了把握，因而他开始将注意力转向制酸。

开设新厂制酸，这件事不论对“永、久、黄”团体的同仁，还是对于国计民生，都有着重要影响。酸厂技术工艺复杂且耗资巨大，需要“永、久、黄”团体的全力支持配合，既要为新的酸厂提供资金支持，还要提供技术保障。如果众同仁无意开拓制酸行业，那么范旭东也难以凭一己之力去建一座酸厂。制酸本身对于国家关系重大，农业上需要以酸为基础生产化肥，工业上需要酸参与很多环节的生产，就连民众的日常生活也离不开酸，而国防上则需要用酸制造高效炸药。当时中国的国际环境不容乐观，中日矛盾日渐激烈，如果中国能够自行制酸并生产炸药，这也将有助于提高中国国防的实力。

1929 年，范旭东认为创办酸厂的时机已经成熟，他便公开了他要创办酸厂的意图。消息一出，“永、久、黄”团体的同仁立即表示支持。众人都抱定一颗爱国心，一心要为国家的化学工业做贡献，如果能够更进一步开始建立酸厂，对中国的化学工业而言无疑又是一次大的进步。创办酸厂的提议在内部得到支持后，范旭东当即就向国民政府提出了创办酸厂的请求。

在向国民政府提出的申请中，范旭东建议由政府出资 2000 万元，巩固和发展中国的基础化学工业。其中以 600 万元办碱厂，进一步壮大中国的制碱工业；以 800 万元办硝酸厂，600 万元办硫酸厂，开辟中国的制酸工业。这一提案上呈至国民政府后，国民政府对于范旭东的提议极为赞赏，然而除了赞赏之外再无其他，对于拨款之事避而不谈。当时国民政府忙于同各派大小军阀内战，军事行动耗费大量资金，国民政府根本无暇顾及工业发展。

无法从政府方面得到发展酸碱业的资金，范旭东只得另觅他法，他开始奔波于国内各家银行，说服他们投资这个项目。1930 年，正当范旭东和银行方面商谈投资事宜时，国民政府合并了工商、农矿两部，改为实业部，由孔祥熙任部长。孔部长新官上任，自然要有一番“作为”，他提出了一系列发展实业的施政方针，制订了所谓十项实业计划，其中有办硫酸厂制硫酸铵作为农业用肥料一项。硫酸铵是一种优良的氮肥（俗称肥田粉），适用于一般土壤和作物，能使枝叶生长旺盛，提高果实品质和产量，增强作物对灾害的抵抗能力，可作基肥、追肥和种肥。为此，国民政府于 1931 年成立中国氮气公司，负责筹备此事。

消息传出后，国际化工行业巨头——英国卜内门公司和德国蔼奇颜料工业公司，向国民政府伸出了“橄榄枝”，他们表示要帮助中国建酸厂生产硫酸铵。1931 年夏，上海卜内门公司经理翟光安写信给实业部，表示英、德公司愿以他们两公司的总公司在欧洲创办硫酸厂的经验与中国政府合作，组织中国氮气公司，在中国创办硫酸厂。

1931 年夏天后，孔祥熙派遣实业部相关人员在上海和英、德两公司进行初步的商谈，英商的代表是上海卜内门公司经理翟光安，德方代表是上海蔼奇公司经理舒溥德。会议一开始，英、德代表反复阐述：中国不必自己办厂，因为英、德两公司的技术高，制造成本低，中国人如果自行办酸厂，是难以跟上世界趋势的，即使办成也难以与英、德等国竞争，最终还是难免失败，还不如就买英、德的产品直接使用。对此，中方代表言辞驳斥，坚决不同意他们的提议。见中国方面态度坚决，英、德代表只好同意就合作办厂问题进行商谈，但又提出必须先从调查入手，他们要求由中、英、德三方各派两人在中国各地调查原料和设厂地址等。此外，他们还开出来更为苛刻的合作条件。他们要求在 12 年内，中国政府不得在湖南、湖北、江西、安徽、江苏、浙江、福建、四川 8 个省与其他公司开设新的硫酸铵厂；还坚持中国氮气公司的硫酸铵产品均由英、德两公司组织联合包销。

经过几次会谈，中方人员终于弄明白了英、德代表的意图。原来对方的主要目的是销货赚钱，把中国作为他们倾销商品的市场，合作办厂根本就是个幌子。有鉴于此，中方人员决定两手准备，一面和英、德人员保持联系，一面另图良策。为此实业部代表到天津找创建碱厂成功、又曾向政府呈文建议在我国兴建酸碱大业的范旭东。

在天津，实业部代表和范旭东相谈甚欢，双方就建酸厂一事很快达成协议。实业部代表提出请范旭东出任政府创办硫酸厂的筹备委员，对此范旭东不仅欣然同意，还力荐陈调甫参与此事。当实业部代表要回南京复命时，范旭东给实业部写了一封信，并附黄海化学工业研究社撰写的“创立氮气工业意见书”一份。在这份意见书里，范旭东将创办酸厂所需的各个条件一一分析，表明黄海社有足够的实力创办酸厂。

实业部的代表见到部长孔祥熙后，呈上了范旭东的书信，并如实汇报此次考察的结果，大力推举范旭东来承办此事。孔祥熙听过汇报，认为此事可行，便任命范旭东为中国氮气公司的筹备委员。当实业部的聘书送到范旭东手里时，恰是“九·一八”事变的日子，范旭东后来回忆道：记得通知送到公司，恰好是“九·一八”的第二天，大家的情绪极不自然，无意中都想到氮气工业和国难的因果，便更加坚定了办好氮气工业的决心。设想如1915年的德国，不遭敌军包围，没有亡国的危机，这门工业或者到今日还是空中楼阁。（在合成氨发明以前，各国都要到智利去买硝石。德国化学家奥斯特瓦尔德认为如果哪一个国家能将智利的硝石控制住，就能取得战争的胜利。因为没有硝石就不能制造硝酸，没有硝酸就不能制造炸药。第一次世界大战初期，德军根据奥斯特瓦尔德的意见派军舰到智利沿海去监视。后来德国的海口被协约国封锁，硝石的来源中断。德国的化学家哈伯和波许两人发明了从空气中提取氮制合成氨的新工艺，解决了德国军队缺乏炸药的燃眉之急。）中国在这当儿，要办氮气工业，我们决不要忽略这段历史。这是当日大家的口约，回忆起来，真是感慨无量。

1931年9月28日范旭东在上海参加中国氮气公司的筹备会。

会上，筹备会的各委员对于如何创办硫酸铵厂意见不一。有的主张“中外合资”，有的主张“官商合办”。范旭东对“中外合办”这一提议颇为反感。他与外国厂商有过不少的接触，而这些外国厂商都只是想要敲诈勒索中国而已，跟他们谈合作，无异于与虎谋皮。对于“官商合办”，他认为也不妥。前期他也曾试图请官方投资，但是每一次努力都不了了之，官方的资金从来都无法到位，这对于工厂建设生产极为不利。他告诉筹备会的委员们：中国人必先苦苦地干一番，至少要自己站得起来，才接受得起人家的帮助。否则不是人家帮助我们，倒是我们帮助人家消纳资本扩充市场了！他建议，在目前中国情况下，中国对于利用外资合办工业的问题，不要轻易赞成。对于“官商合办”，他认为官营企业历来没有好成绩，不一定是当事人不道德，总有一个使它失败的理由。范旭东认为与其受洋人挟制，还不如干脆自己干！

在中、英、德关于合作创办硫酸铵厂谈判进程缓慢，毫无实际进展之际，范旭东趁机积极进行自办工厂的准备工作，一方面派陈调甫参加三国调查组进行工作；另一方面乘国民政府实业部长由孔祥熙改为陈公博之际，积极推荐永利的黄汉瑞（范旭东已故老友之子）给陈公博当秘书，参与机要，加强联络，收集硫酸铵厂谈判进展情况，抵制中外合资。

1931年9月30日，范旭东乘轮船赴汉口，就黄石港及湘潭两地作实地调查，为将来的设厂地点预作准备。可见范旭东对自办硫酸铵厂态度是何等的积极和坚定。

陈调甫是范旭东介绍的中方调查员之一，因而也参加筹委会的工作。调查员除中方的陈调甫、王百雷外，英方为森谱声、季培德；德方为华伦司、伊宣恩。几位专家于1931年11月由上海出发经南京、汉口而到长沙、湘潭、常宁、松柏、株洲等地，调查了煤、焦和黄铁矿的质量、储量及分布情形，同时对设厂地点，也在沿途进行了勘察，12 月下旬返回上海整理报告。1932 年 2 月 14 日到 3 月 16 日，重返株洲进行再次调查。

在中、英、德三国专家关于选厂及资源调查尚未进行时，1931 年 9 月，实业部的一位官员在上海结识了来自美国氮气工程公司的总经理蒲柏上校。蒲柏告诉实业部的官员，美国氮气工程公司曾为苏联、日本等国设计创办过硫酸铵厂。他们是因为听说中国也要办硫酸铵厂才来的。他还表示美国氮气工程公司并不出售机器，只是负责设计工厂，帮助选购机器，主持装配，指导开机等技术工作。实业部官员当即要求蒲柏在最短时间内给出两个报价：年产 7 万吨硫酸铵工厂的建设费用和每吨生产成本；年产 35 万吨硫酸铵工厂的建设费用和每吨生产成本。很快，美国人的报价到了实业部官员的手里，其中年产 7 万吨厂的建设资金为 352 万美元，每吨硫酸铵的成本为 9265 银元；年产 35 万吨厂的建设费为 2135 万美元，每吨硫酸铵成本为 10325 银元。而工厂的设计费仅为 10 万美元。

拿到美国人的报价后，中方人员因前期是与英、德合作，所以还需要继续等英、德方面的回应。然而在中、英、德三国协同调查完后，英、德双方久无动静。经实业部多次催促，他们才送来一份极其笼统的“估价书”：年产硫酸铵 4.5 万吨的厂建设费为 1500 万银元；年产 3 万吨的硫酸铵厂建设费为 1100 万银元；设计费为 100 万美元。这份所谓的“估价书”不仅内容极为笼统，就连价格也是漫天要价，远在美国人的估价之上。实业部要求他们分门别类地重新作出详细估计，然而直到谈判破裂时，实业部要求的新估价书也没能出来。

1933 年 2 月，英国卜内门的总公司派人来华，并携来一份建议书，送交实业部，建议书中提出种种苛刻条件，其中最不可容忍的是“在 12 年内，中国政府不得在湖南、湖北、江西、安徽、江苏、浙江、福建、四川等 8 省和任何其他公司合作开设新厂，以及上海英、德两公司组织联合公司包销中国氮气公司所出产品等项。”当时实业部认为条件苛刻，不能接受，通知英、德公司终止谈判。可是英方仍不罢休，在 1933 年又派总公司董事长兼经理麦高温来上海，在宋子文家再次会谈，但仍是老调重弹，也没有取得任何进展。最后由实业部通知英方，条件不能接受。麦高温在 10 月黯然返英。

政府方面与国外厂商商谈合作建厂，也是一拖再拖，困难重重，酸厂建设始终没有实质性进展。这对范旭东而言简直就是煎熬。为了加速办硫酸铵厂的进程，范旭东以“报国重任”为宗旨，急电将侯德榜招致身边。当侯德榜看到英国人 1933 年 2 月提交的近似强盗行径的所谓“建议书”的内容后，怒火中烧，他按捺不住内心的激动向范旭东说：范先生，他们欺人太甚啊！建议书的口气和你在大连听到的尼可逊的狂言不是如出一辙吗？卜内门和我们的较量已不止一次了，20 年代的惨败，没有改变他们 30 年代的嘴脸，真是本性难改！当年我们有勇气和卜内门决一死战，现在更应该有决心为中华民族肩负起办酸厂的重担。

听完侯德榜的一席话，范旭东道：好，你说得好！德榜兄和我们全想到一起了。“永、久、黄”团体的同仁日夜焦虑苦思，为的就是扩大碱厂，稳定生产，再腾出手来发展硫酸、合成氨、硝酸等工业，展开化学工业的另一只翅膀。目前实业部也认为英、德条件苛刻，不能接受，中断谈判。就国内条件来看，现在是我们接办硫酸铵厂的最好时机。但是……范旭东缓了一口气，又接着说：我还是坚持这个主张，事情要么就不办，办就办成，办就办好！前些日子和实业部接触，他们说美国人估价办一个年产5万吨硫酸铵的厂至少要1200万元的资金，这可是一个非同小可的数目。氨和酸的技术对我们来说又是一个崭新的东西。所以，在下决心之前，一定要在资金和技术两个问题上，有相当的筹划，在没有把握的情况下，切不可贸然而行。

侯德榜深深感到范旭东所言切中要害，为了解除范旭东对氨、酸技术问题的疑虑，他把各国氨、酸工业发展情况向“永、久、黄”同仁做了详细的报告，侯德榜认为：当前在合成氨技术上，世界各国是互相竞争，互相排挤，加上目前世界经济正处在萧条之中，各国竞相出售制氨、制酸的技术、设备，各设计公司也纷纷登广告承接氨厂设计。所以，办氨、酸工业就国际条件来讲和永利当年办碱厂的情况已不可同日而语，对我们是十分有利的。加上他自己这两年学习了一些有关合成氨的理论和技术，又对国外的设备制造厂和合成氨厂有过考察，永利又有相当雄厚的技术力量。从这些方面看来，只要永利努力做事，兴办氨、酸工业在技术上，问题不算太大。

永利同仁听了侯德榜这番鞭辟入里的演讲都十分兴奋，纷纷赞扬侯德榜的眼界和学识。范旭东、李烛尘、陈调甫、孙学悟、余啸秋这些日子来为之犹豫、苦恼的两个问题中，看来技术这个问题是有些眉目了。

技术问题心中有底后，矛盾就集中到资金问题上，在范旭东看来，资金问题不便和侯德榜多谈，免得徒增这位书生的苦恼。

范旭东和团体内外有关经济方面的专家开展了多方面的磋商和筹划，几经波折在友好人士的大力帮助下得到南方银团的支持，1933 年 9 月和上海银行的陈光甫、金城银行的周作民、浙江兴业银行的徐新六和中国银行的张公权达成口头约定：由上述四行各借 300 万元给永利兴办氨、酸工业。1933 年 10 月，在实业部公开拒绝和英商继续会谈合建硫酸厂后不久，就明确表示希望范旭东出来主办。

1933 年 11 月21 日，范旭东致电“永、久、黄”总办事处，决心自办硫酸铵厂。1933 年 11 月22 日永利正式向政府呈文备案创建硫酸厂，行政院于 1933 年 136 次会议通过决议，12 月8 日实业部部长陈公博电告范旭东：行政院已批准由范旭东创办硫酸铵厂，要求在动工后两年半内建成。接到政府通知后，永利同事无比兴奋，众人下定决心，要在范旭东的领导下，用创办塘沽碱厂时的努力，投入到建设酸厂的事业中去，为中华化学工业的腾飞再苦斗一场。

建　厂

关于硫酸铵厂的厂址曾有四个方案：1、上海杨树浦电厂附近；2、湖南株洲或湘潭一带；3、江苏六合县卸甲甸；4、安徽马鞍山。

银行界人士认为上海有洋人势力，工厂设在租界里，投资有保障。但上海地价太高，杨树浦一带一万多平方米的地皮索价 70 多万元，且没有发展余地。范旭东坚决不同意这一方案，事后范旭东说：“这些财东一定要把这出戏放在他们大门口唱才放心，真是没办法。”

侯德榜调阅由陈调甫参与的前后两次关于资源和厂址调查的材料，又和陈调甫一起在上海、卸甲甸、马鞍山、株洲等地进行复勘，最后又对南京长江下游10公里处北岸的卸甲甸进行重点勘测。

卸甲甸面江背山，万吨海轮在水路可畅通无阻，陆路距津浦路干线仅25公里，水陆交通两便，宜于工业建设。由于卸甲甸地处国民政府首都南京郊外，在此建大型化工厂可繁荣市场；面临长江，水源丰富，且此处水深，适宜建造码头，可停泊万吨巨轮；对岸有首都电厂，电力供应便利；土地贫脊，价格便宜，易于征购；当地农民多，易解决劳动力问题。范旭东、侯德榜同意陈调甫的选择，也征得银团的同意，决定将厂址定在卸甲甸。

1934年3月28日，永利制碱公司在天津召开临时股东会，会上决定将永利制碱公司更名为永利化学工业公司，在天津设管理处；增加公司股本，除原200万元外，增加新股200万元，由上海商业储蓄银行、金城银行和中南银行投资。又因当时永利实际财产已超过额定股份150万，则又把旧股200万元升值为290万元，新股升值为260万元，总股额定为550万元。1934年4月30日，新旧股东在天津总公司召开成立大会，选举范旭东等人为董事，由侯德榜担任酸厂厂长。

对于新厂将要面对的压力，范旭东有着充分的心理准备。他告诫永利的同仁，创办这个硫酸厂的机会是从洋人手中夺来的，此事既关乎国人的荣辱，也涉及国家安全。另外，永利接受硫酸厂，耗资巨大，每年仅利息就要38.5万元，再加上其他开支，数额更大。所以，于公于私此事只许成功不许失败。

尽管永利增加了股金，但是新增的股金仍然难以支撑建设硫酸铵厂的费用，不得已范旭东又和银团商定发行公司债550万元，此外还和银行签订了一个临时透支110万元的契约。截至1937年“七·七事变”，连同参加永利公司的股金在内，各银行支援永利化学工业公司的资金数额都极大，其中上海商业储蓄银行280万元，金城银行250万元，中国银行200万元，交通银行200万元，中南银行200万元，浙江兴业银行120万元，总数已达到1250万元。

临时股东大会后，永利决定由侯德榜率队赴美国进行硫酸铵厂的设计工作，侯德榜在临行前和范旭东进行了认真的交谈，侯德榜问：我这次的设计采购任务是否可归纳为优质、快速（指交货日期）、廉价6个字？范旭东沉思了好一会儿，微笑着点了点头说：好！这6个字很重要，我想其中应以质量为主，要优中求快，优中求廉，尤其是设计所选的工艺和设备都必须是先进的，在这方面如有闪失，将会给我们带来千古的创痛。另外我想再补充一句，日本帝国主义侵占我国东北已3年了，现在热河又陷入敌手，华北岌岌可危。大敌当前，我们即使遇到优质、快速、廉价的日本货也不能要，决不能贪小利而失大义。这就是我要增加的一个爱国条件。这次你去美国可全权代表公司，责任重大。在外要多注意身体，我们等着你胜利归来。

1934年4月8日，侯德榜率“永、久、黄”团体技术娴熟的几位工程师从上海乘船东渡，赴美进行硫酸铵厂的设计、采购和培训工作。侯德榜一行先到加拿大考察了两个工厂；到美国后又考察了两个工厂：一个是采用德国哈伯法的硫酸铵厂；另一个是法国克劳特设计的兼产磷酸混合肥料的工厂。经过比较，最后决定采用哈伯法。这一次，侯德榜等人在美国考察酸厂可谓是一帆风顺，再也没有人阻挠他们。最主要的原因是当时美国深陷经济危机，各企业都极力想进行技术输出，以便获得流动资金。

侯德榜赴美仅两个月就和美国氮气工程公司签订了设计硫酸铵厂的合同。开始该公司索要设计费 19 万美元，后降至 15 万美元，经侯德榜再三要求，最终以 10.2 万美元成交，仅相当于英、德报价的十分之一左右。硫酸铵厂的规模为日产合成氨 39 吨、硫酸 120 吨、硫酸铵 150 吨、硝酸 10 吨。美国方面除了负责设计图纸之外，还负责安排随同侯德榜一起赴美的技术人员，到有关工厂实习，掌握生产工艺。

在氮气工程公司完成初步设计后，侯德榜组织办事处的全体技师，对 700 多张图纸，逐一进行严格审查、核对、修改，经常通宵达旦。设计工作进展顺利，1935 年春已基本完成。

采购过程中一些美国商人企图利用这个机会在永利身上大捞一把，他们甚至相互约定价钱，逼侯德榜上钩。譬如，硫酸铵厂需要四台深井泵，侯德榜向一家公司磋商价格，但是那家公司居然回信说不卖。原来另一家公司曾经说：据永利人自己讲，这种水泵永利铵厂必不可少，且已指定购买该公司的水泵。该公司认为这笔生意是自己囊中之物，就向其他公司打招呼，声称：谁对侯先生有意减价出卖水泵、他们将不择手段予以报复。这使侯德榜非常为难，幸得李国钦通力合作，才得以摆脱困境。

此后，为避免各种无谓的麻烦，永利在国外的采购任务就全面委托声誉卓著的李国钦所办的华昌贸易公司进行，由华昌贸易公司向世界各大工业发达国家发出询价书。在收到报价单后，就着手对各报价单位的信誉、实力、产品历史、使用效果等方面进行调查。确认可靠后，再对同一设备按价格、质量等方面进行综合比较，做出最后选择。整个工程仅就采购、调查、咨询……等来往电函就达3万份之多，可见工作之繁忙、细致。

在采购过程中侯德榜和李国钦紧密配合，始终坚持优质、快速、廉价、爱国的原则。凡是工程上的关键设备，始终坚持质量第一，合成氨的高压机、循环机、水泵等设备，全采用德国货；合成塔、冰机、造气设备则从美国采购；锅炉是英国制造的；不锈钢设备则来自瑞典。有了这些优质设备作基础，就充分保证了工程质量，至于辅助车间的设备在保证质量的前提下，尽量从拍卖市场的廉价品中挑选，既保证了质量，又节省资金。在采购过程中，侯、李坚持不向日本厂商发函询价，不买一件日本货，坚持了爱国原则。

长年累月的谈判、参观、验收、组织培训、学习……不间断地熬夜，使身体健壮的侯德榜也支撑不住了。1935年8月，侯德榜染上美国流行的“枯草热”。枯草热又称花粉热，是一种因吸入外界花粉抗原而引起的春夏季过敏性疾病，该病严重时甚至会造成呼吸困难。但是侯德榜仍抱病工作。

患病期间，侯德榜的症状极为严重，夜间鼻子不能正常呼吸，整夜无法入睡，造成严重失眠，白天精神极为疲惫。但是他依然坚持工作，常常加班到夜间十一二点。而且当时侯德榜的母亲去世，他强忍着巨大的悲伤，托着生病的身体，一丝不苟地进行着自己的工作。侯德榜集国难、家忧、疾病等困扰于一身，但仍在艰难困苦中奋进。对他而言，这只是责任所在，拼命为之而已。侯德榜于1936年3月结束在美事务回国，在上海受到范旭东的热烈欢迎。

1934年3月，江苏省政府允许永利硫酸厂在六合县临江的卸甲甸、关帝庙等地方购地1300亩作为厂房建设用地。4月5日，永利硫酸铵厂的代表与六合县政府代表就土地价格、房屋拆迁、安置就业等问题达成协议，6月下旬厂址购妥。7月起开始进行厂区内的基础建设，平整场地，修筑马路，建造码头，开挖厂房地基，盖厂房、办公房等。

到1935年上半年，厂房建设基本完成，而此时侯德榜前期在国外订购的设备也陆续回国，工厂又转入设备的安装阶段。到9月时，厂内建起两座大气柜高耸入云。江边建起双杆百吨起重机，以备从上海运进的百吨合成塔的吊卸。10月百吨重的合成塔运到，并安然起吊落位。到年底共完成贮气柜两座，贮氨桶七座，贮酸桶两座。铁工厂、翻砂厂也陆续完工，投入生产。1936年9月，焦气厂、压缩部、合成部、精炼部也先后完工。12月中旬，锅炉房、硝酸厂、硫酸铵厂的内外管线，冷水塔、江边深井等工程完工。1937年元旦刚过，硫酸部、氨部、硝酸部、硫酸铵部，纷纷向厂部报告验收完毕，原料备齐。至此，开工前的准备工作就绪。

元月4日起，各部技师、技术员、技工均进入岗位，开始倒班作业，我国第一座规模宏大、设备先进的综合性化工厂即将投入生产。元月26日下午5点，第一批合格的硫酸生产成功；元月31日夜，在液氨槽收到99.9%的液氨，完全合乎要求。这一消息像一声春雷在酸厂上空炸响，人们欢呼雀跃。3年来大家辛勤劳作，今天就像听到婴儿落地的第一声哇哇啼哭，那样清脆，那样悦耳。大家互相小心翼翼地传递着装在玻璃试管中的氨样，闻着从试管里散发出来的氨味，觉得比世界上最醇美的酒还醉人，比花园里最浓郁的花还芳香。这时合成部墙上的电钟正指着晚上10

点。1937 年元月 31 日晚 10 点，这一神圣的时刻，将永远铭刻在永利酸厂每一位职工的心上。

1937 年 2 月 5 日下午 3 点，硫酸铵也生产成功，接着硝酸也顺利投产……就整体来说，永利酸厂达到一次试车成功，充分说明中国工程技术人员完全有能力驾驭技术复杂、设备先进的综合性化工厂。

为了庆祝酸厂的顺利投产，侯德榜在自己的家中举行宴会，邀请了各国专家。应邀专家中有美籍 6 人、英籍 1 人、德籍 2 人、瑞典籍 1 人。其中美国氮气工程公司的工程师白思脱早在 1931 年便到了中国，当时他就和范旭东商谈过合作建设酸厂的事。白思脱曾代表公司到过欧洲、苏联、日本，建设过同一类型的工厂。他认为，根据他在世界各地建厂的经验来看，在工程进展速度和质量两个方面，中国稳居第一。尤其是永利的专家和工人艰苦奋斗，办事认真的精神，令他深为感动。

永利酸厂建设成功，前后耗资 1200 万元，其规模是中国工业史上仅有的，其技术水平堪称东业第一，这项轰动全社会的大事对于发展我国的农业、加强国防都极其重要。一时记者采访、电台广播、机关团体学校组织参观，学者、名流、达官贵人也纷至沓来，永利声名鹊起。范旭东对此头脑清醒，召集公司的负责人语重心长地告诫永利新厂的同仁：我们虽然取得了成就，但只能算掌握了初步生产知识，若拿国际标准来衡量，还差得很远，怎敢自满自得？至于管理，别说同英、美先进国家比，就是国内一些单位都比我们高明百倍。

对于酸厂的长期发展，范旭东也给出了明确的方向。首先是要集中力量还款。永利新厂的建设多是用借贷资金，对于将诚信作为第一商业准则的范旭东而言，还款是第一要务，唯有及时还款才能维护永利的商业形象，并为以后的发展奠定良好的基础。除了强调还款，范旭东还指出，在生产上先期可考虑在硫酸、合成氨、硝酸、硫酸铵等 14 种产品的基础上，有计划地发展硝酸铵、硝酸钠、硝酸钙 3 种工艺简单容易生产的产品，以供应市场需要。将来再增设炼硫、炼焦、磷肥、钾肥和烧碱等产品。

1937 年 2 月 5 日，范旭东在硫酸厂剪彩之日乘船来到卸甲甸。三年前这里是一片庄稼，而今卸甲甸沿岸数千米已是硫酸厂建筑，连绵江岸，气势恢宏，一派欣欣向荣景象。范旭东见到此景后其兴奋的心情是不言而喻的，在这热烈庆祝的气氛中，范旭东走上硫酸厂的最高建筑，纵览全厂景色和眺望滔滔东去、百舸争流的长江，感慨万千：酸和碱是基础化工的两大支柱，现如今我们都能自行生产了，中国的化工业将就此腾飞！

1937 年永利酸厂生产硫酸铵 1.87 万吨，产品效力与英国卜内门的同类产品相当。永利此类产品的问世有力地冲击了英、德两国同类产品在中国的垄断地位。

厂区建成后，范旭东要求给予技术人员最优厚的待遇。他认为技术人员将宝贵时间费于琐碎生活得不偿失，就要求事务部进行“周到服务”。如住家所用之煤，就由该部免费供给；一旦告罄，只须打一个电话，煤一定当天送至，绝不会耽搁所需。因工厂有不少北方员工，吃不惯南方大米，厂里就专事聘一位北方厨师来做小灶，以解决其生活习惯问题。而对单身者，厂方则认为其应有更多时间投入到学习、工作中去，特安排每人住一单间，以保环境安静；且每天都有专人打扫房间，傍晚发给药水，使其免遭蚊虫叮咬。

11

家仇国恨——1937年的沦陷

1937年初，永利在南京附近新建的工厂顺利建成并成功生产，工厂的各种产品开始陆续上市销售，永利的一片新天地已经打开。"永、久、黄"团体的各项事业都在蓬勃发展。盐厂方面，所使用的沿海盐田有10万亩，产盐400万担，全国4亿人，每人每年可吃到永久团体所产食盐1斤；塘沽碱厂已有1000多工人，职员过百，其中老技术员都有近20年的制碱经验，新进的技术员都是阵容整齐的大学生，产品屡次获得国际金奖，市场稳定，产销两旺；1936年纯碱产量达55410吨，烧碱产量4446吨，是建厂以来的最高记录；南京新厂到1936年底建成亚洲一流的新型化工联合企业，1937年2月成功生产出硫酸、合成氨、硝酸、硫酸铵等产品，上市后大受欢迎，全国为之欢欣鼓舞。"永、久、黄"团体呈现一派蒸蒸日上的景象。然而，就在"永、久、黄"团体全体为新事业奋斗时，国际形势的变化，令“永、久、黄”团体上下措手不及。

碱厂沦陷

1937 年 7 月 7 日，蓄谋已久的日军发动卢沟桥事变，日本的全面侵华战争由此开始。中国军队不畏强敌顽强反击，然而敌强我弱，中国守军节节失利，不得已退出平津地区。随着中国军队的撤退，日军全面占领华北一带，7 月 29 日和 7 月 30 日，北平、天津相继沦陷。永利的盐厂和碱厂均设在天津塘沽一带，随着天津的沦陷，永利也岌岌可危。

当时，蒋介石迫于形势，决心抗战，在当年 7 月邀请全国各界代表共赴芦山商讨抗战大计。范旭东作为实业界的杰出领袖，也在受邀之列。在芦山，蒋介石代表的国民党和包括中共在内的各实力派就抗战展开会谈。会上各方一致表示要团结抗战。

范旭东听到国共两党决心团结御外的号召，精神振奋，决心跟着国家长期抗战，保住民族气节，抱定“宁为玉碎，不为瓦全”的宗旨，电告李烛尘留守天津，督促全体职工，拆除设备，退出工厂，留津待命。此时，铁路交通中断，原料不能进来，产品运不出去，国内其他地方的业务，仅凭函电遥控处理，事态在急剧变化。

8 月 7 日，塘沽沦陷。日本占领塘沽后，迅速派兵包围了久大和永利两厂。为了分化中国团结抗日决心，日本人向范旭东提出了“购买”久大和永利的要求，企图以此拉拢中国的实业界。对此范旭东极为气恼，日本侵我国土，占我工厂，还要假惺惺地提出购买，真是无耻之极。范旭东当即言辞拒绝了日本人所谓的购买要求。

日本人虽然实际控制了永利，但是他们必须做到“名正言顺”，这既是分化中国抗日的政治要求，也是巨大的国际压力所致。当时第二次世界大战尚未全面爆发，各国之间还维持着微妙的和平局面，中国的战事也只能是局部战争，各主要国家都反对日本发动战争，破坏和平。而永利作为一家在国际上都享有盛誉的企业，是受到各国尊重的。日本人虽然有实际控制权，但是在名义上依然是非法的，在名不正言不顺的情况下日本人占据永利，是要承受相当大的国际压力的。为了能够“名正言顺”地控制永利，日本人不断要求“购买”永利。

起初，日本人以“日中亲善”的名义，要求与永利碱厂合作，妄图取得合法手续，“名正言顺”地霸占碱厂。李烛尘对此置之不理。日本人连连碰壁，日本军部大感棘手，一方面以逮捕反日分子进行威胁，一方面又找来日本三菱公司出技术、出资金和永利合办。李烛尘出于无奈，不得不虚与应付，但搬出公司股东“以具有中国国籍者为限”的章程，使拒之门外。就在日本人派兵围困永利之际，英国的卜内门公司又一次找上门来。他们告诉范旭东，如果永利和卜内门合作，永利就可以挂英国旗，从而避免日本人的骚扰。对于英国人的“美意”，范旭东表示无福消受。英国人此举无异于趁火打劫，如果范旭东答应与英国人合作，那么战后英国人势必会控制永利，中国的制碱工业也就沦入洋人之手。

当永利在天津的留守人员与日方交涉时，在上海又爆发了“八·一三事变”。1937 年 8 月 13 日，日军在上海，以租界和军舰为基地，向驻守上海的中国军队发动进攻，历时三个月的“淞沪会战”开始。

“淞沪会战”爆发后，负责留守天津的李烛尘意识到，此次中日之战绝不是局部战争，这将是一场长期的、大范围的战争。对于永利而言，要么沦为日寇附庸，以汉奸国贼的面目苟活于世，在日本人的控制下继续苟延残喘；要么宁为玉碎不为瓦全，拆除工厂，全体撤离天津，在后方重建。毫无疑问，范旭东、李烛尘等人绝不会屈服于日本人，他们决定整理工厂图纸，拆除工厂设备，全体迁往大后方重新开始永利的事业。

当时日寇已在厂门口站岗放哨，为避免意外，李烛尘派了两位专职负责对日事务的职员留守应付日寇，同时协助永利的工程师整理图纸。在整理图纸期间，永利的工程师多次回塘沽核对实物尺寸、结构及设备布置等。永利的技术人员克服重重困难一面从事测绘，还乘机拆卸了石灰窑顶的旋转布石器，这一设备设计合理、布石均匀，技师们不愿留下资敌，将其拆散，抛弃处理；又拆除了蒸馏塔顶的温度传感器和管线，这在当时是一项新型仪表。技师们工作了三、四个月，到 1937 年 12 月把碱厂图纸整理完毕，编好说明及目录，用铁筒装好，由永利的可靠员工随身携带。在这期间，永利的技师们想尽办法拆毁工厂的核心部件，使得日寇所占的工厂无法正常生产。

日方威逼利诱终究无法让永利投降，1939 年 12 月 9 日，日寇终于图穷匕见。他们派人拿着一份预先拟订好的永利公司同意接办的协议文本，逼迫李烛尘签字。面对这种强盗行径，李烛尘拍案而起，怒斥日方人员：世上哪有强盗抢东西，还要物主签字之理？你们做强盗也太无勇气了！李烛尘一阵痛骂，日本人理屈词穷，狼狈窜逃。第二天，日本军部下令三菱公司的技术和管理人员，开进永利，强行接管，至此，“永、久、黄”团体在塘沽的产业全部沦入日寇手中。

日本的技术人员占据永利后，看到的是一片狼藉，工厂短期内难以投入生产。气急败坏的日本人便在天津大肆搜捕永利尚未撤退的工程师。幸而得到众多爱国人士的帮助，永利的工程师们带着图纸，乘坐一家英国轮船公司的轮船离开天津南下。此时“淞沪会战”已经结束，南京也已沦陷。一行人只得先到香港，再由香港到汉口。平安到达汉口后，众人与前期抵达汉口的同仁相聚，诉说天津工厂的损失和一路的艰辛，闻者无不痛心，众人表示，一定要重新开始永利的事业，只有这样才是对日寇最有力的回击。

酸厂劫难

永利南京硫酸厂的建设相比于永利碱厂要顺利很多，不论是前期的图纸设计还是后期的设备安装以及最终的投产都没有遇到太大的干扰。1937 年 2 月 5 日，永利南京厂全线投产，从 1934 年 7 月动工至建成，历时两年半，完全符合实业部的工期要求，而且工厂产品也完全符合质量要求。然而永利南京厂可谓是生不逢时，刚刚投产的工厂却遭遇了中华民族史上最残酷的战争。

淞沪战场上，中国军队以血肉之躯顽强阻击装备有飞机坦克的日军，激战三个月，最终中国军队不敌日军，被迫后撤。上海失守，距离上海只有 300 多公里的首都南京也危在旦夕。而早在淞沪会战期间，日军的飞机就开始了对南京的狂轰滥炸。从 1937

年8月15日起，日军航空队对南京的轰炸进行了4个月之久。日军对南京的空袭是无节制的，他们不分目标，专找人群密集处轰炸。

永利设在南京的工厂规模巨大，技术先进，产量高。工厂本身有生产军用炸药的潜力，其生产的硝酸是制造炸药的重要原料，只要在工序上稍加改动，永利就能成为一家生产炸药的军工企业。对于这样一家企业，日本人是极为眼馋的，他们企图完好地占领工厂。为此，日本人再次对范旭东开展威逼利诱。他们先是告诉范旭东，双方可以合作办厂，日本人提供资金技术等，双方共同经营。范旭东则毫不迟疑地回绝了日本人的要求。日本人见诱惑不成，转而使用威胁手段。他们声明，如果永利拒绝和日本合作，那么他们将派飞机炸毁工厂。对于日本人的威胁，永利上下依旧毫不畏惧，继续生产。而战争爆发后，永利为了支持抗战，便利用工厂的既有条件全力生产炸药支援前线。威逼利诱皆不成，永利依旧源源不断给前线的中国军队输送炸药。对此，日本人极为痛恨永利，随即便对永利展开疯狂轰炸。8月21日，9月27日，10月21日，日军三次向酸厂猛烈轰炸，前后有87枚炸弹落在厂区爆炸。轰炸过后，工厂硝烟弥漫、浓烟滚滚，硫酸厂、大气柜、变换工段以及其他重要车间全遭到严重破坏，水电中断，工厂不得不停止生产。

虽然永利酸厂遭到严重破坏无法继续生产，但是这不等于永利就此无所作为。工厂因轰炸停工后，侯德榜便组织人力将工厂的机床等设备拆解搬运至山洞，以此为原料加工成其他军需用品。这些机床都是上等的金属材料，侯德榜等人以此加工飞机用的零件和地雷壳、军用铁锹、飞机尾翼。

然而前线战事节节失利，弃厂撤退在所难免。1937 年 11 月 12 日，日军完全占领上海，随后即向南京进犯。由于战事仓促，从上海打响到南京吃紧仅几个月时间。加上国民党对南京“固若金汤”的虚假宣传，使撤退准备不足，陷入被动。在战争烟火笼罩下，南京秩序大乱，城郊的各条路上，长江的大小船上，到处是携老带幼的逃难人群，日本飞机到处追赶射杀，南京一派凄凉景象。

在此危急时刻，范旭东亲自到酸厂视察。这次他是为了慰问在战事危急之中支持抗战，坚守岗位的职工，同时也为酸厂安排撤退任务。范旭东一进厂就问：侯先生呢？一个职员含泪相告：他还在车间转呢，摸摸这，摸摸那，像是疯了一样。我们知道他心里难受，谁也不敢去劝他。范旭东急匆匆找到侯德榜，看到他眼里布满血丝，目光呆滞，两人忍不住紧紧地抱到一起相对泪下。范旭东指示留守人员，不到万不得已，一定要坚守阵地，他让侯德榜全权主持酸厂的撤退事宜。1937 年 11 月下旬，范旭东乘民生公司的民权轮西进汉口，指挥“永、久、黄”团体的总体撤退。

侯德榜遵范旭东指示，整理重要图纸，转运汉口，运不出去的付之一炬；凡能拆卸的仪表、机件、工具等一律拆卸运走。当时由于战事吃紧，国民政府为了阻止日本海军由长江而上，在江阴组织了大批中国船只自沉，长江上中国船只的运力受到影响，而外国轮船公司害怕得罪日本，拒绝给中国方面运输重要物资。一时间，大量急需西迁的工厂却没有船只运输。永利南京厂也受限于长江运力，许多重要设备无法西运。为了尽可能保住设备，侯德榜四处联系运力，运送设备。12 月 3 日，侯德榜从英国使馆打听到已是太沽公司船长的同学来到南京，便请他帮助运走了一批机床和设备。同时他还指示厂里的技术人员和技术工人一律携眷西撤……

1937 年 12 月 5 日，风雨交加、寒意袭人，日军已从三面将南京城包围。此时侯德榜仍在酸厂巡视。他熟悉这里的每一座厂房，每一部机器。他只要听一听机器转动的声响，就能判断它们是不是正常；他只要看看每天的报表，就能对生产情况了如指掌。今天他就要离开这熟悉的一切，心里有多少眷恋，多少忧伤！他瞧瞧这，摸摸那，万分难舍。

夜深了，风越刮越紧，大雨如注。运送工厂最后一批撤离人员和物资的船早已起锚待航。侯德榜却迟迟未能登船，催人的汽笛又长鸣起来了，叫得这样低沉，这样悲壮。这时，满脸热泪，浑身湿透的侯德榜，才由去找寻他的同事搀扶着蹒跚而来。在昏暗的灯光下，脸色苍白的侯德榜，冒雨伫立在甲板上，定睛凝视着那在烟雨苍茫中渐渐远去，已经模糊不清的工厂，船在风雨交加之中满载货物，顶着汹涌的江水，搏击风浪，向大江上游挺进！又一声汽笛声，把沉浸在极度悲痛与愤怒中的侯德榜震醒了。他有力地举起右手，紧握拳头，向着工厂的方向，从肺腑深处发出怒狮般的巨吼：我们要回来的，我们一定会回来的。

12 月中旬，范旭东指派了九位技术人员，从汉口出发，乘最后一班驶向下游的轮船到南京酸厂。一行人计划再回工厂，去抢拆重要机件，如果不能拆卸运走，就原地销毁，绝不留给日寇。然而此时南京已经沦陷，一场惨无人道的屠杀即将降临。当他们到达工厂附近时发现工厂已为日寇占据，荷枪实弹的日本兵把持着大门，众人根本无从进入。不得已，一行人只得原路返回。日本人占据工厂后，很快就将工厂洗劫一空，众多设备被日本人拆卸运往日本本土，并以此为基础建造日本的工厂。其中可以生产硝酸的全套设备被劫运到日本九州，安装在大牟田东洋高压株式会社横须工厂，这套设备合计 1482 件，总重 550 吨，全为高级合金钢板制成，其中仅作催化用的铂金网就价值 4 万美元。

到 1938 年元旦前后，范旭东和“永、久、黄”团体的众多成员共计 1000 多人都集中到了汉口。众人冒着纷飞的战火，背井离乡，跟随范旭东来到汉口，对于将来众人都不知所措，只等范旭东的决策。对于“永、久、黄”团体的成员而言，在这非常时刻，最值得信赖的就是范旭东。未见到范旭东时，他们心中满是恐惧和不安，而当范旭东出现在他们面前时，先前的各种消极情绪都烟消云散，希望又在他们面前出现。

在汉口期间，范旭东得知南京沦陷后，日寇在南京对我手无寸铁的同胞进行了惨绝人寰的大屠杀，数十万同胞死于日寇之手。对此，范旭东愤怒之极，他向“永、久、黄”团体的同仁转述日寇的残暴并鼓励同胞们顽强抗敌：敌人凶暴乃至此，临月之孕妇殉难，真绝世之惨剧，情何以堪！人类到如此，可谓野蛮至极点。敌人欲以此来压制中国的抗战，完全是做梦，吾人绝对不为暴力所屈服也……在今情况下，如能做一点事，必当加紧，虽未必于抗战救亡有何直接裨益，良心则当如此！

很快，范旭东便召集“永、久、黄”团体包括侯德榜等人在内的核心成员共 9 人召开会议，商议团体的未来。会上，参会人员的意见产生了分歧，有人面对战局倍感困惑，建议团体解散，大家各奔东西，保命要紧，等将来局势稳定后再图事业。不过多数人并不赞同这一提议，当前国家危难，团体应该尽自己所能，为抗战做出贡献，希望范旭东能够带领团体继续艰苦创业，重新开始团体的事业。

范旭东不主张对事业、对抗战采取消极态度。他认为，抗战后团体虽然损失惨重，但是也有收获，其中最大的收获，就是大势强迫着团体成员继续发挥创造能力。他告诫团体成员，有人想苟安，想维持现状，立即就站不住脚，要滚下十八层地狱，会给敌人取得最后的战果，那是万万做不得的。尤其是“永、久、黄”团体平素对国事还有相当抱负，更不能起一丝一毫颓废杂念，行为要更加纯洁、勇敢，自不待说，必当尽心竭力，从种种角度，创造新的环境，救国兼以自救。

在这次会议上，孙学悟是最乐观的一个。他对与会的众人说：反正我们这9人是劳作惯了，四海为家这个理想，在我们不难实现，支起锅伙到处好干，乡土观念本来就不厚，也从不计较个人劳逸得失，可谓事无挂牵。径自守的只在“为国”两字的信念。最终，经过热烈的讨论，“永、久、黄”团体核心9人一致同意范旭东的意见：克服“逃难”心理，利用这一机会为中国再创立一个化工基地，节衣缩食，在所不辞，勇往直前。消息传出，“永、久、黄”团体集中到汉口的众多员工及家眷也深受鼓舞：我们不是逃难，我们要为国家开辟新的化工基地！

12

为抗战而苦撑——大后方重建工厂

“永、久、黄”团体上下一致，决定开辟新的化工基地。搞化工需要有原料，离开原料一切都是空谈。既然要重新开始，就要选择新的基地。把新工厂建在什么地方，这对“永、久、黄”团体而言并不是问题，因为黄海社早已对于全国各地的资源分布有所了解，哪里适合建化工厂他们心中已有轮廓。研究决定：四川丰产盐，碱厂、盐厂设在四川；湖南化工原料、煤炭丰富，酸厂可设在湖南；黄海化学工业研究社也决定选在湖南长沙水陆洲，协助酸厂建设。会议决定西迁工作由李烛尘总负责，兵分湖南、四川两路积极迁移。

入　川

1938 年 1 月，满载着物资和“永、久、黄”同仁的船只，湖江西行，向重庆（当时属四川省）进发。在将资料装船时，一个装满资料的箱子意外落入长江，范旭东见此第一反应就是要跳入江中捞箱子。幸好周围的人及时将他拦下。在这寒冬腊月跳入长江，别说是一位年过半百的老人，即使是一个身强力壮的青年，也难以消受。一路上，上有空袭的日寇飞机，下有湍急的长江激流。沿途所经之处，无不是一片慌忙，江中时常能见到被日军飞机炸毁的船只。尤其是过了宜昌、秭归，进入三峡地区，两岸壁立千初，处处险滩恶礁，江水汹涌，一泻千里，船只寸步难行，只得靠着纤夫在岸边栈道奋力拖船前行，真是寸寸吃力，步步拼命，难于上青天。

经历了千辛万苦，出了三峡，经云阳、万县、涪陵、长寿，到达云雾迷漫的重庆朝天门码头。为了在华西重新开拓基本化工基地，他们分头由水、空两路向既定目标奋进。1938 年 1 月中旬，先遣队首抵重庆，开展一系列前期工作；2 月中旬，范旭东、侯德榜、孙学悟所率的队伍也陆续到达；3 月 18 日，李烛尘等人也乘飞机由汉口抵达重庆。如此规模的技术人员西迁，在中国是史无前例的，这充分体现了“永、久、黄”团体的领导人和西迁员工团结爱国的一片赤子之心。

这支经过 20 多年艰苦奋斗锻炼出来的队伍，历尽艰辛到达人地两生的重庆。幸亏远在十年前永利就在重庆设立了分支机构，并且建有自用的货栈，虽然地方十分有限，不过总算是有了立足之地。然而如此大规模的人员挤在这小小的地方，终究不是长久之计，急需另觅他处，扩大居所。这时，天津的老朋友张伯苓及时伸出了援手。他将一大栋教室和几排宿舍借给了范旭东，众人的住宿问题终于得到解决。短短几天，大体都安排妥当，同仁都深感欣慰和感激。住所问题刚一解决，众人就立即兵分两路，开始实际的工作。一路着手在重庆建设铁工厂，制造各种急需的金属制品；一路为开发华西化工基地外出调查，详细了解当地的资源分布情况。这种紧张的工作气氛和全国人民为了民族生存，抗日救亡的激情完全融合在了一起。

建设铁厂的工作进展顺利，2 月中旬，铁厂需要的一些设备陆续到达。当初为了配合酸厂的生产需要，永利在酸厂下又设立铁厂，铁厂无论工艺还是设备，都有较高的水准。日寇对酸厂极为重视，不过对于铁厂却并不在意，因而许多铁厂的设备得以保全并运往后方。铁厂占地面积不小，而当时西迁的工矿企业众多，一时间重庆周边用地紧张。在多方奔走之后，终于在离重庆 20 多里的沙坪坝租得一块空地，团体的工程师和工人就以最快的速度动手建起厂来。到 5 月 1 日，这竹篱茅舍的铁工厂已经在嘉陵江西岸傲然而立了。而在铁厂不远处，则是刚从南京搬来的金陵兵工厂。金陵兵工厂是我国 19 世纪 60 年代洋务运动期间创办的四大兵工企业之一，抗战期间迁入大后方，金陵兵工厂为前线提供了大量的枪支弹药。抗战初期，前线战事不断，兵工厂也全力生产，对钢铁的消耗也是极大。为了配合兵工厂的生产，铁厂迅速投入生产，十足表现了战时的紧张情绪。这个铁厂前后工作了不到 10 个月，由于华西基本化工基地要实施了，员工和设备都急待投入，决定进行拆迁。在这 10 个月中，铁厂共生产 53000 多件钢制品，还有 200 多吨翻砂车制品，支援了军队的急需，成绩斐然。

当铁厂在为抗战事业全力奋斗时，负责为开发华西化工基地外出调查的一路人马也在加班加点工作。调查工作以四川为中心，远及云贵及川康边境。负责调查资源的“永、久、黄”同仁根据各种书籍的记载或者口碑相传，寻找合适的化工原料基地。调查工作极为艰苦，除了要爬山涉水深入无人之地，还要时刻提防土匪和日本飞机的骚扰。当时西南内陆多是深山密林，交通极为困难，许多地方根本无路可走，调查队每前进一步都要冒着极大的风险。由于交通不便、环境封闭，许多山头都被土匪占据，政府多次围剿却受困于交通因素，终是无功。土匪四处劫掠，调查队也被屡次袭扰。由于条件异常艰难，调查队的收获有限，几个月下来，所得结论仅是一个粗浅的轮廓，真要实施，还得认真复查。

正当范旭东等人为厂址的选择大为苦恼之际，四川省盐务局局长为他们提供了极大的便利。这位盐务局局长属于新式官员，对于盐务上的旧风气极为厌恶，一心想为中国盐务的发展做些努力。此时的范旭东早已是实业界举足轻重的人物，尤其是在盐碱行业，更是无人不知。身为四川省盐务局局长，对范旭东自然早有耳闻，他早有和范旭东合作盐务的想法，只是不曾遇到机会。这一次，他到重庆处理公务，见到了范旭东，听说范旭东打算在四川重新开始化工事业，当即决定帮范旭东一把。

这位盐务局局长把范旭东、侯德榜等人带到了四川的自贡、犍为一带。历史上，这一地区以盛产井盐著称，开采井盐已有2000年的历史。所谓井盐，即通过打井的方式抽取地下卤水（天然形成或盐矿注水后生成），制成的盐。井盐以抽取地下盐矿的卤水为原料制盐，而海盐则以晒制海水来制盐。与海盐的生产过程相比，井盐的生产过程可谓是极为不易。从凿井、汲卤、输卤到煎盐，分工很细，工序繁难，工程费用和设备投资颇多。每开一井，一般需要一二年至四五年，最多的需十余年乃至数十年；凿井投资，浅者以千两计，深者以万两计，甚至有费至三四万两而不见功者。

早在战国末年，秦蜀郡太守李冰就已在成都平原开凿盐井，汲卤煎盐。当时的盐井口径较大，井壁易崩塌，且无任何保护措施，加之深度较浅，只能汲取浅层盐卤。北宋中期后，川南地区出现了卓筒井。卓筒井是一种小口深井，凿井时，使用“一字型”钻头，采用冲击方式舂碎岩石，注水或利用地下水，以竹筒将岩屑和水汲出。卓筒井的井径仅碗口大小，井壁不易崩塌。古人还将大楠竹去节，首尾套接，外缠麻绳，涂以油灰，下至井内作为套管，防止井壁塌陷和淡水浸入。取卤时，以细竹作汲卤筒，插入套管内，筒底以熟皮作启闭阀门，一筒可汲卤数斗，井上竖大木架，用辘轳、车盘提取卤水。20 世纪初，四川井盐业中某些手工工场一度使用机器汲卤，向近代化工业过渡，但未获成功。

一行人在自贡、犍为等地走了一遭后，在当地亲眼看到了井盐的生产过程。盐区里，盐井上方架设的木架高高耸立，用来汲取卤水的竹管纵横交错，就连空气都带着咸味。盐工们凭人力一分一厘地开凿盐井，要凿到数百米深，甚至有的要超过 1000 米才能见到盐卤。之后再从这深邃的盐井里吊出卤水，绳索是用竹篾编的，牛拉竹绳，吊上卤水，再推卤煮盐实是不易……面对这笨拙落后的生产方式，范旭东、侯德榜感慨万千。他们敬佩千百年来一直在这里默默吃苦的同胞，深感一个技术人员对改造这里的盐业技术应负的责任，同时也敏感地意识到，要在这一带建立以盐为基础的化学工业，困难是很大的。

最终，经过反复对比研究，范旭东等人决定在犍为县岷江东岸五通桥东南 5 公里处的老龙坝地方圈购厂址，设立永利川厂，由侯德榜任永利川厂厂长、总工程师，奠定华西化工中心。犍为一带盛产食盐，附近有烟煤、黄铁矿、石灰石、耐火土等化工原料。老龙坝地处岷江之滨，常年可通 100 至 200 吨的船只，上水 20 多公里可达乐山，下水 200 多公里到重庆，公路向西可通到成都，往东亦可抵达重庆，可谓是水陆交通方便，而且五通桥地下盐卤资源丰富，煤产丰富，是一处适合创办化工基地的好地方。此外，李烛尘等人则提出了在自贡的自流井地区重建久大精盐厂，提议获得通过，新的精盐厂继续由李烛尘负责。

久大川厂

和碱厂相比，盐厂的工艺相对简单，因而，当碱厂还在筹划阶段时，盐厂的建设已经进入实质阶段。

四川井盐开采已有两千余年的历史，盐业在旧中国历来是垄断的暴利行业，和海盐一样，四川的井盐也被当地的盐商垄断，一般人很难进入该领域。久大插手井盐的消息刚一传出，就立即遭到了当地旧盐商的强烈反对。

当地盐商认为，久大是闻名全国的大厂，不论是规模、技术还是设备，都是当地盐商无法比拟的，如果久大进入当地盐业，那么当地的盐商根本无力对抗久大，本地人的利益将损失殆尽。这样的商业逻辑在一个正常的商业社会里，是多么可笑的行为！

正常的商业秩序就是要各企业在公平的前提下自由竞争，如果能够在规模、技术、设备等方面占据优势，那么就理所应当占领市场，挤垮那些不思进取的企业。而当地的旧盐商却无视商业常理，堂而皇之的举起地方保护的旗帜。他们不反思自己落后的技术，反而责怪久大过于先进，这样的思维方式真是滑天下之大稽。由此可见，在中国这种封建思想浓厚的国家发展商业是多么不易。

除了无视正常的商业规则，对民众而言，旧盐商的行为也可称得上是罪大恶极。当地旧盐商的工艺落后，所产的盐纯度低，多含有害物质，长期食用必然有害健康。而久大的精盐纯度高，杂质少，更有利于健康。在没有条件为当地民众供应精盐时，让民众食用有害的粗盐实属无奈之举，尚可谅解。但是，当生产精盐成为可能后，旧盐商却为了维护自己的利益，不惜抵制精盐，继续给当地民众食用有害的粗盐。这种为了一己之私利，不惜损害当地千千万万民众健康的行为，只能用罪大恶极来形容。

为了能够抵制久大，当地旧盐商可谓是众志成城。他们达成了一致，相约攻守同盟，提出对付久大的一系列策略。首先他们坚决不向久大出租盐井。当地井盐生产必须要有盐井汲取地下深处的卤水，有了卤水才能制盐。而盐井的开凿极为不易，往往要费时数年之久才可能凿成一口。如果久大无法租赁到当地现成的盐井，那么久大若要产盐，就只能自行凿井，如此一来久大的生产就会极为困难。

其次，他们还相约不向久大租地。久大要在当地办盐厂，必须有地才能建厂。如果久大在当地租不到土地，那么久大就无法建厂，自然也就不能产盐。这两条策略，可谓是将久大逼入了绝境。

除此之外，当地旧盐商还发起了广泛的舆论战。他们扬言：

川汉铁路我们都反掉了，还怕你这个小厂！这一言论当真是无耻之极。川汉铁路是要卖给洋人的，反对此事可被视为爱国行为，但是久大是中国人的企业，为中国人的健康生产精盐，旧盐商为了私利居然无视民族大义，靠出卖国民的健康牟取私利，还要用反川汉铁路的精神反久大，这与卖国求荣有何区别？在当地的报纸上，旧盐商还大肆刊登各种反对久大的文章，不仅要求旧盐商一致反对久大，还呼吁各界群众一起抵制久大，还声言是为了川人的利益。而当地民众在旧盐商的鼓动下，也对久大产生了反感情绪。殊不知，旧盐商在生产有害的粗盐，久大在生产健康的精盐，当地民众是粗盐的受害者，而精盐是对他们有益的，但是在所谓的“维护本地利益”的“大义”下，民众作为粗盐的受害者，反而成了旧盐商、也就是施害者的同盟，要反对对他们有益的，当真是可悲而愚昧。

为了加强对久大的抵制，旧盐商还联系了当地的军阀。这些军阀都在井盐产业上有投资，井盐的盈亏也就涉及他们的利益。听说久大要来抢饭碗，这些军阀自然不会任由久大建厂，一个个都出来阻挠久大。

虽然困难重重，但是范旭东、李烛尘等人在当地开办精盐事业的决心却不曾动摇。顶着巨大压力，李烛尘找到当地政府，申请建厂。可是，当地政府居然告诉李烛尘，久大在当地建精盐厂一事已经引起众怒，他们也不敢违背“民意”。此外甚至还有旧盐商直接把状告到了四川军政府，痛斥久大种种“罪行”。当局深感事态严重，进而又把此事上报了国民政府军委会，并声称为了维护当地稳定，建议禁止久大在当地设厂生产精盐。一时间，久大在当地成了人人喊打的过街老鼠。

尽管诸事不顺，但是李烛尘还是找到了突破口。当时四川有一军阀叫邓锡侯，邓锡侯的儿子看到盐业有利可图，就在自贡独资开设盐厂。四川军阀虽然也涉足盐业，但是都是入股，而非设厂。小邓直接设厂，便坏了他们的规矩，众盐商虽然畏惧老邓的权势不敢在明面上直接对付小邓，但是在暗地里他们却是处处挤兑，小邓可谓是有苦难言。

李烛尘得知这一消息后，很快就联系上了小邓。所谓敌人的敌人就是朋友，久大和小邓都是四川旧盐商排挤的对象，他们很自然的就有了共同目标——打破旧盐商的垄断。只要他们两家有一家能够有所突破，那么另一家自然也能乘势而进。小邓和李烛尘一番畅谈，大有相见恨晚之意，当即，小邓就表示愿意为久大的事活动。得到地方实力派的支持，李烛尘创办久大自贡盐厂的信心就又增了一分。同时李烛尘也把这件事捅到国民党中央军事委员会，而久大要员钟履坚和国民党政府里的头面人物又很熟悉，经过多方疏通，政府同意派员下来调查这场纠纷。幸好，下来调查的官员姓谢，正好是范旭东得力助手唐汉三的表弟，这下事情就好办了。

此外，李烛尘还积极和当地的旧盐商沟通，他对当地的旧盐商表示，久大此次来川并非是为了抢占井盐的市场，而是因为受日寇侵犯不得已撤退至此。久大的生产技术可以无偿向当地盐商公开，帮助大家提高产量和质量。等将来抗战胜利，久大会及时迁回原地，在四川的厂子可以交给当地人自行办理，久大此后不再干涉。经过这些工作，当地盐商对久大的抵制情绪有所缓解。后来当政府来员调查时，自贡当地盐商的反对气势已不如初期之盛。为了进一步劝说当地盐商同意久大办厂，政府代表乘机提出将来久大所产食盐，不在川盐的传统销售区销售，可运至鄂湘西部原淮盐销区行销，不损害四川盐商的利益。最终，在久大一系列妥协之后，终于获得多数当地盐商的认可，久大获准在当地设厂。

当地盐商的阻挠基本解决后，紧接着就是建厂的问题。而此时四川盐务署又给久大提供了极大的便利。民国建立之后，随着新知识的普及，四川盐务署意识到了川盐生产技术落后、产量低的问题，有心改进。1936年，四川盐务署联合当地的盐商，商定在四川建设两家模范盐场，供当地盐商参考学习，以提高当地产盐的技术。正当计划有条不紊地进行时，抗战爆发，大片国土沦陷，交通中断，订购的产盐设备无法运送到内陆，盐厂建设一事只能就此终止。当久大提出要在四川建盐厂后，四川盐务署便提出让久大利用他们先前的场地来建厂，既可加快进度，又不至于浪费资源。盐商们经过前期的斗争，也表示久大如能来此建厂，彼此可提携共进，对于改进川盐技术不无裨益。

范旭东在盐务署官员的引导下，来到了盐务署原计划建盐厂的旧址，这里离盐场仅十余里，有公路可通，沿着威远河，交通便利。盐厂的烟囱已砌成好几尺了，堆积的材料，也都没有动用。盐务局表示，若是久大利用此处建厂，便可省去购地的麻烦，如果久大要在别处重新购地，单是来回讲价就要耗费不少时日。而久大方面的调查也认为，此处不仅土地已经垫高，就连基本建材都存积了不少，如果整体购买，则可省时省力。于是经过商洽，最终久大买下此地，成为久大川厂的厂址。

厂址确定后，久大随即向当地盐务部门呈递了设厂申请，定名久大自贡模范食盐厂。在久大的申请中，久大表示，久大的制造技术，可尽量公开，任凭同行仿效；久大可以为各家盐商设计新式盐厂。不到两星期，这呈文已奉四川省盐务局转到总局批示，通知久大“迅即筹备进行”，算是批准了。

久大自贡模范食盐厂的基础建设刚开始的时候，少数依旧对久大抱有敌意的旧盐商煽动当地地痞无赖，聚众破坏久大的设备、幸而当地的盐务部门及时得知消息，出动军警制止了此事，事态才未扩大。开工建设在器材不凑手，运输又困难的情况下，为纪念“9. 18”国耻，全体职工同仇敌忾，奋发努力，忙了四个多月，终于全部完工。工程朴素无华，自设机修厂和发电厂，各种设备尚称实用完备。选定“9. 18”这个悲痛的日子举行开工典礼，在抗战的大背景下可谓是用心良苦。当日，来宾如云，全厂职工异常兴奋。产品可销往湖南沅陵、常德，为解决湘西人民淡食之苦，支援抗战贡献力量。

久大川厂的第一批食盐生产出来后，需要及时运送到销售市场。四川交通不便，运输食盐多靠人力。于是当地敌视久大的旧盐商又唆使运送工人拒绝给久大运输。不得已，久大只好再次找到盐务局，最后以盐务局的名义才将盐运出。在分配盐卤时，盐卤公司只给久大少量淡卤，不给浓卤，久大只好通过租佃方式与当地盐商合办盐井，以度艰难。面对种种为难之处，久大始终以诚相待，同当地各界关系逐渐融洽，使事业在克服种种困难中得以发展。

久大自贡模范食盐厂为改进川盐技术，积极和黄海化学工业研究社紧密配合，利用他们的技术成果，在厂内架设枝条架，用杉木搭成几十米高的木架子，架上铺着细竹枝层层叠叠像茅草房顶那样，将卤水引上架顶，喷洒下来，慢慢落到地面的池里，利用风力自然蒸发的原理来浓缩卤水，节省能源达2/3，大大节省了制盐成本；使用塔炉代替旧式盐炉灶可节能30%，比巴盐灶节能50%，同时可提高产量25%；汲卤工具由畜力改为电力。这三项工艺的改进，使落后的川盐技术有明显的提高，节省了能源，增加了盐场的收入；盐场还利用制盐母液，提取副产品；为了运输方便，又引进当地块状巴盐的技术，自制水压机，将粒状精盐压成10斤一块的盐砖，又减少了运输中的损耗；久大自贡模范盐厂还利用附近糖厂熬糖后剩下的母液，制成动力用酒精。凡此种种都为盐厂在四川立足，创造了条件，使盐厂在四川声誉日隆，后来久大自贡模范食盐厂成了“外省迁川工厂联谊会”的发起者之一。

在四川创办久大自贡模范食盐厂时，范旭东不无感慨地说：在盐界混了二十多年，阅历自然多。盐业在中国不仅是极端保守，一部分人甚至把它当做秘密，照例我们一有新的动作，无论如何检点，如何防范，如何态度鲜明，总归要惹风波，好像宿命既经注定，无论如何是逃不脱的。唯一秘诀就是忍耐和含默，认定目标，拼命前进；我们从来取这个方针，这次也是如此，结果一样没使我们失望。

永利川厂

久大从设计建造到最终投产，其过程虽然有诸多不易，但是与永利相比却是顺利了很多。从1938年2月选定四川省犍为县五通桥老龙坝为永利川厂厂址后，一个异常艰苦的建设工程由此开始。

选定厂址之后，便是商谈购地。永利川厂所占土地面积不小，有近千亩之多。为了少占良田，只将仓库与发电厂建在平地；职工宿舍建在左边小山丛林中；并将大部分山地开成山洞，准备将重要车间置于庞大的山洞中，以防空袭。由于土地面积大，涉及多个土地所有人。这其中多数人知道永利是爱国的企业，对于永利购地一事都积极合作。但是也不乏一些见利忘义之人，他们无视抗战的大局，趁机向永利索取高价。对此，永利只得一边派人好言相商，一边请当地的实权人物出面。最终在实权人物的干涉下，才得以公平成交。

老龙坝，山峦起伏，三面环水，站在山顶道士观，即可见到江水湍急、惊涛拍岸的险象，岷江在老龙坝来了个急转弯，此处怪石嶙峋，地势险恶，经常船覆人亡，民众称之为虎口湾，而岷江之水却本着大无畏的精神，不断冲击着阻碍它前进的巨石暗礁，发出愤怒的吼声，掀着狂澜，在虎口湾急转直下，浩浩荡荡奔向东南一泻千里。

老龙坝，满目山岗，人烟稀少，野兽出没，荒凉至极，要推平这座座山岗，确实困难重重。可是有“实业救国”博大胸怀的范旭东及全体职工，以百折不挠的苦干精神开始了第三次创业。他们就在坝北端的道士观和两座小楼里设厂部，开始办公。雇用了5000多工人，每天叮当叮当在这里凿石移山，填土修渠，盖房子、建码头，平场地……他们披荆斩棘、风餐露宿，日夜奋战硬是把一座座山丘削平，切取条石用来砌房，把取石后的深坑建成长200米，宽50米可储水6万立方米的蓄水池，作为生产、生活用水，被永利人名命为“百亩湖”，湖内养鱼，周围植树，成为川厂的一道风景；在西侧山顶建“开化楼”，山腰建“进步楼”，供设计人员工作及住宿之用；医院、学校次第建成。在百亩湖西侧为沿湖马路，路旁为山，沿新修的山路，建有一座座玲珑的双层小楼，作为职员宿舍；在百亩湖和岷江码头之间，原本是一块起伏不平的土地，后来组织起人力，将这里修整成了一块平地，建成南北阔长的铁工厂……工程以惊人的速度前进，一座荒芜的穷山，面目日新月异，正在变成一座新兴的化工城，一群不畏艰难困苦的中华民族优秀儿女，凭着一股爱国精神，苦干精神，披荆斩棘，硬是用一双双手，切切实实地在这里建设华西化工基地。

1939 年 2 月 26 日，公司为纪念已被日寇侵占的中国化工的发祥地——塘沽，特废去老龙坝旧名，改称“新塘沽”，并在厂门前左侧的山岩上雕刻每字 4 尺见方的“新塘沽”三字，为的是“燕云在望，以志不忘耳”。

1938 年 7 月，国民参政会正式成立，范旭东被聘为国民参政会参政员。国民参政会共历四届，举行大会十三次。初期，由于国共两党和其他党派与无党派人士的努力，国民参政会对于团结全国人民，发扬抗日民主，推动全面抗战，起了积极作用；后来由于国民党推行消极抗战政策，逐步丧失其进步作用。在国民参政会上，范旭东提出了恢复化工重工业的建议，得到与会代表的赞同，成为国家的一项重要决策。

1938 年 8 月，范旭东又做出另一项重大决策——将天津永利总管理处迁往香港。当时香港是英国殖民地，又是自由港，交通便利且不受日本人干扰，把总管理处设在香港，有利于永利发展国内的工业，同时也可连接国外，购进设备。

厂址选定、基础建设开工后，紧接着就是技术和设备的问题。碱厂的技术和设备都要比盐厂高出许多，当年永利碱厂历时八年才算最终成功。永利有丰富的制碱经验，技术上可谓是轻车熟路，但是在设备方面还需要外界支持，他们需要从其他厂家购进相关设备，以此为基础组装生产线，生产纯碱。而且现在地处华西，身居内陆，由于战事，交通中断，无法获得所需的设备。另外，现在的制碱环境与之前的制碱环境大为不同。永利在天津时制碱用的是海盐，但是华西内陆无海盐，只有井盐。海盐与井盐又有不同，永利在天津时使用的工艺难以保证就适合用在井盐上。此外，井盐在价格上要高出海盐十倍之多，索尔维法盐利用率仅70% ~75%，如果在华西继续延用索尔维法，每天就有大量的盐白白浪费，这不仅万分对不起那些光身赤膊，白天黑夜在那里凿井取卤的盐工，而且处在负债度日境地的永利也没有那么多的资金供这种无谓的消耗。因而对永利而言，在华西设厂，一切都要重新开始。

当时世界范围内的制碱技术有数种，经过比较，侯德榜认为德国的察安法最适合永利川厂，因为这一方法可以把对食盐的利用率调高到90% ~95%，于是他建议向德国学习察安法制碱。这一提议得到了范旭东的支持，1938 年 8 月，由侯德榜带队，永利的几位技术骨干远赴德国考察察安法。

然而日本和德国早在1936 年就签订了相关条约，初步达成联合。当1937 年中日战争爆发后，德国作为日本的同盟者，虽然没有对中国采取直接行动，但是面对中日之间的战争，德国自然就成为了支持日本的一方。于是，当侯德榜带队抵达德国后，德国人便开始用各种手段来刁难侯德榜。德国的有关碱厂对侯德榜一行采取严格保密措施，防止他们接触任何制碱工艺相关的设备和技术；并派人暗中监视，须与应付；当侯德榜提出购买专利时，他们所要专利费极高，以此来为难侯德榜，并无理提出将来产品不准在当时已被日寇占领的东北三省销售。

得知这些事实后，范旭东十分气愤，他表示：这是否认东北三省是中国的领土，是对我国的污辱。并针锋相对，据理批驳，提出：今后产品不仅要销到东北，甚至要向世界各地销售。侯德榜也义愤填膺大声疾呼：难道黄头发、绿眼珠的人能搞出来，我们黑头发黑眼珠的人就办不到吗？两人的寥寥数语，却体现了铮铮铁骨的民族气节。由于德方在谈判中蛮横无理，范旭东和侯德榜决定中止谈判，靠自己的力量研究新的制碱工艺。利用在德国停留的间隙，侯德榜四处搜集与制碱相关的资料，用心研究。然而，德国人却认定侯德榜是在德国搜集情报，并开始密切关注侯德榜。得到这一情况后，侯德榜决定离开德国，到美国去寻找适合在华西制碱的工艺。此后，侯德榜便在美国专心研究新的制碱工艺。

随着永利川厂的基础施工不断推进，整个工厂已初具规模，而工厂建设所需要的资金也不断增加。当初，国民政府为了补偿内迁的民族工业在抗战中的损失，决定对民族工业进行资金补助，其中永利获得了300万元补助金。虽然补助金按期收到，但这些钱对于范旭东在华西的复兴规划而言，简直就是杯水车薪。为了尽可能节约资金，永利和久大的职工以极其艰难的条件艰苦工作，每人每月仅发三斗白米，每个月三个人才有一块银元的零花钱。

然而国民政府行政院并没有忘记对范旭东的鲸吞，提出将拨给久大、永利迁厂的300万元补助费改为官股或作为投资，欲纳

“永、久”团体于国营之中，范旭东对此作了坚决的抗争，他说：如果要把我所创办的企业交由国民党接办或搞什么“官商合办”是信不过的。但是，中国政治若真正走上民主轨道，政府廉明则所经营的企业可以随时交给国家，用来为人民造福。范旭东借口加入官股就是改变企业的性质，这是一个重大问题，总经理无权决定，一定要由股东大会决定。目前战事危急，股东四散，交通不便，无法召集股东会议，这事最好待时局稍稳再定。一番人情人理的言论，使行政院碰了个不大不小的钉子，只好暂告一段落。范旭东又在国民参政会上高呼：我们的脚跟还没有站稳，要埋头研究，要追求进步，我们还谈不上国营与民营的争论。但由于这件事，范旭东已开罪了政府，使他不得不自谋资金。对此，他曾对孙学悟说：财政困难，的确有问题，不过办法上还得下功夫，我想这样磨炼下去，办法自然也会产生出来，以为如何？这轻淡的几句话，充分体现出这位实业巨子面对困难的信心和推进事业的魄力。

范旭东提出以工厂全部资产作担保，年息 8 厘，半年结付一次为条件，向中央、中国、交通、农民四行贷款 2000 万元来建设川厂，但贷款还是被拒绝了。范旭东并不灰心，为了实现川厂建设的宏伟蓝图，四处奔走，在国民参政会上大声疾呼，发动舆论宣传：中国需要工业，已到得之则存、不得则亡的阶段；建设华西化工基地与抗战建国的密切关系；永利有建设川厂的雄心壮志和短缺资金的严重困难……迫于社会舆论强烈要求，国民政府同意了范旭东的要求，由政府担保向永利公司贷款 2000 万元，在川兴办硫酸铵厂及炼焦两厂。命令四行联合办事总处办理贷款，其中拨给 250 万元外汇（折合法币 850 万元），供在国外采购设备器材之用，但此事一直拖到1939年12月30日才签字生效。

贷款问题解决，使范旭东舒了一口气，接着便是采购和运输问题。采购事宜只要到美国，各种器材设备应有尽有，尤其有华昌贸易公司的李国钦帮助，问题不大。但这些东西怎样从美国运进四川？却是大问题。战时交通不论对哪一国都是头等大事，尤其在中国，本来基础就薄弱，现在各个海口都被日寇占领，无一可用，永利1940年2月在昆明设立运输部，从事运输线路的开辟。利用越南的海防港进口，然后通过滇越铁路从海防直达昆明；另一条路是用火车从海防到同登，再用汽车接运，经广西、贵州到重庆。

然而8月1日，日本封锁海防，殖民地越南的法国人在越南全线崩溃，海防港为日寇攻占，使永利有500吨物资被堵塞在海防，从此这两条已是非常艰难曲折的交通线也无法利用，只好绕道缅甸的仰光，经滇缅路运到四川。这是一条更为漫长、险阻，崎岖难行的路，但舍此别无选择。当时的官办机构根本不从事这项危险的运输任务，唯一可选择的是自买汽车，自办运输，否则永利川厂的建设只能作罢。为了抗战建国的神圣事业，范旭东下定决心，走上这条险象环生的路。

1940年10月27日年近花甲的范旭东，拖着大病刚愈的身子，乘海轮从香港出发经菲律宾，横渡太平洋前往美国旧金山采购器材、设备和运输工具。有人问他：这么大年纪了，为什么选择这样一条要吃尽辛劳的航线？他说：我特意走海路，就是想实实在在地尝试一下海的力量。经过36小时的航行，客轮从香港到达菲律宾的马尼拉。在马尼拉，为了换船，范旭东一等就是18天。1月17日，范旭东乘船从马尼拉起航。

在大海轮上，当风平浪静的时候，范旭东在船上美美地享受海天一色、辽阔无垠、迎日出、送晚霞的佳景，在海岛附近还能看到飞鸟、海鸥，偶尔还能看到巨鲸。可是在太平洋他也遇到了凶猛的暴风恶浪，轮船在波峰浪谷中颠波摇荡。范旭东苦苦挣扎，搞得头昏目眩，肚子里翻江倒海，直吐苦水，一连几天不吃不喝。范旭东被风暴折腾得精疲力尽，就像得了一场大病，毫无办法，除了忍受还得忍受。这对一个年近花甲，而又无人照顾的老人，确实够受的。

船行20天后，终于在一个风平浪静的日子缓缓驶进哥伦比亚河口。到达美国后，范旭东受到李国钦、侯德榜热情隆重的接待，但他没有接受李国钦的邀请，在李家的豪华寓所小住，而是和侯德榜一起赶回纽约，住进狭小而清静的宿舍。

范旭东不顾长途旅行的疲劳，立即投入工作。在55天中他四处奔波，北起加拿大边界的大湖区，南到墨西哥湾，东到纽约费城，西至旧金山，美国的大部分土地都留下了范旭东的足迹，除了采购川厂设备和深井器材外，为了解决运输问题，还订购了适合华西崎岖山区行驰的载重汽车200辆。旅美国期间，他在侯德榜陪同下，尽可能多地参观碱厂、化工厂、石油钻井工程、中小型煤矿和各机械设备加工厂。在参观中，范旭东看到很多高效的新设备、新工艺和美国工人紧张而有序的工作态度，这使他大开眼界，增长了很多知识，深感科学、新技术和先进的管理制度的巨大力量。

1941年春，范旭东结束在美国的考察和采购，乘飞机由美国飞赴香港，随后回到四川，继续永利川厂的筹建工作，同时也指挥“永、久”团体大后方的各项工作。

侯氏制碱法

1938年底，由德国转往美国的侯德榜，在纽约开始深入研究察安法。他在德国期间得到了两本关于察安法的专利说明书和已发表的三篇论文。他以此为基础，并联系在考察中获得的实际情况，分析得出了察安法专利的特点。据此，侯德榜在纽约制订了详细的试验计划，准备开展研究。

为开展新法制碱的研究，范旭东在五通桥永利川厂成立研究部，但工作一开始，便感到这里由于材料、仪器和通讯等诸多不便，对试验开展十分不利。许多实验必须的原料在工业基础极端落后的华西内陆根本无法得到；一些关键设备也无处获得。各种难以想象的困难使得实验困难重重，极难开展。

经过慎重研究，范旭东决定把试验场所搬到各方面条件都较好的香港范旭东寓所进行。试验由侯德榜在美国遥控指挥，具体实施则由永利熟练的工程师完成。参与此项实验的谢为杰当时年仅三十岁，日后成为我国知名的化学家。试验开始是重复察安法的内容，可是进行不久，整个装置形成一锅粥样，再也无法进行下去。随后又认真分析了专利报告，发现所载原料的加入方法写得含糊其辞。为了探索该法实质，研究人员决定干脆重新进行条件试验，通过对各种条件的筛选，最后做出了和专利报告一致的结果。

这次试验完全由侯德榜在纽约遥控指挥，侯德榜对试验要求非常严格，他不仅确定试验内容，还指示对每项内容的具体目的和要求。整个试验设定了十几个条件，共进行了500多次循环，分析了2000多个样品，试验做得很仔细，每一个条件要求重复做30次。当时的工作十分紧张，试验人员每天工作都在12小时以上。试验过程中每周要向侯德榜作详细汇报，而他对每次试验的结果都有认真深刻的分析和具体的指示。到1939年秋，已基本摸清察安法的各种工艺条件。1939年10月，侯德榜由美回国途经香港，和试验组成员对前阶段试验进行认真总结，同时研讨了一种新的设想，试图对察安法有所突破。

为了实现大规模的工业生产，必须进行扩大试验。而就当时香港的条件而言，若要扩大试验也有不少困难。尤其是卜内门公司的远东基地设在香港，这是永利强有力的竞争对手。为了对技术进行保密，范旭东力主将试验地点搬到既方便又安全的上海租界进行。1937年11月，日寇占据上海地区除租界外的全部区域，各国在上海的租界如同孤岛一般，日本人畏惧于欧美各国，尚未敢对租界下手。1940年1月，范旭东决定将试验迁往上海法租界进行，同时派谢为杰到美国哥伦比亚大学实验室继续对察安法做深入细致的探索和改进，以便侯德榜就近指导。

在上海的试验人员东拼西凑购置试验所需的设备、仪器、药品，克服不少困难，历时半年才使试验的准备工作就绪。又经过几个月的扩大试验，进行顺利，所得结果和香港的试验数据十分接近。接着，他们又完成了不以固体碳酸氢铵为原料的扩大试验，同样取得理想的结果。

在试验进程中，上海和美国两地的研究人员对试验进展保持密切联系，及时交流信息。在深入研究过程中，他们发现专利报告中提到的“该法的关键在于中间盐的加入”这句话很不确切。因为他们对中间盐的加入，不论在加入量的多少，时间的迟早，都进行过细致地探索，发现即使在不加入中间盐的情况下，只要操作控制恰当，都可得到良好的结果，经过反复论证，最后肯定专利报告中所谓的“关键”，纯属是虚晃一枪的迷魂阵。在揭示了“中间盐”的秘密后，试验进展迅速，一个新的制碱法即将形成。两年前，德国人还拿着察安法专利来敲诈我们，凌辱我们，而今，这些黑眼珠、黑头发的中国人，已经用自己的聪明才智创造了一个源于察安法而远胜于察安法的新制碱法，这是多么令人兴奋，让人扬眉吐气的事啊！

为了表彰侯德榜在开拓新法制碱上的功绩，1941 年 3 月 15 日，永利川厂特举行厂务会议，会上范旭东亲自介绍了新法制碱的特点和研制经过，并提议将这一有自己特色的制碱方法命名为“侯氏碱法”，会上一致通过该提议，并于次日向正在美国工作的侯德榜祝贺，贺函称侯德榜：抱愿恢宏，积二十余年深邃学理之研究与献身苦干之结果，设计适合华西环境之新法制碱，为世界制碱技术辟一新纪元。

侯德榜这位奋勇攀登科学高峰的战士，对同事的尊敬和祝贺感到由衷欣慰。但他并不满足已取得的成就，在纽约的侯德榜认为，新法制碱虽然对察安法有很大的突破，但还不理想。他想运用二十多年来积累的制碱、制氨的经验，寻找一种更理想的制碱方法，把制碱工业和合成氨工业结合起来，把现有的制碱技术再向前推进一步。侯德榜认为不用碳酸氢铵为原料，使盐、二氧化碳、氨直接在碳化塔起反应，生成重碱，又可连续生产，这是索尔维法的优点；察安法则可以提高食盐的利用率，而使食盐中的两种离子分别进入两种产品，还免除了废液废渣的排放问题。当然，合成氨厂中的二氧化碳再也不能当作废气放掉了，它是制碱不可缺少的原料。如果能兼采索尔维法和察安法的长处，使制碱和制氨两种工业进行联合，这样一种崭新的制碱方法就可能产生。1942 年 3 月，侯德榜从纽约给范旭东写信，信中他将自己的新设想告诉范旭东。对此范旭东给予极大的支持，并鼓励侯德榜早日实施。

为了早日实现氨碱联合流程的宏伟理想，侯德榜便开始在美国搜集必要的原料——氨。氨在化工领域有着极为广泛的用途，当时太平洋战争已经爆发，美国处于战争状态，出于国家战略的考虑，美国对氨的管制极为严格，一般人很难得到。为了能够获得供试验用的氨，侯德榜在美国四处奔走，运用各种关系，克服重重困难，终于购到了一些氨。随后，这些氨又远涉重洋，经印度用飞机沿驼峰航线越过喜马拉雅山到云南，转运四川，提供给新法制碱试验之用。

国内的永利川厂工作人员经过紧张的准备，于 1943 年秋，在新塘沽安装好了新制碱法试验所需要的装置。11 月新法流程的半工业化试验开始。这次试验集中了永利川厂的众多优秀工程师，他们分三班 24 小时连续试验。这次试验的目的是将间断法改为连续法，考察连续法产品和母液质量，考察连续法母液平衡问题。

连续试验在化工研究部同事的努力下顺利进行，仅用了两个多月的时间，就取得满意结果，一个与察安法截然不同的氨碱联合流程——侯氏碱法终于完成。这个新方法能得到纯碱和氯化铵两种产品，新工艺使食盐利用率从 70%一下子提高到 96%，也使原来无用的氯化钙转化成化肥氯化铵，解决了氯化钙占地毁田、污染环境的难题。

侯氏碱法吸收了索尔维法和察安法的优点，既利用合成氨厂的废二氧化碳，又利用碱厂废弃的氯离子，既提高了原盐的利用率，降低了成本，又免除了索尔维法排除废液的麻烦。它的设备比索尔维法减少了1/3，使碱厂的投资大幅度降低，纯碱成本比索尔维法降低40%；同时也是化肥工艺上的一大提高，使化肥工业不论在投资或成本上都有大幅度降低。

侯氏碱法的研究虽起始于察安法，但在研究过程中历经三次关键性的改革，由量变引起质的飞跃，最终使侯氏碱法远离了察安法的基本特点，形成制碱工业与合成氨工业的紧密结合的全新流程，把制碱工业的技术推向一个新的高峰。

侯氏碱法在国难深重之际，于条件艰苦的华西获得成功，这充分反映了中国科研人员的聪明才智和不屈不挠的精神。侯氏碱法的成功，不仅为中华民族在国际学术界争得了光荣，更在世界制碱技术史上树起了又一块丰碑。

1943 年 12 月 25 日，在川西五通桥召开的中国化学会第十一届年会上，侯氏碱法和学术界初次见面。由于当时侯德榜仍在美国，不能参会，所以由永利的一位一直在参与实验的工程师代为发言，介绍侯氏制碱法。我国化学界对这项成果十分重视，并作了高度评价。会后，中国化学会以年会名义致函侯德榜，对他所取得的成就表示祝贺，并号召中国化学会会员学习侯德榜不避艰苦，顽强奋斗的精神。

侯氏碱法于 1943 年在四川已有小规模封闭循环、连续运转的试验结果。只要设备到位，便可形成工业化生产，然而新厂始终无法建成。由于当时日寇侵占中南半岛各国，越南等沿海国家的港口全部沦陷，美国等盟国对中国的援助物资以及国内各方由海外购进的物资，再也无法由海路经中南半岛转陆路入川，大批物资仅能依赖驼峰航线这条空中走廊进入中国。驼峰航线西起印度阿萨姆邦，向东横跨喜马拉雅山脉、高黎贡山、横断山、萨尔温江、怒江、澜沧江、金沙江，进入中国的云南高原和四川省。航线全长800余公里，地势海拔均在4500—5500米上下，最高海拔达7000米。沿途环境极为恶劣，其间又有日军战斗机拦截，可谓是困难重重。在这条航线上，美军共损失飞机1500架以上，牺牲优秀飞行员近3000人，损失率超过80%。而前前后后总共拥有100架运输机的中国航空公司，也先后损失飞机48架，牺牲飞行员168人。鉴于如此艰难的运输条件，运输的物资以军需为主，而非直接的军需物质几乎不考虑运输。永利川厂建设所需要的设备由于不是直接的军需物资，也就无法运输入川。得不到所需的设备，永利川厂的建设被迫停止，侯氏碱法的工业生产试验和建设工作也就无从谈起。但范旭东已决定于抗战胜利后在南京卸甲甸永利酸厂建设侯氏碱法新厂。

1948年4月14日，永利化学工业公司将侯氏碱法的说明书及有关文件、产品样本、照片等上呈国民政府经济部申请专利。1949年1月17日，国民政府核准“侯氏碱法”专利，准予其独享该专利10年。

交通线

交通线在和平时期是国家的动脉，为各地物资流通提供便利。而在战时，交通线则成了名副其实的生命线，一旦交通被切断，结局必然是惨败。日寇打响全面侵华战争后，首先便是占领中国沿海各港口城市，切断中国同海外的联系；再者就是占领中国国内众多的交通要道，切断国内各方的联系，日寇企图以此逼迫国民政府投降。然而，中国地域辽阔，有着极为广阔的战略纵深，国民政府不仅没有屈服，还西迁重庆，继续抗战，并从中南半岛的沿海港口继续从外界获得所需物资。

抗战初期，由于沿海各港口相继沦陷，永利川厂建设所需设备只得通过越南的海防经广西和云南转运到四川。起初虽受到铁路方面的制约，但尚能勉强应付。可是后来全国各机关的货物汹涌而至，尤其是军需物资，而永利绝不可能在运输紧急的时候和政府、军队抢运输量，只能等军需物资运输的间隙来完成自己的运输任务，如此一来经常出现等了数十天却等不到任何运输机会的情况。运输虽然困难，却也没有中断。然而当1939年第二次世界大战全面爆发后，形势就变得更加困难了。

当时越南是法国的殖民地，而法国在1940年便在德国的进攻下投降，戴高乐将军流亡英国成立了法国流亡政府，继续抗击德国。而德国人则在法国本土成立了新的亲德政府，成为德国附庸，而当时除了英国外，几乎所有的国家都承认了这个亲德的法国政府。由于日本是德国同盟，法国本土的亲德政府便将法国占领的越南让给了日本，日本控制了越南各港口。

日寇占据越南港口后，囤积在越南港口的众多中国物资便被日寇占有，各种物资器材不仅没能帮助中国的抗战，反而成了日寇侵华的帮凶。永利当时尚有500吨待运器材，由于不是战略物资，日军并未运走。永利在当地的工作人员经过多方走动，联系到了一艘开往菲律宾的货船，试图将这批物资运往美国人控制的菲律宾保存。然而这批器材刚刚装船，就被日寇察觉，连船带货，全部被劫往日本本土，由此永利遭受巨大损失。

日军占据越南，中国失去了重要的对外联系通道。而中南半岛上与中国接壤又沿海的国家除了越南之外还有缅甸。缅甸当时为英国属地，英日之间尚未开战，缅甸暂时还算安全，而中英又是同盟，因而缅甸也就成了中国对外的重要联系通道。

早在1935年，蒋介石就预见到，一旦战争爆发，中国军队将不可能守得住东部沿海地区和内地平原地区的城市，最终国民政府必将退守西部。1937年8月，云南省主席向蒋介石提出《建设滇缅公路和滇缅铁路的计划》，建议各修筑一条从昆明出发，经云南西部到缅甸北部，最后直通印度洋的铁路和公路。

中国政府正是考虑到有可能出现的危机，于1938年开始修建滇缅公路。公路与缅甸的中央铁路连接，直接贯通缅甸原首都仰光港。滇缅公路原本是为了抢运中国政府在国外购买的和国际援助的战略物资而紧急修建的，随着日军进占越南，滇越铁路中断，滇缅公路竣工不久就成为了中国与外部世界联系的唯一的运输通道。

滇缅公路全程长达3000多公里，途中地势险恶，困难万千，政府方面的运输力量应对军事运输尚且困难重重，自然也就无暇承担民用运输，永利若要确保自己建厂生产所需的物资及时运到，唯有自办运输才能解决问题。对此范旭东有着深刻的认识，在1940年10月下旬，范旭东亲赴美国期间，他便购置车辆、油料、轮胎、配件等运输必需品，筹备“永、久”团体自己的运输力量。从美国回来，范旭东立即投入滇缅线的开拓。同事考虑他已年近花甲，劝他不要再冒风险，但他表示，运输线就是我们的生命线，生命线的争取，首先要拿生命去拼。

1941年春，范旭东从美国乘飞机到香港，随即回到四川，开始视察工厂、筹办运输。9月12日，国民政府公布运输统制法，规定公私物资经过滇缅路一律由运输统制局按程序内运，这完全打乱了永利自办运输的计划，对川厂的建设无疑是扼杀。范旭东以参政员身份晋见蒋介石，情绪激昂地直面力陈永利自办运输的理由和筹划经过，现在200辆最先进的载重车在美国已经启运，国内各要道机修站和司机人员已准备齐全，永利川厂建设也初具规模，确是万事俱备，就待汽车一到，自办运输线一开通，永利川厂建设即可继续进行，于国于民有百利而无一害。同时他毫不客气的揭露了运统局官员收受贿赂、中饱私囊、管理混乱、调度无方、毫无服务精神的现状，力主永利继续自办运输。蒋介石听了他的反映，于情于理范旭东的要求都不为过，而且范旭东是国内实业界重量级人物，不得已他就同意了范旭东的主张。

1941年4月，范旭东由昆明飞往仰光。四月的昆明春寒依旧，不到20度的气温里还充满凉意。飞机起飞前昆明刚下过一场大雨，清晨凉意袭人，风又很大，范旭东只得穿上大衣。几个小时以后飞机到达仰光，此地处于热带，终年高温。此时仰光与昆明温差相差十几度，身着冬装的范旭东下飞机时已是大汗淋漓。

范旭东一到仰光马上投入工作，在工作人员的陪同下进行实地考察。他不但留意满载货物的驳船，还注意码头仓库的位置，连路旁盖着油布堆积如山的货物，也能引起他的兴趣……经过一番考察，范旭东决定将公司大批技术人员调到运输部沿线各站任职，并在畹町、保山、昆明、毕节、泸州设立接待站，招待司机，维修车辆，加油，调度运输，以增效率。

几天来他在仰光走街串巷，四处奔波，招收司机。司机大部分是头上缠着白布的大胡子印度人，也有部分缅甸人和华侨；雇用装车工人，洽谈价格，探听轮船到港日期，制定装车日程……忙得不亦乐乎！为了能够将运输事务及早实施，使之步入正轨，范旭东决定在仰光多停留一段时间。在此期间，他又一次开始做最基础的工作，批额度只有几块钱的支票，记账，翻电报……这些工作他已经将近 15 年没有做过了，现在重新做来，在他看来反倒是为紧张的工作和生活添了一些乐趣。

在仰光的那些日子里，当地几乎是天天 40 度的高温。那时条件极为艰难，根本就没有任何制冷设备，抵御高温只能凭自己的意志。范旭东已是年近花甲，这样的天气对他来说无疑是一场严峻的考验。此时他最大的心愿之一就是能有个阴天，能降低点温度。然而天意不随人愿，似火的骄阳依旧在炙烤着仰光的土地。到仰光一个半月，也只下过一场暴雨，暴雨来时着实可怕，电闪雷鸣，大雨如注。可是转眼之间便云开雾散，没有一丝雨后的清凉，依旧是炙热的太阳。

到 5 月底，总算是迎来了仰光的雨季，连绵的大雨之下，前些日子的高温一去不返，天气凉爽起来。就在 5 月 30 日这天，满载设备的永利第一支车队由仰光出发，范旭东冒着雨来为车队送行，他再三叮嘱车队的人员，一定要注意安全，要首尾相顾，互相帮助，并祝他们一路平安。几十辆崭新的卡车，满载永利的设备器材，依车号排成一个长队，下午 3 点，车队在运输队长的亲自督运下在大雨滂沱中驰出仰光，浩浩荡荡向中国境内进发。

第一支车队顺利出发后，范旭东并没有休息，他在运输路线沿途考察各项工作。有些设备运输很困难，如制碱重要设备干燥锅，锅体分为两个半圆形锅皮装运，每块锅皮重 3 吨，长 6 米，比汽车车身还长，要把锅皮的一端扣在驾驶室上才能运出。这样，驾驶室就无法开门，只能摇下挡风玻璃进出，如遇紧急情况，就不能及时跳车逃生，很是危险。本可乘小汽车返昆明的范旭东怀着高度的责任心、使命感，毅然钻进第一辆运锅皮卡车的驾驶室，以六旬高龄，颠簸前行。

车队艰难地沿着盘山公路在群山中缓行，夜间车灯齐亮宛似一条火龙，非常壮观。沿线要通过缅甸国界和几个山居少数民族地区，过路的人要遵守英缅的法令，还不能看轻土司的威严，一不小心就有关进土牢的危险。一路上车队除了要提防人为的阻碍，还要和大自然一搏。沿途满是险峻的山道、万丈深渊、暴雨和由暴雨带来的滑坡、泥石流、酷暑、瘴气、毒蛇、巨蚊和疟疾等，这些自然灾害稍不留神就会带来巨大损失。尽管无比艰难，但司机们仍坚持忍耐，队形不乱，日夜兼程。

经过连日的艰苦跋涉，车队终于达到中缅边界的九谷。这里需要经英国海关检查后方可放行，进入中国地界。车队填报入关手续，照章缴费后，又浩浩荡荡地前进了。由于正值雨季，路基多处被毁，简直是时行时停。有一段仅 38 公里的路，车队足足走了 6 个多小时才走完。一天傍晚车队行至一山峪间，一下子乌云密布，尘土漫山，闪电炸雷滚滚而来，大雨瓢泼，远近山谷全为白茫茫的山雾笼罩，视界近在咫尺，险象环生，人们赶紧躲进附近一座已是断垣残壁的破庙。大家疲惫极了，倒在地上就睡，雨水滴在身上也未察觉。他们就是在如此艰苦的环境下，演绎着一幕幕爱国报国的悲壮之举。

范旭东在仰光一住就是 80 多天，送走一队一队满载的车队，其中有三支车队，全部用来装载汽油。当时国内根本无力生产汽油，只能依赖进口。范旭东的打算是留一部分自用，多余的全部出售供其他机构使用，以此换回一些资金，偿还债务，避免因为贷款而影响大局。国土沦陷，永利和久大工厂财产尽被日寇占据，除四川尚未建成的新厂以外，范旭东几乎是一贫如洗，但是面对如此困境，他依旧念念不忘偿还贷款的责任，可见他诚实经营的商业宗旨是多么的坚定。

范旭东还策划替政府贸易委员会运输出口桐油。桐油是中国特产油料树种——油桐种子所榨取的油脂，是中国著名的特产，也是传统的大宗出口商品之一。桐油用途广泛，它是制造油漆、油墨的主要原料，大量用作建筑、机械、兵器、车船、渔具、电器的防水、防腐、防锈涂料，并可制作油布、油纸、肥皂、农药和医药用呕吐剂、杀虫剂等。这在当时是中国出口的畅销货。如果车队能运输桐油出口，那么就可以赚取利润填补公司抗战以来日益增长的财政亏空。

永利的运输事业开始后，范旭东很快就发现这条运输大动脉的危险不仅仅是自然条件的险恶，沿途的贪污、腐败、黑恶势力和官匪一家的人为灾害，是比自然灾害更可怕的灾害。他们就像无数吸血的毒蚂蝗，叮着吸血，使车队寸步难行。在这样艰难的行程中，车队凭借智慧和勇气，避开了几次。但是紧接着出现的更大的灾难又降临在范旭东的头上，这些即使是范旭东也无力摆脱。

9 月12 日，国民党政府又公布运输统制新法。新法规定：公私物资经过滇缅路运输，必须由运输统制局按程序内运。在此以前公司行车已经饱尝运输统制局的干涉勒索之苦，动辄征扣公司车辆。现如今运输统制局依据此法便可直接制止永利自办运输！

不得已公司车队只好停开，而由公司车队运输出口的桐油，也只准运到昆明，由昆明到畹町的运输也只好放弃。范旭东不甘心束手待毙，9月26日，他再次以参政员身份面见蒋介石。在与蒋介石的会谈中，范旭东直诉运输局的腐败和永利自办运输公私两利的成果。蒋介石当面表示支持范旭东积极的态度，让范旭东呈文请准，范旭东返回后立即起草公文上呈政府。可是等了10天，呈文批复下来，结果却是允许运输统制局每月给永利运送360吨物资，而且还允许运费记账，等永利投产后再还。可是，对于范旭东最为关心的自办运输一事，批复却是只字未提。

这样的结果让范旭东气愤异常。与民争利，这就是一个专制政府最为擅长的一项。永利自办运输不仅可以解决自己发展的问题，还能为抗战做出不小的贡献。可是永利自办运输无疑也抢了国民党政府的好处，如果运输能由国民党当局垄断，那么国内各方都必须服从国民党的安排，否则掐断运输，断其生路。永利自办运输，以商业模式运作，只收取服务费，不涉及权力之争，自然可以在一定程度上打击国民党政府的一党独裁。对于这样的潜在威胁，一心要搞独裁的国民党当局是无论如何也不会允许的，所以永利自办运输一事绝不可能通过。在此民族的生死存亡之际，范旭东不惜冒着生命危险开辟交通线，而国民党当局却不忘争权夺利，继续巩固自己的独裁，这样一个执政党，岂能救中国？

为了抢运在仰光的物资，范旭东在万难面前，受尽委屈，在运统局的节制下苟延着组织抢运。真是屋漏偏逢连夜雨，1941年11月下旬，范旭东开完国民参政会赴港公干时，太平洋战争爆发，范旭东被困在香港，待从香港脱险，回到重庆已是1942年3

月2日，一到重庆他就表示，要马上开始工作，希望同仁各守各的岗位，少谈方法，多做实事，向前努力，把事业做成一颗民族复兴的种子。

当范旭东一行还在自香港去重庆的路上时，缅甸战局已急转直下。早在1941年底日寇进攻香港的时候，便开始空袭仰光，1942年1月16日，日军进攻土瓦，侵占缅甸，3月2日，偷袭仰光北部，3月16日，驻缅英军亚历山大将军放弃仰光率部向北突围，3月8日，即范旭东到重庆后的第6天，仰光失陷。范旭东拒绝所有人的劝说，毅然前往腊戍料理残局。从重庆到昆明运输部同仁劝他留在昆明指挥，他却表示，为了国家和事业吃点苦是应该的，这次他从香港回来，人世间的苦事都经历过了，经验也很丰富，这次去畹町，万一比在香港还痛苦些，甚至翻车出事，他也不辞。他只祈求心安，至于其他一切意外的痛苦和危险就不要顾虑太多了。

4月19日，范旭东赶到畹町，24日得知日寇一支快速部队绕道泰国（二战期间泰国跟随日本加入轴心国集团）孤军直插入缅参战的中国远征军侧背，袭击缅北重镇腊戍，企图一举切断“抗战输血管”滇缅国际交通线，封死远征军的退路。而腊戍到畹町只有180公里，而且全是柏油路，无险可守。腊戍一旦陷落，畹町势必难保。自从仰光失陷，运输部同仁冒着千难万险，从缅甸抢出几百吨器材和3500桶汽油，现都存在畹町的公司仓库里，万一畹町告急、如何是好？范旭东暗自盘算，如果战局发展还能给两个星期的时间，公司在畹町的物资就可全部运完。可是这“两个星期”在哪里？

4月25日，在危急之中的范旭东又一次向重庆蒋介石侍从室发了急电，要求准许永利公司车队抢运，自用之油料分存内地公司各站，随时自由取用。可是直到26日始终不见回电，范旭东在万分无奈之下，决意离开畹町，前往各站安排抢运。待范旭东赶到昆明已是5月1日傍晚，在吃晚饭前，他看到《云南日报》一行黑体标题“敌军已窜入腊戍”。范旭东的心骤然一阵发凉，原来早在4月29日，他尚在途中之际，腊戍已经被日寇占领。时间又过去整整两天，眼下畹町的情况又是怎样？从腊戍到畹町汽车只要5、6个小时就能赶到！在畹町仓库里的器材、汽油怎样了？当晚范旭东调集所有可调动的卡车，直奔畹町抢运物资。虽然范旭东不顾国民党当局的禁令，派出车队去抢运物资，但是究竟能否抢到，又能抢到多少，都是未知数，他也只能祈祷上天的眷顾。

然而上天并没有眷顾范旭东，就在范旭东调集大量卡车前往抢运的当天，畹町已经失守。在仓促之间，政府下达“自行销毁畹町物资，以免资敌”的密令。永利以及其高昂的代价换来的、囤积在畹町的大量汽油，在轰然一声中化为浓烟烈火，实在令人感慨万千！范旭东得知这一消息，心力交瘁，他坚持着通令运输部，竭尽全力，将沿线所有物资运回。

5月4日，日寇侵占龙陵，对保山狂轰滥炸，惠通桥被毁。5月5日，强渡怒江，在骇人听闻的“烧抢保山”事件中，永利从腊戍、畹町抢运来的物资在烧抢中损失殆尽，在一片混乱中滇缅路西段的永利运输部各站车辆损失80多辆，进口器材不计其数。随着陆上交通线的中断，永利川厂所需要的设备再也无法运到四川内地，而驼峰航线这条空中通道又无法运输永利所需物资，整个工程唯有停工。

华西黄海

抗战爆发后，华北地区迅速沦陷，地处天津的“永、久、黄”团体坚决不做日寇附庸，全体一致决定南迁。初期确定久大盐厂和永利碱厂迁往四川，永利南京酸厂和黄海社迁往湖南。盐厂和碱厂在迁往四川的途中虽然困难重重，但是最终总算是到达了预定地点，并开展了一部分工作。可是，决定要迁往湖南的酸厂和黄海社却没有这般幸运了。

1938 年 7 月，黄海社根据既定目标迁到了湖南长沙，并完成了一些基础建设，调查部和分析部也已经展开工作。然而，1938 年 10 月，武汉广州等重要城市沦陷，湖南一时处在日军的南北夹击之下，形势危急。从 1939 年 9 月到 1942 年 1 月，中国军队与侵华日军在长沙进行了 4 次大规模的激烈攻防战，长沙地区屡遭炮火蹂躏。在战火之下，原本迁往长沙的黄海社和酸厂再无安宁。

长沙暴露在日军的枪口之下，不得已黄海社只能再次疏散迁徙，所有刚刚开始的事业只得停下，新建的研究室也只好放弃。至于酸厂的建设计划更是无从实施。由此，黄海社再次踏上撤退之路。

从长沙出发的迁徙队伍一路向西，沿途都是崇山峻岭，道路异常艰难。西撤的人群浩浩荡荡，其中有老有少，各种物件一应俱全，队伍里夹杂着各种声响，缓缓前行。黄海社的成员带着部分珍贵的资料，随着人流前行。社长孙学悟此刻已忘记了旅途的疲劳，他正在为失去一批资料而心痛。当初黄海社从天津撤退，大量的图书、资料、仪器，由天津装船，计划运到广州，再由广州运至长沙，以此重建黄海社。然而，战局的发展大大超乎当初的预期，那批宝贵的资料运到广州时，广州已经沦陷，从广州到长沙的交通中断，这批资料根本就无法运到长沙，只能遗失在广州。这些资料黄海社花费大量人力物力搜集，已经有十余年的历史，现如今就此失去，对孙学悟而言，无疑是沉重的打击。唯一值得庆幸的就是当初为了以防万一，菌学研究室和水溶性盐类研究部分直接和久大、永利一起西迁入川，使得这两方面的研究得以保存，并继续发展。

进入四川后，对于黄海社的选址方面，社长孙学悟表示，化学研究不要在大城市凑热闹，要和生产相结合。他主张把黄海社迁到久大、永利所在的山间，紧邻久大、永利，潜心做科研，为久大、永利提供技术保障。这一提议得到了范旭东的支持，他还指派久大和永利的部分工作人员帮助黄海社搬迁，加快黄海社的恢复。在得到范旭东的支持后，孙学悟立即就带领黄海社的研究人员着手重建。这些昔日里身上一尘不染的研究人员，此刻也顾不得体力劳动的脏与累，他们身穿布衣，脚踏草鞋，头顶瓦片，脚踏泥地，用自制的恒温箱、瓦罐容器，木炭燃料，木板实验台等极简易的设施，开始埋头于他们的工作。

范旭东曾在黄海研究人员的报告会上讲过：学术研究是一种神圣的工作，做研究的人首先要头脑清晰，把世间所谓的荣辱得失是怎么一回事，看得通明透亮，拿研究的对象当做身家生命，爱护它，分析它，务必使它和人类接近，同时开辟人类和它接近的坦途，这个任务，岂是随便可以完成的吗？像牛顿具有那样资质、那样成就的人，还叹息学海无涯，我们还有什么话可说，只有跟随前辈的脚步，一步一步、一代一代地向前走，想要取得伟大的成就，必须做好付出无比艰辛努力的准备。这是黄海同仁的心愿，也是我黄海一贯的学风。

黄海社入川后，正值团体经济最困难的时候，工厂建设需要资金，海外购置的设备又被日寇或扣留或毁坏，前期的各种债务还需要继续偿还……此时黄海社作为一个在资金上只进不出的单位，更是团体的一大负担。然而范旭东却一如既往地支持黄海社的工作，他曾多次表示，团体经济虽然困难，但是即使是当掉他范旭东的裤子，也要支持黄海社和《海王》旬刊的工作。对于研究机构工作的困难、要求的艰深，范旭东自有一番深切的理解和满腔的爱心。对社会上一些人对研究机构不切实际的批评，他也直言不讳地解释。范旭东将世人对研究机构的误解看得很清楚，人们之所以关注学术研究机构，主要是看重他们能带来短期的利益，他们视研究机构的研究人员为不关心民生疾苦，只知道埋头做洋八股。世人不理解科研的长远价值，把理论和应用割裂开来对待，只要求应用，而忽视理论研究。如此一来，凡是搞理论研究的，在一般人看来就是纸上谈兵，不切实际。事实上这样的论调不论是出于有心还是确实无意，都是对科研人员的极大伤害，科研的价值绝对不是能用金钱来衡量的，他们的研究是为了整个社会的进步，这是无价的。在当时中国的环境中，对科研人员如果能少些误解，就算是大的进步了，更不要说什么全社会的尊重了。

在战时大后方极为艰苦的环境中，黄海社为了抗战救国的伟大使命，利用一切可利用的条件从事研究。当时社长孙学悟提出，要用中国的原料研究生产中国需要的产品。黄海社成员以此为指导，从事多个方面的研究。

首先是改进食盐的生产工艺。“永、久、黄”团体所在的地区是四川井盐的重要产区，由于中国沿海地区被日寇占据，只能依靠井盐为大后方的军民供应食盐。当时那里食盐的生产工艺相当落后，不仅产量低，质量也没有保障，根本满足不了大后方的需求。对于黄海社而言，利用他们的科研力量，协助指导当地盐商采用新的工艺，迅速提高食盐的产量和质量是他们义不容辞的责任。这也是黄海社在国难之秋，在大后方站稳脚跟的唯一选择，也是发展黄海社的希望所在。黄海社提出改善当地盐业生产条件的计划后，范旭东当即表示全力支持，同时还与当地政府和盐商积极沟通，表达协助当地提高产量的意愿。当时大后方进驻大批撤退人员，用盐量猛增，同时海盐供应中断，井盐的需求增长迅速，可是当地落后的生产条件根本无力应对，正当盐商为此苦恼之际，黄海社提出了这一建议。黄海社的提议很快就得到了当地政府和盐商的同意，于是黄海社立即组织人员开始行动。

黄海社和地质调查所合作对当地各处盐场的盐卤进行全面的调查和分析，摸清了各种卤水的成分和分布情况，得知各地卤水中氯化钡、氯化镁、氯化钙的含量是按盐井的位置由南而北的顺序，逐渐增加。为了节省燃料，提高产量，黄海社采取了各种措施。他们架起了枝条架，利用自然蒸发来浓缩盐卤，如此可以节省燃料 2/3 以上。这一成果在西南盐区推行很广，甚至达到川东和云南。他们还开发出制作盐砖的技术，研制利用木榨试制盐砖，后来又改用螺旋式铁榨制盐砖，改变了由粒状花盐制成块状巴盐过程中耗费燃料及不卫生的状况。他们还研制了塔炉，新式塔炉比旧式炉灶能节省30%的燃料，比巴盐灶省50%的燃料。同时，卤水的损耗也可以减少，产量提高约25%。他们还推广汲卤工具的电力化，用电力汲卤代替水牛从盐井中汲取卤水，并且协助制作设备、安装和培训操作，使之得到普及推广。

四川犍为、乐山地区有一种地方病叫“痹病”，患者先是麻痹，从脚上起，渐渐上升，麻到心脏就停止呼吸。多年来这种病既查不出病因，又无药可治，人们为此感到恐惧。黄海就组织人员和当地医院合作，从痹病患者的食品中收集样品，进行分析，检查结果和动物试验证实这一带黄卤中含有毒性很大的钡，痹病系盐中含钡所致。黄海社随即又研究了食盐精制除钡的方法，从此消除了痹病，为川民除了一害。

传统技术生产井盐会有一些副产品，对于这些副产品，当地盐场向来视为废物丢弃，而黄海社就对这些副产品进行充分研究，并以此为基础开发出了一系列的衍生产品，供其他行业使用。依据黄海社的研究成果，团体设立了数家工厂生产相关产品。而黄海社的研究成果也不保密，全部向外公开，只要有人提出要求，黄海社还派技术人员指导对方建设工厂，生产相关产品。这些举措，对当地化学工业的发展起到了极大的推动作用。

1943年，黄海社为发展西北盐业，与盐务局共同组织了一个西北盐务考察团，以新疆为重点，进行一年的实地调查。除了对各个盐区的地质、食盐储藏量、生产情况、产品质量以及有关工业条件等做了深入调查外，还采集了有代表性的样品，黄海社对这些样品都做了详细的分析，为以后开发西北盐业准备条件。

除了一心要为大后方解决用盐问题之外，孙学悟还有一个理想，那就是控制细菌。在地球上，细菌几乎是无处不在，在生物界和矿物界都有大量的细菌在工作，其中许多细菌是对人类有益的，善加利用，可以得到很多益处。孙学悟说：我们习惯用牛耕田，其实细菌也像牛一样正为人类工作着，千千万万的细菌，就是千千万万的牛。要发展发酵菌学，丰富人类生活。菌学室的工作在范旭东“菌学研究，绝不放松”精神的指导下，一直努力不懈，不仅在当地，就是在全国也是闻名遐迩。

入川后，黄海社的细菌室首先研究了糖蜜发酵，解决了酒精发酵工业内重要酵母及其营养的问题，所得成果被国内许多酒精厂先后采用。乳酸发酵试验也在这时完成。此外，还对泡菜、饴糖、豆腐乳、茶砖、柠檬酸、丙酮、丁醇等有关发酵问题，也做了不少试验。

五倍子是我国特产，过去一直将这种工业原料直接出口。1938 年，黄海社研究解决了由五倍子制造棓酸（单宁酸）的技术问题。1940 年，由银行出资在川南县建立工厂，每天产棓酸几百公斤，从此把原料出口改为成品出口，增加了国家收入。同年，又开展了棓酸固体发酵的研究，取得了满意的结果。还完成了发酵尿提取氨的试验。

随着对棓子发酵研究工作的逐步发展，形成了对棓子的综合研究，后又发展为染料的研究，发明黄色和棕色染料各一种。1942 年，黄海社决定成立染料研究室，准备对染料进行系统的研究和开发。

微菌在四川散布很多，而且容易找到。孙学悟和他的同事不仅研究土的“菌牛”，还研究洋的“菌牛”；既研究传统的“菌牛”，也研究盐里的“菌牛”，石油里的“菌牛”……黄海社从大约 100 多种微菌中筛选出的棓酸菌和从 50 多种黑田菌中选出的柠檬酸菌都有相当的实用价值。研究中得到的酱油曲菌，尤其是酒精酵母菌早为许多酒精厂使用，获得了广泛的好评。黄海社从1931年起，就注意收藏各类菌种，这些菌种一部分来自国外，绝大部分是国内培养出来的，1952年由中国科学院接收，这里培养和保存的菌种是全国最多的，已成为我国科技界的宝贵财富。

此外，黄海社还完成了五通桥区植物含钾量的测定；由钾碱制氯化钾的试验；云南磷灰石矿的分析；用叙永粘土做原料研究提制铝氧；1941年又着手云南、贵州铝矿石的研究，并对由资源委员会送来的云、贵两省的铝土页岩60多种样品进行分析；开展对金属铋的分析、冶炼工作的研究，炼出金属铋，精制后可供制药应用，建立了我国金属铋自给自足的基础。

1942年，为纪念建社20周年，由黄海社同仁发起在四川自贡创办试验工厂，将试验室成果进行工业化推广，名为三一化工厂。黄海社在研究工作中面向实际，重视技术推广和科学普及工作，欢迎各界到黄海社学习技术和实习，他们也乐意到工矿企业去指导生产，如果在工作过程中取得了一些成就，他们也愿意将这些成就交给国家，绝不为一己私利保留。黄海社在华西时虽经济十分困难，但大家仍节衣缩食，千方百计筹集资金将各种研究报告汇集出版，分送国内各大学、图书馆、有关部门和工矿企业。在文献方面，自1939年夏出版《黄海发酵与菌学》特辑（双月刊），到1951年共出版12卷70册，刊文233篇。1950年10月出版《黄海化工汇报》铝专号，将试验冶炼铝的研究成果分11篇进行系统总结。另有很多调研报告，仅1932~1942年就有39份之多，这些文献已成为我国科技文献库中不可多得的珍品。

黄海社在华西的主要功绩是出成果、出人才。抗战8年，黄海社在华西所出的成果远大于在抗战前15（1922－1937）年成果的总和，而且绝大部分成果都直接应用于生产，对推动华西化工事业的发展作出了积极的贡献。

在人才培养方面，孙学悟首先以身作则，他每天按时上班埋头试验，手不释卷，循循诱导，言不失义；他淡泊名利，安身立业的精神成了黄海同仁活的榜样。同时，他在工作中大胆放手让年轻人独立自主去研究，从不横加干涉，形成严肃、严格、严谨的研究态度，勤奋刻苦的工作作风，活泼自由的学术风气，为黄海培养人才创造了芳香的土壤和清新的空气。

范旭东和孙学悟为黄海事业的长远发展，在人才培养上是不惜代价的。在抗日战争最艰苦的时刻，“永、久、黄”团体经济上已到了咬紧牙关、勒紧裤带的时候，他们还是各处筹措资金，选拔优秀年轻的研究人员出国深造。

抗战胜利后，“永、久、黄”团体积极筹划和实施出川复员。当时政局动荡，物价飞涨，人心浮动，黄海社为筹措资金，新选社址，购置青岛化成工厂等事宜，在苦苦拼争，支撑局面。就在这种情况下，孙学悟还是下定决心，筹集资金选派得力而资深的科技人员出国进修，第一批为：吴冰颜（物理化学）、魏文德（有机化学）、赵博泉（分析化学）、孙继商（化学工程），第二批为郭浩清、肖积健。1946年10月，这两批青年骨干启程赴美。

出国前，孙学悟借用范旭东的话语重心长地叮嘱他们：学术研究是一种神圣的工作，做研究的首先要头脑清晰，把世间所谓荣辱得失是怎么一回事看得通明透亮，拿研究的对象当作身家性命，爱护它，分析它，安排它，务必使它与人类接近，同时开辟人类与它接近的坦途。孙学悟的这一举措不能不说是慧眼独具，高瞻远瞩。这批学子也不负众望，在新中国成立前后都听从孙学悟的召唤，无一例外地回到祖国，为我国化学工业的发展尽心尽力。

新中国成立后，黄海社的骨干得到了党和政府的充分信任和重用。1952 年 3 月，孙学悟、张承隆被任命为中国科学院工业化学研究所正、副所长；方心芳，1959 年被任命为中国科学院微生物研究所副所长兼微生物研究室主任，1979 年担任中国微生物菌种管理保藏委员会主任，1980 年当选为中国科学院院士；魏文德，担任北京化工研究院副院长；孙继商，担任上海化工研究院院长。

由于黄海社大多数科技人员都学有所长，勤奋敬业，因此备受党和政府重视，被输送到全国各地的化工科研单位和企业，不少被提升为厂长、总工程师，他们都在自己的岗位上忠于职守，为新中国的化工事业做出了贡献。

13

艰难的逃亡——被困日占香港

1938年8月，迫于日寇的侵扰，范旭东决定将原本设在天津的永利总管理处迁到香港。香港作为英国人的殖民地，日军尚不敢有所动作，而且香港是自由港，方便永利与国内外联络，将永利总管理处设在香港，在当时的特殊背景下，是有着诸多便利的。1940年10月，范旭东就是从香港出发到美国考察采购的。然而，随着第二次世界大战的规模不断扩大，香港也陷入危机。

香港危机

1939年9月1日，德军闪击波兰，第二次世界大战由此全面爆发。而与德国结盟的日本，在中国战场已经苦战两年却依旧没能逼迫蒋介石政府投降。此时，英、法对德宣战，但是在亚洲战场，日本人并没有扩大战局，他们的主要目标还是中国。香港作为英国的殖民地还维持其既有状态。

德国人在欧洲战场一路推进，到1940年时几乎占领了整个西欧大陆，此时的欧洲大国只有英国和苏联尚未被德国控制。然而在1941年6月，准备充足的德国及其盟友全面进攻苏联，第二次世界大战扩大。此时在中国战场，中日军队在经过一系列大规模战役后，进入对峙阶段，双方都无力在短期内彻底打败对方。对日军而言，继续在中国战场挣扎只能是越陷越深，最终难免一死，如果铤而走险，打击中国的援助国——美国，则尚有取胜的机会。于是在当地时间1941年12月7日，日本海军偷袭美国在太平洋上的军事基地珍珠港，同时，日军在东南亚地区也展开进攻，占领英、美等国在当地的殖民地，由此第二次世界大战再次扩大。英、美等国也对日宣战，加入到抗击日本的阵营。

香港作为英国的殖民地，也在日军偷袭珍珠港的当日遭到日军的攻击。日军由酒井隆指挥从深圳进攻香港。负责防守香港的包括驻港英军、英属印度陆军、印度、香港防卫队、香港警务处，及加拿大军队和协助驻港英军撤离的中华民国国军。虽然香港政府多次宣传驻港英军战斗能力，但是此时英国在欧洲战场已是自顾不暇，加上种种原因，驻港英军始终形势不利。经历香港保卫战后，于1941年12月25日，香港总督杨慕琦代表英国殖民地官员向日军投降，香港正式沦陷。此时香港总人口有160多万，其中很多人都是在“7.7事变”后由大陆逃到香港的，总计超过50万人，有不少都是大陆的精英人物，其中就有范旭东！

1941年11月下旬，范旭东出席了国民参政会的例会，回到香港铜锣湾寓所，准备在香港小住一段时间之后再由香港飞缅甸，打理在缅甸的运输事务。12月8日早上，范旭东和往日一样早早起床，吃早餐时他习惯性地读了当天的报纸。报纸和往常一样，刊载有欧洲的战局和大陆的形势，此外就是香港当地的新闻，并没有透露出什么不祥的征兆。

吃过早餐，范旭东想起要办理到缅甸去的护照需要照片，就打算去照相。然而他出门后，看到大街上无不是惊慌奔走的人，报摊上则在大声叫卖号外，上面的标题是“香港在战事状态”，看到这些，范旭东不觉大吃一惊，香港怎么也打仗了！顾不得去照相馆，他径直回到家里。回到家后他才发现，寓所前面原是海军操场的草坪，现在已经变成了高射炮阵地，而且连难民施饭的地方也办好了，真是迅速。家门前已变成阵地了，这里是决不能再住了。范夫人也得知了香港开战的消息，正忙着整理行装。范旭东关心的是那些记着公司大局的“随手记录”，堆得乱七八糟，从来没有整理过，想带走也办不到，只好忍痛烧掉些，其余的送进一家银行的保险柜，托他们保存。这样处理自己一向视若珍宝的材料，真有点失魂落魄，生平从没有经过比这更难过的事。

战争爆发后，日军很快占领新界。为了迫使香港英国当局投降，日军昼夜不停向香港炮击，偶尔还派少量飞机轰炸，这更加重了香港的恐怖气氛。四十年代的香港，市容远不及上海繁华，主要的马路只有皇后大道和德辅道，德辅道有不少高层建筑，银行、洋行、酒店、百货公司，多半集中在这里。范旭东的老友、金城银行总经理周作民任职的金城银行在香港设有分行，分行所在地是一幢七层高的大厦，建筑很坚固。香港战事爆发后，金城银行总经理周作民便邀请范旭东夫妇以及很多从大陆来到香港的著名人士到银行大厦的地下室临时避难。在这里范旭东等人躲过了日军一轮又一轮的炮击和轰炸。

到12月12日，日军已经占领了九龙半岛。此时海面交通断绝，日军司令部向香港政府递交了严厉的外交照会，限期无条件投降。13日，香港报界一致决定停刊，《大公报》港版主编徐铸成先生在终刊号上写了一篇："暂别读者"，其中引用了文天祥名作"过零丁洋"诗中的"人生自古谁无死，留取丹心照汗青"作结语。当天晚上，日军轰炸的炮火特别密集，一些繁华街区的大建筑物成为众矢之的。14日早晨，《大公报》主编徐铸成冒着从头顶上"嘘嘘"而过的炮弹，去慰问范旭东夫妇以及其他在避难的友人。范旭东一夜为炮袭所扰，久久不得安睡，但看到徐铸成仍很兴奋，他告诉徐铸成，《大公报》的社评很得体，很有中国人的气概。虽然经历了一夜的炮击，但是范旭东发现了让他感到欣慰的大秘密。通过炮声他发现，日军的炸弹威力很有限，由此可见他们生产炸药的技术并不怎么先进，而范旭东的酸厂也是可以用来制造炸药的，他相信，只要他们再努一把力，完全有可能超过日本人生产炸药的技术。在炮火连天中，范旭东完全没有考虑个人安危，还一心想着如何发展化学工业和抗战救国，这种强烈的爱国主义思想深深地感动了徐铸成。

范旭东还特邀徐铸成到他房间里闲谈对"立国大本"的看法。范旭东表示，立国于现代世界上，主要要在科学、文化各方面打下现代化的坚实基础。政治制度和政治风气是重要的，但比之前者没有决定意义。譬如，把《大公报》办成一张真正反映民意、敢言而伸张正义的报纸，受到国内外的重视和尊重，那就在舆论界立下了一根坚实的柱子；再如我们化学工业方面要力求进步，产品在国际上列入先进行列，那我们在这方面也立了一根坚实的柱子。中国有这样几十根柱子，基础就牢固了。政府好比是一个屋顶，好的屋顶会在这柱子上牢牢建立，铺盖上去；不好的，自然安放不住，终有一天会垮下来，要重新修造，但不会影响下面的柱子。有了这些柱子，终有一天，会盖好一幢举世瞩目的堂皇大厦。这些言论充分发挥了他一贯主张的“科学救国”的思想，使徐铸成受到很大的鼓舞。

1941 年 12 月 25 日下午 3 时，港英当局打出白旗，香港总督终于在投降书上签字。炮火停了，日军蜂拥进了香港，搜查、抢劫、奸淫事件不断。商店关门，日用品买不到了，满街都是垃圾、废报纸之类。粮食全被日军封存，粮店全都关门，由此引起粮食恐慌，少数粮食供应店排队总有万人以上。

而就在香港沦陷翌日，日本宣布以军票取代本地货币。港元变为不合法货币，拥有港元的人会被施以重罚。1942 年 1 月，军票和港元的兑换率为 2 兑 1，可是在 1942 年 7 月 24 日起兑换率变为 4 兑 1，比之前兑换率骤降，使得香港人在交易后变得贫穷。日圆军票于 1943 年 6 月 1 日正式成为香港的唯一法定货币，日用品的价格必须以日圆作单位。

港元在不断贬值的同时，物价却在飞涨。一石米暴涨到 300 元军用票，在初期相当于港币 600 元，而后则涨至上千港元。全市一片黑暗。一些与中国有关的知名人士如曾任北洋政府总理的颜惠庆，曾任南京国民政府外交部长的陈友仁、金城银行总经理周作民等等全被拘押起来。这些人先是被集中在九龙的半岛酒家，后又转押到香港大酒店。《大公报》的总经理胡政之则早早躲进铜锣湾的一位同乡家，躲过了日军的搜捕。范旭东仍住在金城银行里，当时日军冲进银行抓重要人物，由于范旭东向来生活简朴，他那一身装扮根本就没有引起日军的注意，他们只当这是个逃难的小老头，在日军看来，像范旭东这样的重要人物肯定是要身着名贵服饰的。正是因为这样，日军当局没有认出这个干瘦老头就是中国化工界的名人范旭东，这才得以幸免。

范旭东亲眼看到被占领的香港，日军砸烂商店的橱窗，用刺刀挑取里面的东西，不少房子被钉上“大日本陆军管理”、“大日本海军管理”的木牌，甚至连孤儿院也不能幸免。可耻的汉奸为虎作伥，欺压同胞。舆论界除《大公报》以外，大都事敌，成了敌人的传声筒，特别是汪精卫系主办的《华南日报》，在日军侵占香港的第二天就大肆宣传“大东亚新秩序”、“大东亚共荣圈”，还发表了南京伪政府的“告港九（香港和九龙的简称）同胞书”要大家“各安生产”与“皇军”合作，还雇了很多流氓、小贩到处派送。这些深深刺痛了范旭东那颗热爱祖国的赤子之心，对于这些人的行径，范旭东极为不屑，他认为：这样看来，中华民族的前途也还是可怕的，到了这种非人生活的环境里，竟还厚颜贪生！还有一班知识分子，太缺乏知识，太缺乏判断力，自扰扰人。

由于粮食紧缺，范旭东夫妇只能饥一顿饱一顿，饮食往往没有着落。后来，金城银行好不容易弄来一点大米，却全被汉奸搜走，范旭东夫妇每日仅以一粥一饭度日，自然更谈不上菜和油盐问题。在这种恶劣环境下并没有使范旭东颓废，他经常以阅读各种书籍来消磨时日，他幽默地说他很欣幸，能够读到不少平时想读而没有时间读的书，米虽不易买，精神粮食却不缺乏。

在胡政之离开香港的第二天，徐铸成被日军宣传部门找去谈话，强令要求徐铸成恢复《大公报》港版出版，并限三日答复。

徐铸成一筹莫展，跑到范旭东那里，看见老夫妻俩正在小打气炉上做稀饭。范旭东告诉徐铸成，自从周作民抓走后，他们已成了不受欢迎的人了。现在无处可投奔，只能自己将就起个火，对付着生活。待范旭东草草吃完早饭，徐铸成才向范旭东道明来意，日军的宣传部门找到《大公报》头上了，威逼他们出报。他请范旭东这位长辈给出个主意，对付日本人的威胁。

范旭东想了一想说：我想你首先要有自信，一定能战胜困难。日本派到香港来的这些文武官员，至多不过是他们的三、四流人物。而我们都是中国第一流人才，相信我们的聪明才智一定能斗过他们。其次，你要把握主动，他们要强迫你出报，你若是怕出报，这样，他掌握了主动，你便处处落入被动。你应该多想想，想出几个他没法解决的问题，你就变被动为主动了。争取了时间．再设法离开香港。我相信你一定能战胜这个困难。我也急于回国，正在找门路。在徐铸成告辞时，范旭东紧紧握了握徐的手说：三个月后，我们在重庆见。

徐铸成受到范旭东的启发，对日本人施了个金蝉脱壳计，表面上同意出版，但提出很多具体问题，要求日本人解决，并且开了一张召集报社旧员工的名单，让日本人找，而实际上这些人中大多已离开香港回了内地，日本人答应在一周内找齐这些人。谁知就在日本人会见徐铸成的第二天黎明，徐铸成便随同一批爱国人士一起换了短衫短裤，由一个粤籍同事带领，走到码头，混入难民队伍挤上小火轮，挨了一天的饿，到傍晚时终于脱离魔掌回到广州，随后转赴内地。

范旭东被困香港后，不论是中国方面还是日本方面，都急于找到他。中国方面找他，自然是因为他对中国而言极为重要，他是中国化工业不可或缺的一员。至于日本方面要找他，则是因为日本人将他视为重要威胁。范旭东建立的酸厂技术先进，稍加改动便可大量生产炸药，对中国是极大的帮助，对日本则是极大的威胁。日本人如果能够控制范旭东，即使不能让范旭东为其所用，至少也可以防止他继续为国民政府抗战服务。

日本占领香港后，日军情报部门很快就得知范旭东以及众多中国重要人物滞留香港。当即就制定了抓捕范旭东以及其他重要人物的计划。日军抓人行动迅速，许多大陆名人都被日军控制，但是唯独少了范旭东。得知范旭东没有被抓到后，日军行动负责人极为恼怒，当即决定即便挖地三尺也要找到范旭东。不过，就像范旭东预见的一样，日军在香港的部队不过是些三四流的人在指挥，他们跟范旭东这样的中国一流人物交手是占不到任何便宜的。日军拿着范旭东西装革履的照片四处搜捕，可是范旭东却是一身小老头的装扮，日军无论如何也无法将这种随处可见的小老头与中国化工界的泰斗联系到一起。就这样，范旭东躲过了日军一次又一次的搜捕，始终平安无事。然而始终滞留香港也不是长久之计，必须要赶紧离开。

逃 亡

日军占领下的香港，几乎成了人间地狱。很多主要的工厂被日本人夺取，小至小贩、大至银行都很贫穷。很多公司都倒闭，米、糖、面粉、油都面临短缺，需要定额配给。

在日本的统治下，人民生活艰苦，没有充足的食物供应，1942 年开始，由日本定额配给日用品，如米、油、面粉、盐和糖。每个家庭都有一张定额配给许可证，每人每天只可以买六两四的白米。由于没有其他充足的食物，六两四的白米明显不足。于是很多人只能以树叶、树根、番薯藤、木薯粉或花生麸勉强充饥。后来白米的配给都无法保证了，只能改为配给日本萝卜作粮食。因为粮食日趋缺少，日方的定额配给制度于1944年取消，改以自由买卖，但是更多市民因负担不起食物价格疯狂通胀而饿死。

日治时期香港经常有市民饿死，甚至盛传出现人吃人事件，街上常有皮包骨的弃尸。即使如此，弃尸的大腿肉还是经常被割走。报章亦曾报道有妇人烹煮弃婴的新闻。当时市面曾盛传某些地方的肉包使用的乃是人肉，因为市面上根本不可能买到足够肉类。甚至有人曾于腊肠中发现类似儿童手指的物体。

因为没有木柴进口，市民只好以家具充当柴薪。而到了后期，由于那几年冬天特别寒冷，市民生火取暖需求增加，一些无人看守的建筑物，如香港大学、英皇书院及皇仁书院校舍等，内里的木制品均被抢走，狮子山上的林木也被砍伐一光。由于燃油属军需品，因此也十分紧张，电力只能提供有限度供应，如于1943年，日本总督部就下令只限20：00至23：00亮灯。由于供水需要发电，因此日治时期水塘常因台风吹袭而满溢，但供水依然十分紧张。

在日军的占领下，香港人的尊严、人权尽失。日军滥杀无辜，可以在街上任意杀人，也可以随意于街上捕捉男丁做苦工劳役。他们以搜查房屋为名入屋强奸女性。另外，日军于湾仔骆克道一带设立多间慰安所，强迫妇女提供性服务；又在市区恢复设立赌馆及烟馆，于跑马地马场重办赛马，往后更加密至每周一次，不但有损市民心智健康，更借此敛财。后期因活马不足应付赛事，更以跑木马代替。另外，当时还有一条不成文的规例：市民在街上每当见到日军，无论远近皆须作90度鞠躬；否则一旦发现，即被喝停遭受拳打脚踢甚至杀身之祸。除“居民证”外，市民亦须全家合影一张“全家福”照片，当日军查户口时出示，若家中的人并不在相中，又无合理解释，便会被当作窝藏游击队成员。

当时的香港，除了日本人的惨无人道之外，盟军也对香港下了狠手。日本占领香港后，英国政府允许盟军轰炸香港，因此香港失陷后，一直有盟军战机空袭香港的日军据点，但是当时的技术根本不可能精确轰炸，日本据点又遍布香港各处，所以轰炸时经常误中民居，造成伤亡。其中最严重一次是误炸一所正在上课的小学，几乎所有师生死亡。湾仔区的民居也经常被误炸。虽然盟军时有误炸，然而是敌是友香港市民却能分辨得出，所以，通常香港市民都不反对盟军轰炸。

面对这样的恐怖氛围，许多前期流亡香港的大陆人士纷纷离开香港避祸。对范旭东而言，他也要尽早离开香港，毕竟他肩负着重建大后方化工业的重任。当时和范旭东一起滞留香港的还有金城银行重庆分行经理。一干人一起策划，想要尽早离开这人间地狱。然而，日寇封锁了所有的对外出口，不论是码头还是陆上口岸，全都由荷枪实弹的日本兵把守，如果没有日军的通行证，任何人都无法通行。如果要强行通过，就会遭来日军疯狂的射击，不论是船只还是汽车，一律击毁。范旭东早已上了日军通缉的名单，日本方面自然不可能给他通行证让他回到重庆，硬闯也是死路一条。就在众人不知所措之际，日本人给范旭东一行提供了极大的“便利”。

日本占领香港后，在香港实施了一系列惨绝人寰的政策，结果导致香港出现大饥荒。日本占领当局无力应对饥荒，于是就想出了一个“绝妙”的主意——遣返人口。日本占领当局将其称为“归乡政策”，他们软硬兼施强迫大量市民归乡，市民被迫驱逐至中国大陆。1942 年 1 月，由占领地政府民治部成立的“归乡指导委员会”，每月均安排火车和轮船将市民强迫离港，但这些交通工具只将人送出境，离境后回乡的路途就要各人自理，更多人负担不起路费，只能徒步回乡。当时香港已经沦陷，市面粮食不足，生活艰难，因此很多港人选择离港回乡。同年 12 月，已有 60 万名市民离港，其中不少家庭于途上分散，或被迫抛弃幼儿、老人，或途中饿死、病死，至于途中被洗劫一空者更是不计其数。而于后期，宪兵队更在街头随意捉人强行押解离境。结果在 1945 年，香港的人口由 1941 年的 161 万人跌至 60 万人。

日本占领当局实施遣返政策后，范旭东他们趁香港秩序尚未恢复，便以难民身份申请登记，领取了离港证。当时返回大陆的路共有三条：一是走海道去上海；二是走广州湾；三是走九龙深圳回大陆。第一条路因范旭东不愿再多吸一口沦陷区这种污浊的秽气，根本不予考虑，第二条海道危险性太大，结果选择了第三条走九龙深圳线。

1942 年 1 月 25 日，破晓时光，路上行人稀疏，不时就有一、两个矮小的日本兵肩扛着雪亮的枪刺在巡逻。仰望浮云，纯洁依旧，几缕劫后残烟，毫无心情般在半空飘荡，和站在海边那千百个难民排成长蛇阵一样无聊。范旭东一行足足排了 4 个小时的队，由于证件齐全，日本兵没有为难，范旭东他们总算是踏上了由香港岛开往九龙的渡船。渡海之后，范旭东等人在九龙住宿一夜，第二天开始徒步行走，踏上归国的旅程。

出了九龙街，踏上去大浦的公路。路旁不少难民的尸体都没收，范旭东亲见一个年轻妇女怀里紧搂着一对双胞胎婴孩，被敌人的刺刀捅死了，倒在血泊中……范旭东内心受到极大震动，老泪纵横。他们沿着一条靠海的小路过沙头角，直奔盐田。一路历尽辛苦，穿着工装，一天走 70 里山路，终于来到一个渡口。当大家争着上船时，几个日本兵叫喊着直奔木船而来，阻止他们上船。范旭东从他们的谈话中知道他们并不是为“检查”而来，而是要从这一队中抓一些壮汉去做苦工，范旭东奋然一步跨到岸上，用熟练的日语对日本兵说：我们都是在香港银行做事的，现在香港粮食紧张，我们是获准离港去自谋生路的。日本兵很惊讶能在此地听到如此流利的日语，问：先生到过日本？范旭东回答：我是京都帝国大学毕业的。日本兵闻言十分惊讶，他万万没有想到，这个其貌不扬的小老头居然是帝国大学的毕业生。随即日本兵恭敬地回答：啊，先生是我的前辈，我也在帝大念书，才读了两年，因征兵来中国服役。范旭东摇摇头说：很可惜少了一个学士。这个领队的日本兵鉴于范旭东这个前辈，便不再为难这些人，让一船人离去了，就这样，一行人躲过一劫。

他们从盐田经龙冈、淡水、良井到平潭，原拟去惠阳，可途中遥见惠阳城火光冲天，听说日寇正进攻惠阳，不得已只好绕过日军的进攻地带，改道横沥。这一路上，每天 24 小时，生命无时不在生死线上摆动……从九龙到横沥仅 300 多里路程，范旭东一行前后走了 10 天，到达横沥已是 2 月4 日。

就这样，在无比艰难的情况下，他们先后经过日占区、土匪区、游击区，然后才到达自由中国。经过游击区时，共产党领导的游击队听说范旭东要经过后，便派出人员接应他们，供应吃喝，提供住宿，保障安全。对此范旭东深受感动，他对同行的众人说，如果中国能多些这样的人，不仅能方便逃难的同胞，即使是从香港强运物资也是能够办到的。

到横沥后范旭东一行改乘民船，溯东江北上，过河源、义合、黄田而蓝口，12 日到龙川，再乘长途汽车到韶关，改乘火车到桂林。在久大湘区负责人的努力下，总算是弄到两张机票，范旭东夫妇这才得以平安飞渝。

1942 年 3 月 2 日晚 11 时，明月当空，天气十分明朗清爽，范旭东夫妇平安到达重庆珊瑚坝机场，前往欢迎的“永、久、黄”同仁心情大悦，近三个月心中的阴影随着飞机着陆的吼叫声被驱除了。一下飞机，范旭东激动地说：我们是幸运地回来了，走在我们前面或走在我们后面的同胞，有不少已无辜的牺牲了，这只能归诸于命运吧。在讲到事业进展艰难时，他说：只要我在一天，就为团体事业努力一天，除死方休。范旭东又说：我现在马上开始工作，希望同仁各守各的岗位，少谈方法，多做实事，向前努力，把我们的事业做成一颗民族复兴的种子。

14

战后的规划——一个实业家的工业梦

第二次世界大战在1939年9月全面爆发后，法西斯集团一时间横行于世，看似无可匹敌。在欧洲，德国法西斯占领西欧大陆，并于1941年6月进攻苏联，扩大了第二次世界大战；在亚洲，日本法西斯占领大片中国领土，并于1941年12月在太平洋全线出击，进攻美、英等国在东半球的领地，短期内便占领了太平洋及东南亚的大量领土，第二次世界大战再次扩大。然而，随着全世界反法西斯力量的不断壮大，从1942年下半年起，法西斯开始处于劣势，反法西斯力量开始占据主动。1942年6月，日本海军在太平洋中途岛附近海域遭遇惨败，4艘主力航空母舰被美国海军击沉，随后美国海军又取得瓜达尔卡纳尔岛战役的胜利，由此太平洋战场的主动权完全由美军掌控；在欧洲，苏联人在1942年6月28日到1943年2月2日的斯大林格勒战役中取得重大胜利，开始转入对德国的战略反攻。至此，法西斯集团的覆灭指日可待，而看到这一系列胜利的范旭东，也开始筹划战后的事业。

战后的规划

1943 年，有鉴于国际形势及中国的客观国情，高瞻远瞩的范旭东着手拟订了一个规模宏大的十大化工厂计划，以求战后复兴中国化学工业。为了实现这一宏大的中国化工复兴的理想，范旭东在国内外到处寻找机会筹集资金。

抗战开始时，国民政府曾因范旭东跟随国民政府内迁，而向范旭东贷款 300 万元作为补偿，但是后来国民政府又企图将贷款转作官股，实现吞并“永、久、黄”团体的目的。范旭东不愿与官府为伍，坚决拒绝，但重建华西化工基地，仍需大量资金，区区 300 万元只是杯水车薪。范旭东克服重重困难，四出奔走，获得中央、中国、交通、农业四行的贷款 2000 万元，用于永利川厂的建设。然而由于法币不断贬值，物价逐日高涨，这些贷款辗转到手，实效已属有限。为了抗拒垄断金融的羁绊，范旭东不得不广开门路，与众多商业银行开户往来，一度永利在重庆开户银行多达 20 多家。

在经济最困难的时候，为了补发拖欠职工的工资，范旭东甚至将侯德榜极为重视的日产水泥 500 桶的成套设备作价转让给银行。经济拮据使范旭东的日子过得十分艰难，在滇缅路中断后，公司财政进一步陷入困境。

范旭东不满于国家金融命脉操在少数官僚之手，同时对社会上闲散资金充裕，而工业生产又得不到应有的扶持极为忧虑。他竭力想以“永、久、黄”团体的力量，创办一个能聚集社会闲散资金向生产途径发展的储蓄银行，待银行茁壮成长后，即可支持“永、久、黄”团体生产企业的发展。他的设想深得团体中高级职员的赞同，成为既定方针。

范旭东要创办银行的事，曾和老友南开大学经济研究所所长何廉多次商谈，何廉不仅赞同，而且积极参与银行的组建。何廉的朋友汪代玺是重庆“和济钱庄”的董事长，通过何廉介绍，他也很同意范旭东的主张，并愿意将“和济钱庄”改组到新建的银行中来。汪代玺又联系其表兄刘航深，要将刘航深任董事长的成都“振华银号”一齐组合过来，刘航深居然也同意这一主张。于是，计划由重庆“和济钱庄”，成都“振华银号”两家银号出面改组成立“建业银行”，并于1943年春，开始银行的筹备工作。在筹划期间何廉亲临规划，并安排前农本局蒋廷甲、彭绪昌及和济钱庄的文诞先等参与筹备。

文诞先较早认识龚再僧，龚再僧是中共地下党员，但当时文诞先并不知道他的身份，只知道龚再僧手里有钱，于是就动员龚再僧参加对建业银行的投资。龚再僧与“永、久、黄”团体的创办人之一萧豹文既是表亲又是相知有素的同学。经萧豹文的介绍，他与范旭东、何廉多次晤谈后，对“永、久、黄”团体要以民族工业资本创办向生产途径发展的银行深表赞同，同时考虑到进入银行也便于掩护秘密革命活动，经组织批准决定参加投资建业银行。

龚再僧及“永、久、黄”团体的不少高级人员都与四川著名的聚兴诚银行经理李维诚相识，因而也联系他参加银行投资。李维诚是热心的社会活动家，曾任陕西省银行总经理，富有办银行的经验，他参加建业银行的投资虽少，但助力颇大。

1943年12月28日，建业银行获财政部批准成立。股本总额1000万元法币，其中重庆“和济”和成都“振华”两庄号原股合计350万元，余650万元是扩充的新股，其中“永、久、黄”团体投资230万元，龚再僧投入为170万元，两者合计占总额40%，形成股份重心，其余为工商界小团体和个人的投资。1944年1月18日，举行建业银行股东创立会。3月举行第一届股东会议，通过建业银行股份有限公司章程，并选出首届董事9人，汪代玺、范鸿畴、龚再僧、李维诚、蒋廷甲为常务董事，并选汪代玺为董事长，范鸿畴为总经理。

当时建业银行属草创阶段，范旭东未出面任职，何廉被聘为银行总顾问，深受范、龚倚重。何廉介绍了不少工作人员参与工作，大多成为银行发展的骨干。

建业银行重庆总行于1944年6月1日开业。在总行开业之前，范旭东亲自对职工讲话，大意是国家强盛必须振兴实业，而实业发展有赖于金融界的扶持；同时，金融界又要以工商业为基础始能发扬光大。本人希望建业银行办成一个以扶持正当工商业、发展生产为宗旨的银行。范旭东还扼要介绍了“永、久、黄”团体的创业历史和传统信条——相信科学；积极创办实业；牺牲个人，顾全大局；为社会服务。提供同仁参考，并希望将来“永、久、黄”团体在生产经费方面得到建业银行兄弟事业的密切配合。

1943年范旭东以国民参政员身份向政府建议，提请设置经济参谋部，制订战后经济建设纲领，提出发展建议。他认为，经济参谋部之任务，首先依据吾国建设之急切需求，制定全国经济建设之总计划，以此为建设纲领，各部门实施之纲领，完全依此纲领，拟定付诸实行。总计划之纲领不仅着重农工矿之狭义建设，举凡国防所关，如军政部之兵工设施以及财政部所管中央与地方之金融业务，国际贸易，经济事业之方案，均应包括在内。总计划之纲领内应将建设所需之资金之筹划、运用、偿还等办法，确切列举规定，确保建设不受阻滞，不宜临时周章。总计划制定之前，应确实审度国内资源，人力与确实可适用之资金，以及可能改进的运输力，更应虚心采纳国外各门专家之正确主张，务期实施后，不致因遇到困难而失去信心，陨越中途。更当明白规定全国经济建设，无论中央、地方及任何部门，以及人民团体，只能遵据纲领实行，不得各自为谋，再蹈互相牵制之覆辙。总计划一经中央批准，在执行期内，应倾全国人力、物力、财力之所及绝对贯彻，不应变更。

同年范旭东又在国民参政会提出战后复兴中国化学工业的提案，这份见解精辟的建议书和内容宏博的提案，洋溢着范旭东对中国经济建设的一片耿耿忠心，反映他周密谨慎的经济思想和管理才能。在会上得到议长张伯苓、共产党参政员董必武和许多民主人士的支持而获通过，这个建议也为国民政府所采纳。1944 年度的中央设计局为此扩大了二十倍，以制定战后经济总纲领。范旭东一心向往在抗战后实现化工复兴宏图，所以对建业银行的发展寄予殷切的期望。

1943 年下半年，侯德榜在纽约看到范旭东战后扩大化工厂的计划心潮澎湃，他热切希望这一宏伟蓝图能早日实现，决心为实现这一计划，为中国化工建设再贡献一分力量，立即按照范旭东的指示在美国组织人员从事十大厂的设计工作，大量的调查研究工作已经开始，侯德榜本人也在各大图书馆收集资料，走访各方面的专家。

1943 年 10 月 22 日，电讯从纽约飞越大洋，穿过崇山峻岭，来到长江、嘉陵江的汇合口山城重庆的海王社，电文内容如下：

英国化工学会最近特赠侯德榜先生和苏联工程师阿·巴赫以名誉会员荣衔。典礼于 10 月 22 日在纽约华尔道夫——阿斯托利亚大厦举行。中、苏两国大使均应邀出席。英皇乔治特命坎伯尔爵士代表授予证书，仪式隆重。此次授衔深得世界学术界重视，为中国工程界之光荣。

英国化工学会自 1881 年成立以来，为促进世界化工科技的进步做出很大贡献，它在各地的支会林立，在世界化工界享有崇高威信。该会授予名誉会员称号的事，历史上过去仅有过一次，那是 1931 年 7 月 15 日，在英国化工学会成立 50 周年之际，选举加拿大、丹麦、意大利、日本、瑞士、捷克、德国、法国、西班牙、美国，10 国曾对促进化工发展有重大贡献的化学家 10 人，赠予名誉会员称号。这次赠予名誉会员称号的仅两人，总共才 12 人。所以，国际化工界均以获此称号为崇高荣誉。

“新塘沽”永利川厂和黄海社中与侯德榜并肩苦战 20 余年的同事们在 12 月 18 日聚集在大饭厅开会，热烈祝贺侯德榜荣膺英国化工学会名誉会员。范旭东闻讯，远道跋涉从重庆赶来。黄海社的孙学悟和联合办事处的阎幼甫等几位老将也专程赴会。黄海社的年轻人由方心芳、赵博泉、魏文德率领，徒步到会。驻雅洪的代表竟马不停蹄地日行 100 多公里，恰于开会时赶到，深井部和鼎矿同仁也步行赴会。来自四面八方的“永、久、黄”同仁、眷属兴高采烈，欢聚一堂，热闹景象为“永、久、黄”入川以来前所未见。

会议由《海王》社主任老同盟会会员阎幼甫主持，他幽默地说：快乐人人都有，各人快乐不同。今天第一个特别快乐者，当推侯夫人，因为他的侯先生成为世界名人，大家都认为是贤内助的成绩。这一番幽默的言论一出，立刻引得满堂掌声。接着，年过六旬的范旭东身穿西服，容光焕发，缓步走上讲台，他以“中国化工界的伟人——侯博士”为题发表长篇演说，他说：侯博士得到世界荣誉，我们都异常高兴。这在中国化工史上应该是最光辉的一笔。接着，范旭东总结了侯德榜在永利的三大成就，在侯博士的领导下，使用索尔维法获得成功。侯先生第二大成就是硫酸厂的建设，这项工程能不被外人掠去，而由永利接来自办，未尝不是国家之福。侯先生负全责办理出国设计、采购，以至回来安装、出货，整个工程系由彼一人主持，这是人所共知的。1938年入川以来侯先生曾赴德寻求适应华西条件的新法制碱，但因条件有损国权，愤而赴美领导永利同仁自行设计研究新法制碱，获得成功。1941 年 3 月，厂务会议全体同仁一致赞同将新的制碱法命名为“侯氏碱法”以纪念他的创作。从此世界碱业又开辟了一个新途径。永利在化工界有些许成就，中国化工能够跻上世界舞台，侯先生的贡献，实是首屈一指。

接着，两鬓如银的孙学悟博士演说。他说他和侯博士是清华学堂的同学，又是同年来塘沽主持黄海化学工业研究社的。20 多年来的同学、同事加同志，因而孙博士一开口便说：今天在这里是我生平最快乐的一回。他用简短的 10 个字向大家揭示侯博士成功的秘诀：天行健，君子以自强不息。

《海王》社的阎幼甫以惯有的幽默风趣要求青年技师向侯德榜学习，努力进取。他说：全世界 17 亿人中才有 12 个名誉会员，平均 1.4 亿人中才可选得一个，我国 4.5 亿人，理应得 3.4 个名誉会员。若拿日本来比，他们仅有 7000 万人，就占一个，而我们中国就应有 7 个名誉会员。再拿丹麦来比，只有 370 万人，也得到一个，那我国应有 120 多个侯补名誉会员。青年技师们，愿你们努力！

庆祝大会临近结束，有人提议大会驰电在美国的侯德榜，向他致贺，与会同仁均热烈拥护。掌声正炽之间，有几个青年同仁将侯德榜的长子手脚朝天高高抬起，说要让他代表侯德榜接受群众的抬举和拥护，在满场的掌声和欢呼声中会议进入高潮。时年已过 30 的侯德榜长子双手抱拳欣喜地说：手脚悬空的快活筋斗我今天领受了。我谢谢各位长辈、各位同仁这种抬举，今天我高兴十分！我愿努力学习，将来也受洋人的抬举。由于抗战期间条件艰苦，会后只能每人分一枚柑桔来吃，结果共分出 2828 枚，可见会议之盛、参加之踊跃。

夜深了，散会的人们点燃火把，踏上归路，山道上夜气清冽寒冷，穿行在蜿蜒起伏山路上的火龙从新塘沽向四方散射、飞游。这些火把照亮了黎明前的黑暗，照亮了人们的心房和群山中崎岖的前程。范旭东和几位老人望着这四射的火龙，目送踏上归途远去的队伍，心潮澎湃，脸上绽开了发自肺腑的欢乐笑容。自抗日战争爆发以来，这几位老人只有今晚才笑得最欢畅。

再次赴美

范旭东对战后的规划极为宏大，而宏大的背后则是巨额的资金。对此，范旭东早有充分的考虑。为了战后十大厂建设的实现，范旭东致函在美国的侯德榜，要侯德榜充分考虑战后建设的必要性和困难情况，十大厂计划中应估计到沽、宁两厂受敌人破坏的严重程度和建设其他工厂的巨额经费。永利早已囊中空空，债台高筑；即使政府有可能资助，条件也未必能为永利所接受；国内金融界的高额利息也是永利所不堪忍受的；新筹备的银行尚不成熟，难以满足团体发展的需要。范旭东希望侯德榜利用永利在美国的独特条件和影响，利用华昌贸易公司和李国钦的关系，尽量探索开发民间贷款的渠道，把十大厂建设的雄心，建立在资金来源落实可靠的基础上。

侯德榜看完范旭东这封未雨绸缪、深谋远虑的信，非常敬佩他的眼力和精辟的分析，同时也深深感到自己肩上的担子。为了战后十大厂的建设，侯德榜在美国开始了新的探索。1944 年，他在美发表了《中国的战后建设与美国的合作》一文，指出中国的工业在战争中遭受巨大的破坏，国民经济损失惨重，中国若是要发展比战前更广泛的工业，单靠中国自身的财力是难以应对的，并且亿万中国普通民众急需大量生活必需品维持生计。如果得不到在经济、技术、管理等方面的外界援助，问题是很难解决的。而当前能够承担这一责任的盟国，只有美国一家。侯德榜还从多个角度详细分析了中美合作与援助的可能性，并指出合作是互利的。在文章结尾时侯德榜谈到：就美国自身而言，欲在战后国际中完成其重要任务，亦必先对友邦如中国者，致其有效之匡助为先鞭。侯德榜的文章在美国经济界、工商界引起强烈反响，也为后来永利与美国之间达成贷款协议，奠定了舆论基础。

第二次世界大战自斯大林格勒反击战的胜利，盟军在诺曼底登陆后，德、意法西斯军队全线崩溃，东方战场的日寇也节节败退，战争形势迅速发展。工业复兴的计划，再不容有一刻迟缓。这时候侯德榜在美洽谈战后援助之事已初见端倪，急待范旭东赴美商议决定。1944 年 11 月，在美国太平洋城举行战后国际通商会议，范旭东被举为中国工商界代表团成员。

1944 年 10 月，范旭东、上海银行总经理陈光甫、民生实业公司总经理卢作孚、中央银行副总经理贝祖诒、金融专家张公权、李铭等 6 人，经国民政府批准组成中国工商代表团，持外交使团护照赴会。侯德榜等人以范旭东私人顾问的名义列席会议。

范旭东来美对侯德榜来说是十分欢欣的，他可以直接取得范旭东的指导共筹永利战后复兴的大计。所以，在国际通商会议后，他们立即投入筹划永利战后复兴的工作。侯德榜极愿范旭东乘机在美多待一段时间，多考察美国的工业体系和管理制度，以利于发展战后的中国工业及永利的事业。这段时间，范旭东和侯德榜的工作极为紧张。

通商会议一结束，范旭东就与侯德榜等人赶往华盛顿，一夜赶回，停留一日后飞芝加哥，住一天又返纽约。他们极看重时间，一刻不敢放松，各地会谈都事先约定时间、地点，谈话简明扼要，生怕断送时间与机会。对此，侯德榜表示，忙不会忙死人。如此忙碌的行程，不但没有让他们感到不适，他们的身体反而更加健康了，尤其是范旭东，他的状态比在国内还好，赛得过壮年、青年朋友们。

1945 年 1 月范旭东给同仁写信，信中谈到他在美国的工作及对当时二战情况和对国内工作的希望：所计划之事，仍在进行中，也是性急不了的，但望国内同仁将局面撑住，此间能将新局面打开，即算万幸。战局已见好转，以后必愈加吃力，希望亦愈加明朗。真是千载良机，值得重视。

侯德榜借范旭东来美之机，竭力向美国各界推荐范旭东，宣扬他从事永利、久大、黄海事业的成就和创业功绩，扩大了"永、久、黄"团体在美国的影响。范旭东进一步确定战后永利的发展应从技术、经济、管理方面开阔视野、沟通渠道，与世界各国开展技术交流，开拓经济合作。侯德榜为此多方接洽、疏通、协调，使范旭东在美参观了很多的现代化工厂，获得很多新鲜知识，取得了各方面的支持，开拓了眼界和创新思维，尤其是美国企业的科学管理和高效率，给了他很大的触动。他感到，美国人拼命往前赶，唯恐时间不够，而在中国似乎嫌时间多余，拼命浪费，相差太远，真不知从何谈起。在美国暂短的逗留，使他取得累累硕果。

在经济上，美国华盛顿进出口银行鉴于永利化学工业公司自创办以来信誉卓著，破例首次向中国私人企业直接贷款。在商谈贷款事宜时，范旭东规定宗旨，决不接受有损主权的条件，既不愿意以机器设备作抵押，更不答应债权人派代表驻厂参加管理，仅允许提供国家担保，作为立约的唯一条件。美国人是很重现实的，他们对永利的成绩早有认识，也就接受了范旭东的主张。贷款额度为1600万美元，取息低微，且无抵押，只要中国政府同意担保，即可履行放款手续。1945年5月，信用贷款协定在美国签订。这笔借款的成功，可以说是范旭东爱国热忱的回馈，这一成功震动了中、外视听，开中国工业界引进外资的先河。

在技术上永利接受美国威斯康辛大学赠予最新合成硝酸的技术，还可在原址进行半工业化试验，一旦成功，即可移植国内，投入工业生产。永利还接受巴西政府所邀，帮助设计日产150吨索尔维法制碱厂，同意代为培训制碱技术人员，并负责开机。为此，1945年1月侯德榜带队远赴巴西为设计工作进行厂址勘察和原料调查工作。范旭东又同意印度塔塔公司所请，协助塔塔公司米达浦碱厂进行技术改造。对这种国际间互相帮助，互相促进的技术交流，范旭东感慨颇深，他告诉同仁：我们是越走越远了，世界上竟有我们民族翱翔的余地。我们居然显神通给世界人看，差强人意。

通过这次美国之行，范旭东深感自己领导的团体在新时代面前一定要有一个新的变化。他计划将对团体的事业做一个全方位的规划，这样才能在战后确保整个团体有明确的目标而不至于像最初时那样，盲目行事，空耗财力人力。他表示：国家吃了这样大的亏，即以团体而论也是九死一生。迈进一步是责任，也是义务。进行不能性急，目前为止（指在美国的工作进程）尚称顺利，不到最后关头，自然不能算成功，但当努力为之耳。

1945年5月4日，永利与美国进出口银行签订1600万美元的贷款合同，而这笔贷款不涉及任何企业或国家权力的抵押，完全是以中国化学工业的莫基人范旭东的信用为依托的。合同签署后，范旭东立即将这一情况报告给国民政府行政院和中国银行，请求担保。但是，国民政府方面却迟迟不给明确答复。

对此范旭东感到万般无奈，怅然若失：借款案此间已是车齐马就，只等重庆认可即可放款。在小百姓看这件事可算是破天荒的举动，大人先生如何判断，只好听之任之。范旭东多次催促重庆当局尽快批准。但政府方面只是表示正在“积极进行”，实际上是徒托空言。为了尽快实现这一贷款协定，范旭东决定抓紧时间于1945年6月和侯德榜一起由美经英赴印回国，促请政府担保大事。

对范旭东而言，这笔贷款就是永利在战后大发展的保障，但是对国民政府而言，这1600万美元的贷款，却有着更多的深意。范旭东跨过国民政府直接从美国获得贷款，这在无形中就是对国民政府权力的剥夺，因为在此前能向外国借款的只有政府，各行各业唯有通过政府才能得到外国贷款。现如今范旭东无视国民政府直接从国外借款，国民政府岂能容他？另外，国内的官僚企业早有吞并永利的企图，只是一直不曾得逞，如果能在永利资金困难之际向永利投资，如此便能占有永利。如今永利直接得到国际贷款，官僚资本控制永利的企图自然落空……这就是一个专制政府的用心，其一切的行动都只有一个目标，即维护其专制权力不容挑战。面对这样的政府，范旭东贷款所需的政府担保不能回复，就不难理解了。

胜利前夕

1945年6月22日，这是一个阳光明媚的夏日，范旭东由美国回来，在重庆珊瑚坝机场受到朋友们的热烈欢迎。这次回来范旭东心情平和，身体也不错，眼看第二次世界大战胜利在即，永利战后十大厂规划宏图待展，为了适应十大厂的建设，他还要对二十多年来永利的管理和人事有一番新的改革，“将团体事业，作整个打算”。可以说范旭东对战后的复兴事业是充满着希望和喜悦的。

随着“永、久、黄”团体的不断壮大以及在美国考察的见闻，范旭东越来越意识到管理的重要性。虽然美国管理先进，但是范旭东并不是原样照搬，他很注意先进事物与国情的结合。他认为，尽管美国先进，即使把美国的机械设备照搬过来，绝不等于会产生另一个高效率的美国生产体系。印度也有高水平的工业基础（钢铁、纺织），但还是处于贫困灾难之中。造就这些差别的主要原因还是政治，但就事论事，为什么同样的技术条件，美国的劳动生产率就要比印度高得多？再以中国和日本的纱厂来比，日本人办的厂子总比中国人办的强一点，这中间存在一个管理问题，西方资本主义国家企业全是私人经营，祖祖辈辈相传，不能不归功于管理效率高，有效地调动生产关系，启发了一定的主观能动性，走上了制度的境地。

范旭东经过三十多年艰苦创业的历程，体察了社会的现象，通过对美国的实地考察，并进行深入的对比，严肃地提出这样两个问题：工业家难道只是替国家建设工业的物质基础吗？办工业只解决工程技术问题就够了吗？

范旭东在回顾创办“永、久、黄”事业经验时说过：大凡一个事业的成功，不是偶然的，所以要看一个事业的前途，先得看他的组织精神，其次看他组织的合理程度，再次看他技术与管理的进展速度，最后才看到他每年盈亏。因为前三项是一件事业成功必具条件，而最后一项则是时机与环境的关系，可以随时变迁。

范旭东 1944 年赴美，不仅首创从国外引进资金，更进一步要在战后十大厂的建设中引进人才，引进管理。回国后他兴致勃勃地表示：我想在十大厂中拿两个厂来试试，凡是有机器可用的一律不用劳力，做个最高机械化。还有，从厂长起，这两个示范厂的职员，预备全找外国人，看看效率究竟有多大。这位斗志昂扬的工业斗士，充满着创新的精神，试验的精神，时时努力着向时代的先进行列靠拢。

范旭东始终坚持事业的真正基础是人才，而战后兴办十大化工厂计划最让范旭东忧虑的问题除了资金就是人才问题。

早在抗战期间，范旭东就对“永、久、黄”团体的人才结构进行过深刻分析，已有“才难”之感。当时团体中人数不少，个个英豪，在单个领域非常努力的也大有人在，但是能够顾全大局，为整体设想的人才却是相当少见，对此范旭东认为一方面是他自己最初规划不到位，另一方面则是时机不对。他认为，最好还是从青年人中选出一些优秀的加以培养，这样会比较稳妥。如此也可确保团体能够得以延续。

范旭东在培养新人方面有着十足的决心，他表示：我们这批老人的学识、经验、才能，到底能不能适应此种环境，我们都宜反省，应根除一切倚老卖老的态度，而坦白愉快地接受后来居上的新知能，同时我们必须引进奋发有为的新人物，以为新陈代谢的准备。

范旭东的意见，得到团体老一辈领导人的支持，通过多次研讨，拟具了在工厂工作多年有一定经验的青年人如许腾八、鲁波、李社川、郭炳瑜、林仲藩、刘嘉树、姜圣阶等人进行重点培养，部分人员将送国外培训。

为了培养人才，1944 年永利积极支持一批技术人员报考经济部组织的赴美工矿实习生，黄海化学工业研究社也派遣人员到美国普渡大学进修。这两批留学人员在抗战胜利后，解放前后，分批陆续回国，无一人留居国外或离“永、久、黄”团体另攀高枝，成为新中国化工科研和生产的骨干力量，为我国化学工业的发展作出卓越的贡献。

对于团体内高级职员的教育，范旭东一贯是开诚布公，以殷殷之情，拳拳之心，谆谆之嘱，在 1944 年 8 月 7 日发自沙坪坝给久大总工程师唐汉三的信就是最好的例证：今日老兄是有权有责的，只须申而明之，运用权责，命部下权责分明的做下去，效能就会高起来，而决非自已天天在公事房做例行公事所能做到的。幼甫兄主‘无为’，我以为一定是指这个而言。做首领的人，不着重运用头脑促进全局，而运用手脚料理日常公事，效能必不会提高，必须注意“劳于用人，逸于治事”。故兄之“勤”，若换过一个新的着力点，其结果必然勤而有效。一得之见，敬迄指示，尤望继续推敲。吾等自问为人必须做到“着一分力，有一分效”，否则“我志未酬人亦苦”未免公私两失。这一番言语说得殷切、感人。

第二次旅美归来，范旭东心里最着急的还是贷款的担保问题。所以，一到重庆就马不停蹄，急匆匆地到处打听有关贷款担保的批复问题，催促政府核准美国贷款协议，可是呈文迟迟未复。范旭东和侯德榜亲访财政部长孔祥熙和中国银行总裁宋子文，可是这两位财神，彼此推诿，不作正面答复，却滔滔不绝于永利的经济困难和事业的远大前程，宋子文言词间流露出如能同意由宋出任永利的董事长，则此项对外合同，可立即由中国银行总行指令纽约分行签署担保，共同复兴化工事业之意。

范旭东对宋子文、孔祥熙有深刻了解，他认为：一是官僚，一是买办，孔祥熙字庸之，名符其实，他倒是真够庸的。宋子文看不起中国人，和他讲话要讲外语，讲中国话的人，找他谈不了几分钟，他就看表，示意人走。高鼻子哪怕是瘪三，都能和他长时间混。他看不起中国人，但他弄的都是中国人的钱，外国鬼子的钱，他一个也弄不来。他弄了中国的钱，还存在国外，到国外去置办产业；他不相信中国人，认为中国人靠不住，不保险，让这种人管理国家还会好吗？

范旭东深知国民党官僚涉足永利、鲸吞民族工业的险恶用心，对于宋子文、孔祥熙只会搜刮民脂民膏的本质有着深刻的认识，根本不相信他们会振兴工业，他们插手永利是成事不足，败事有余。于是和往常一样婉言谢辞了这二人的要求，孔祥熙瞬时拉下笑脸，说了声：那以后再说罢！就端茶送客了。宋、孔之流一心发展私人势力，视国家民族事业如儿戏，给满腔热情复兴战后工业的范旭东浇了一盆冷水。

胜利后的艰难

1945 年 8 月 15 日，日本投降，抗战胜利举国欢庆，陪都重庆更是彻夜狂欢。范旭东参加狂欢几至落泪，他异常兴奋地对同仁说：局势急转直下，万分兴奋。抗战以来，我们大方向未错，私衷尤畅。以后一切当注重在复兴。建国则任重道远，尚有待全国人民共同奋斗。

侯德榜一觉醒来，正在回味昨夜倾城狂欢的情景。突然来临的胜利立即使他想到战后的工业复兴和十大厂建设的计划，脑际不祥地浮现出宋子文那副在笑眯眯的眼睛背后藏着的阴森毒辣的用心，心里好像压了一块巨大的石头，使他透不过气来。手中握着的十大厂的蓝图仿佛成了稍纵即逝的海市蜃楼。这位从来不知疲倦的科学家，面对这不如人意的现实感到莫名的困惑。正在这时范旭东发来急电，让他即刻赴渝有要事相商。

范旭东和“永、久、黄”团体的领导人，由于胜利的突然来临，决定准备立即派先遣队前往塘沽、南京接收工厂，组织恢复生产，同时着手执行十大厂计划，全力以赴争取美国贷款的实现。

关于美国贷款问题，范旭东郑重向大家报告：自从呈请政府核准，至今已两个多月了，团体的老同志也分别走了不少门路，找到行政院长，也是拖延时日，不予批复。时至今日仍是石沉大海。看来，对待永利事业，宋子文、孔祥熙是穿一条裤子的。范旭东对政府扼杀民族工业的行为愤慨不已，他告诉同仁：若不是为了国家、民族，我才不受他们的挟持、欺压呢！要是为了吃饭、享福，把永利、久大收拾收拾，够我享受几辈子的。而今天为了十大厂计划的实现，我们不得不去当孙子，去向那些老爷求情。我们一定要争取在不丧失永利权利的前提下，让他们在保证书上签字。

战争结束后，已经63岁的范旭东除了继续为贷款一事操劳外，还十分关心战后整个国家建设的问题。他认为战后重建的第一要务就是要安定秩序，能否安定秩序关系到建国的根本。他劝国人缚紧肚带，耐劳耐苦去硬干，不可偷懒取巧。目前中国最迫切需要的是安定秩序，团结一气，意向不能分歧，力量不能拆散，先从复员做起，切避骚扰。从而调整金融、加紧教育、创建工业，尤其要注重科学与工业发展。专在人事纠纷中滚来滚去，中国是得不到出路的。他呼吁全国同胞各自警觉：我国物资太贫乏，战时衣食住行不能满足的痛苦，最近的将来还是无法解除的，要安定，要忍耐，要努力，要自爱，才能慢慢地轻松，才能和列强平起平坐。

范旭东清楚地意识到战争灾难在战后几年的恶性影响，并忠告国人：今后的若干年，国人一定还要大大的吃苦，还要加倍努力奋斗，大势不容许同战前一样安于现状好逸恶劳。发财、享福的一切旧习，应该痛痛快快的根本革除，代以责任、守法、廉洁、勤劳的新生活，各人自己求得新的生命，开辟新的出路，然后才配说建设新的国家，在复员开始的今天，敬请大家注意下面两句话：打起精神做人，集中力量建国。

然而，胜利的狂欢结束后，范旭东短暂的喜悦再次被忧虑所代替。他眼看那班国民党的接收大员，急于出川抢夺胜利的果实，达官贵人急不可待地奔赴各地大搞五子登科（金子、房子、车子、女子、票子），心里充满了愤恨。对此他深为忧虑：近因胜利，看见许多高官厚爵的老朋友，伸长两臂向空中乱抓，实在过意不去，但若此辈乐此不疲，民族休矣！

范旭东心里焦虑的是抗战胜利后的国民党政府对中国工业的发展究竟取什么态度，因为三十多年来办工业的经验，使他深知一个国家工业的发展和国家对发展工业所采取的政策是有密切关系的。他表示：永利的事业和进步的国策是并行的。国策逆行，活该她（“永、久”团体）倒霉；除非时局进步，或是她有力量转移国策，否则她只好做国策的牺牲。不可不做胜利之后，国策应该矫正之望。所以，我安心侯着，一面自己尽心准备。范旭东焦心忧虑的国策是指政府发展经济的政策，他关心经济政策，决不是单纯的考虑永久事业，实是刻刻念及国家建设前途。

复员有大量工作急待处理，先期派回接受的员工已顺江而下，去接收沿海的工厂，而范旭东为取得美元贷款协议的担保文书，不得不没完没了地耽在重庆，像被一根无形的绳索捆绑住了一样，简直没法活动，心里焦灼万分。

此时有人告诉范旭东，为了取得担保，一定要打通宋子文这一关节，可范旭东对宋子文是深知其人，迟迟下不了决心，犹豫再三。宋子文垂涎永利久矣，宋子文是范旭东最不愿见的官场人物之一，一见他就头皮发麻，更何况这是低声下气去乞求，这滋味他早就尝够了。但是为了战后十大厂的事业，为了尽早取得政府担保，范旭东不得不去。

在宋子文家的客厅里，范旭东、侯德榜正在等待接见，秘书皮笑肉不笑地从内厅走出来说：宋院长正在处理重要公务，请两位稍候片刻。范旭东和侯德榜等了一会儿，忽然听到从内厅传来一阵阵热闹的女人嬉笑声和洗牌声，中间还夹杂着宋子文带着浓厚洋味的话语。两人受此轻慢，气愤之下，不辞而别。

1945 年 8 月28 日，毛泽东亲临重庆与蒋介石举行和平谈判。这一行动顺从了全国人民的和平愿望，挫败了国民党反动派的阴谋。长期在国民党统治下的重庆人民和各界爱国人民对共产党人的举动极为赞扬。毛泽东到重庆后一边参加谈判，一面广泛接触重庆各界。9 月17 日在桂园举行茶会招待产业界人士，范旭东、李烛尘代表“永、久、黄”团体出席会议，会上毛泽东高度赞扬范旭东的爱国敬业精神，为发展中国的化学工业所作的贡献，还向范旭东表示，在国内实现和平后，欢迎他到解放区办工厂。

9 月下旬，毛泽东、周恩来、王若飞在重庆曾家岩50 号中共驻渝办事处召开工商界团体负责人座谈会，会上毛主席介绍了中共提供和平谈判方案的要点11条，还介绍了中国共产党第七次全国代表大会确定的对民族资本的方针政策，毛泽东说：我们要建立的是一个以全国绝大多数人民为基础，在工人阶级领导之下的统一战线的民主联盟的国家制度，我们把这样的国家制度称之为新民主主义的国家制度。

范旭东接着提问：在这种制度里，我们这些实业界人士处于什么位置？

毛泽东回答：有人认为中国共产党不赞成发展个性，不赞成发展私人资本主义，其实是不对的。民族压迫和封建压迫残酷地束缚着中国人民的个性发展，束缚着私人资本主义的发展和破坏着人民的财产。我们主张的新民主主义制度的任务正是解除这些束缚，停止这种破坏，保障广大人民群众能够自由发展他们在共同生活中的个性，能够自由发展，那些不是操纵国民生计，而是有益于国民生计的私人资本主义，保障一切正当的私有财产。今天在座的各位先生，应该说是资本家，但各位是民族资本家，是新民主主义制度的积极力量。目前我们的资本家是太少了，比方说，范旭东先生就可以任新政府的经济部长，来管理整个社会的经济，发展一下资本主义。

对此范旭东表示：我一向不问政治，具体地管一个企业还行，领导国家经济，非我所能。若果真想物色经济部长人选，我倒可以推荐一个，就是这位李烛尘先生。

通过这两次与中共领导人的接触，范旭东感到共产党是值得信任的，他们明确支持民族工业发展，支持私有经济发展，有意培植中国的资本家。

1945年9月中旬，范旭东通过李烛尘约请周恩来在沙坪坝南园作了一次内容广泛的谈话，谈话中范旭东虚心倾听了周恩来对国共合作和战后复兴工业等问题的意见，也畅谈了自己十大厂的计划，他瞻望前途，满怀希望地说：等不久，我们复员了，我们要做的工作可多啦。以前，我们常说中国是地大物博，这当然是优越的条件。更可贵的是从辽东到岭南我们绵延几千里的海岸线，这无边的海洋，才是真正的宝库。目前认识这宝库的人还不多，而向这个宝库进军的人就更有限了。我是深信中国的未来在海洋啊！在这以后他精神变得异常的好，每天吃完晚饭，还常外出散步。

经过日复一日的等待，范旭东望眼欲穿的行政院批示公函终于下达了，全文仅“未予批准”四字。这轻描淡写的四个字，无疑使范旭东在美国的半年努力付诸东流，扼杀了梦寐以求的十大厂计划，把范旭东战后工业复兴的宏伟蓝图毁于一旦。可事情还没有到此为止，不久社会上风言风语流传出范旭东在抗战期间，对他的企业“当毁不毁（碱厂），当迁不迁（酸厂），当建不建（川厂）”的流言，并说这次美元贷款协议担保的“未予批准”和这些事情有相当关系。这纯属是恶意中伤，完全是为了达到这些官僚不可告人的目的，而无中生有编造的谣言。范旭东这位在中国苦战了30多年的工业斗士，受尽了日寇迫害始终没有屈服，再接再厉，坚韧不拔地在战斗中前进，他对祖国、对人民、对事业的一片赤胆忠心天地可鉴，日月可照。他一辈子没有承受过这样恶毒的攻击和欲加之罪，一股无名的烈焰在他心里燃烧，煎熬着他，在这沉重的打击面前，这位坚强的战士，心力交瘁，忧愤成疾，于10月2日突感不适。

猝然离世

范旭东平日生活极有规律，年高而无疾，体力甚健，病前无任何征兆，这次一病就是高烧。家人请来一位年轻的德国医生为他诊治，医生认为病情并不严重，开了点退烧药就走了。此时，范旭东还坚持着给孙学悟写回信，深情地写道：秋天的塘沽，令人怀想，吾等可结伴而行了。信中充满了对中国化工圣地——塘沽的深情和热爱。

然而，原本一个普通的发烧却迅速恶化，越来越严重，发高烧、昏迷、眼部、脸部泛出可怕的黄色，不断的呓语，米水不进，呼吸短促……“永、久、黄”同仁获悉，惊恐万分，纷纷从四面八方赶来探望。看到这种危急状况，一个个都束手无策。范旭东昏迷中慢慢睁开眼睛，看着守候在身旁的李烛尘、侯德榜、孙学悟、傅冰芝、余啸秋、阎幼甫……这些共同奋斗了几十年的同仁，不禁老泪纵横，启齿艰难，声音微弱，断断续续地嘱咐众人，要齐心合德，努力前进。

当中央大学医学院的医学教授匆匆赶到范旭东的寓所时，这位终生为发展中国化学工业而奋斗的坚强战士，已于 1945 年 10 月 4 日下午 3 时，带着一生辛劳，一腔悲愤，枕着战后十大厂的建设蓝图，含恨黯然离开了人间。从患病到离世，仅仅两天，事发如此突然，令“永、久、黄”团体上下一时间几乎难以接受。团体顿失重心，上下沉浸在深深的悲痛之中。范旭东突然离世的消息也引起社会各界的巨大反响，有人猜测，范旭东申请国民政府担保贷款一事没能通过才是根源，在如此巨大的刺激之下，老人因气而病。

10 月 21 日下午 3 时，范旭东追悼会在重庆沙坪坝南开中学“午晴堂”举行。灵堂正中悬挂着范旭东遗像，遗像上披挂着用素绢结扎的花球，祭台上素烛高烧，香烟缭绕。灵堂内挽联成林，鲜花如云，整个大厅哀乐声声，庄严肃穆。吊唁的人们络绎不绝，来到范旭东灵前痛悼的约有 500 人左右，周恩来代表中共赴南园吊唁。“永、久、黄”团体领导人侯德榜、李烛尘、孙学悟等陪祭。

挂在遗像上面的是国民政府主席蒋介石的“力行至用”四字挽匾；毛泽东的挽联“工业先导，功在中华”悬挂在遗像对面。

追悼会后，重庆各界余哀未息，由 22 个团体再次联合发起组织范旭东的追悼会，但是追悼会受到当局的阻挠，迟迟无法举行。直到 1945 年 11 月 13 日，民间人士最终才冲破阻挠，于上午 9 时在重庆七星岗江苏同乡会召开“陪都工业、文化界人士痛悼范旭东先生大会”，参加追悼会的有数百人，不少都是工业界、文化界著名人士。参加追悼会的郭沫若沉痛地说：范先生的事业，其目的在于使老有所终，幼有所长，建国要靠和平，要靠自己的学问和生产能力，不能靠人家的飞机大炮。范先生虽然死了，每个工业界人士，都要追随范先生先苦后乐，粉身碎骨，百折不回的精神，站在自己的岗位上奋斗下去。

1947 年 6 月，范旭东的灵柩由追随范先生 30 年的李振岭先生护灵，从重庆沿江东下迁葬北平。灵柩一路东行到达南京，南京永利厂的职工再次隆重纪念范旭东。灵柩沿江而下，北岸站满了员工和家属，上千人默默地站在风中，肃立致哀，厂内鞭炮齐鸣，敬送范公灵柩过厂。轮船驶过厂区后，缓缓顺流而下，南京永利厂送行的船静静地追随在后，直护送十里之外，才恋恋不舍地掉转船头。

灵柩到上海，换海轮由范先生的好友陈炳森上船和李振岭先生一起护灵柩到塘沽。范先生灵柩抵塘沽，所有迎灵、致祭、灵堂布置工作早已完备，执拂人众之整齐，极为外界所赞许。范先生灵柩由塘沽码头经新街抵体育场，沿途路祭不断，足见范公遗爱感人之深！在塘沽致祭三日，第四天由塘沽换火车赴北平。津处同仁借天津东站致祭，各界闻知，又有200余人前来祭奠。

19日胡适之先生等登报发起，于20日在北平公祭范旭东。虽时间仓促，但经一昼夜之努力，公祭之日居然职各有司，事各有责，秩序井然，有条不紊。随后，灵柩被送往北平西郊的香山安葬，沿途汽车延绵一、二里，观者摩肩接踵，感叹仪仗甚盛。就在范旭东离世后7年，所办各厂完成公私合营；再过数年，他的墓地在"文化大革命"中被铲平，遗骸散失。万幸的是，他的妻子在自己墓旁早给丈夫留了位置，埋下搪瓷杯，里面盛着塘沽海边的沙子，因为范公生前说过：塘沽的沙滩真美，死后就把我埋在那里吧。

1947年在塘沽永利新村院内，花木松柏丛中，耸立着一座洁白如玉的大理石范旭东先生纪念碑，上面镌刻着由范旭东先生手订，侯德榜博士敬书的四大信条，然而此碑在1966年文革间被毁。1948年10月范旭东铜像在永利南京厂落成，"文革"期间亦被毁。

范旭东膝下无子，留有两个女儿，1939年便赴美求学，范公离世，受阻于战时交通，两女都没能赶回。范公生前向来简朴，没有什么资产，公司盈利所得又都投入到了公司的建设，家中仅留日常开销之需。范公离世后范夫人母女三人一时间几乎没有了生活保障。幸而永利同仁及时伸出援手，将公司一部分股权授予范夫人，这才使得母女三人有了生活保障。

1949 后，随着公私合营的浪潮，永利和久大接受改造，成为人民的企业。以久大和永利为基础的天津碱厂至今仍然是我国重要的化工企业。黄海社归中国科学院，成为中国科学院工业化学研究所。原“永、久、黄”团体的众多重要成员都成为建设新中国的骨干力量。侯德榜于 1958 年任化学工业部副部长，并当选为中国科学技术协会副主席；李烛尘曾任轻工业部部长、全国政协副主席，在“文革”中被划为中央保护对象，未受到冲击；孙学悟于 1952 年任中国科学院工业化学研究所所长。随着国内局势的稳定，“永、久、黄”团体派往美国学习的年轻工程师也相继回国，为新中国的建设贡献了自己的力量。

范公一生可谓充满坎坷，幼年丧父，青年时期又在日本漂泊十余载；创办实业，内有昏庸政府干扰，外有无耻列强拦阻；冲破艰辛稍有成绩之时，又值日寇侵华，举国涂炭；待得抗战胜利却又不幸离世。范公一生始终在与艰难困苦作战，他越战越勇绝不妥协。范公这一生的拼搏所为不是个人的财富与名望，而是为着实业救国的伟大理想。爱国是他一生最强大的动力，诚信是他成功的最坚实基础。他为国为民贡献一生，而国家和民众也给予了他最崇高的敬意。这样一个为国为民的实业巨子，是当之无愧的中国脊梁！